UN ÉTÉ A PARIS

PAR

M. JULES JANIN.

PARIS,
L. CURMER.
49, RUE RICHELIEU, AU 1er.

MDCCCXLIV.

L'ÉTÉ A PARIS

PAR M. J. JANIN

ILLUSTRÉ

DE DIX-HUIT SPLENDIDES GRAVURES SUR ACIER

par les premiers Artistes de Londres

D'APRÈS LES DESSINS ORIGINAUX DE

M. EUGÈNE LAMI

ET

DE NOMBREUSES GRAVURES SUR BOIS

par les premiers Artistes de Paris et de Londres.

Prospectus

Nous avons publié, l'an passé, un livre sous ce titre : *Un Hiver à Paris*, dont le succès a dépassé toutes nos espérances. Pour que rien ne manquât à la beauté de cette publication que nous voulions faire excellente, nous nous étions adressés, pour notre texte, à des hommes à bon droit populaires en France pour leur esprit, pour leur talent plein d'observation et de bienveillance, pour tout ce qui est la grâce et l'urbanité du talent, MM. Jules Janin et Eugène Lami; en même temps nous appelions à notre aide, sous l'habile direction de M. Charles Heath, les plus illustres graveurs de l'Angleterre. De cette association excellente est résulté le livre tout parisien, dont le texte a été approuvé par les esprits délicats, tous les dessins et les gravures ont été accueillis par les connaisseurs les plus difficiles et les plus blasés sur ces chefs-d'œuvre merveilleux du burin anglais.

Ainsi favorisés d'un succès populaire, nous avons voulu le compléter par un second volume qui fût tout à fait digne du premier. *L'Été à Paris*, c'est encore le Paris des fêtes, des élégances, des descriptions, des récits du temps présent, des souvenirs d'autrefois. *L'Été à Paris*, c'est Paris vu au soleil, sous les beaux arbres, aux bords de son fleuve bien-aimé, dans les courses du Champ-de-Mars, dans les luttes de Chantilly, dans les jardins de Fontainebleau, au bruit des mille jets d'eau de Versailles, sur la belle terrasse de Saint-Germain, à Montmorency, à Compiègne dans la forêt un jour de chasse, à Saint-Cloud un jour de fête, partout enfin où la ville se fait belle, élégante et parée. Car nous en voulons surtout à ce qui est la beauté, la grâce, l'esprit, l'élégance... Au delà que pouvons-nous dire? Le lecteur en jugera avant peu.

CONDITIONS DE LA SOUSCRIPTION :

L'ouvrage paraîtra en dix-huit livraisons, contenant chacune une magnifique gravure sur acier, et deux feuilles de texte avec dessins sur bois.

La première livraison paraîtra le 15 juillet, et les autres livraisons se succéderont d'abord par quinzaine, et ensuite par semaine, afin de compléter l'ouvrage en novembre.

CHAQUE LIVRAISON COUTE UN FRANC,

L'OUVRAGE COMPLET, VINGT FRANCS.

On Souscrit :

A Paris, chez AUBERT et Cᵉ, place de la Bourse, 27;

Chez tous les Libraires de France et de l'Étranger.

Paris. — Typ. LACRAMPE et Comp., rue Damiette, 2.

AUBERT et Cie, ÉDITEURS
PLACE DE LA BOURSE.

UN HIVER A PARIS
PAR JULES JANIN,

18 gravures anglaises de la plus admirable beauté, exécutées d'après les charmants tableaux de M. E. Lami, gravures sur bois par différents artistes.
Prix du volume, broché. . . . . 20 fr.
    Cartonné, 24 fr. et au-dessus.

GALERIE DES FEMMES
DE GEORGE SAND

24 gravures anglaises. 24 notices par le bibliophile Jacob, gravures sur bois intercalées dans le texte. Prix, broché. . . . . 24 fr.
    Cartonné, 28 fr. et au-dessus.

LE MUSÉE PHILIPON

Curieux ouvrage renfermant plus de 1,600 dessins comiques, par MM. Cham de N..., Daumier, Gavarni, Grandville, Lorentz, Trimolet, Ch. Vernier et autres. — Critique des mœurs, parodie des ouvrages en vogue, caricatures des modes. Ce livre exceptionnel renferme tout ce qui peut amuser; c'est un album de salon, un ouvrage digne de figurer dans la bibliothèque d'un amateur, un joujou pour les enfants, et un livre pour les penseurs qui savent trouver l'idée sérieuse sous son enveloppe amusante. Le premier volume, paru au jour de l'an dernier, s'est vendu à 6,000 exemplaires; le second et dernier est en vente. — Chaque volume peut former un tout complet. Prix de chaque volume, broché. . . . . 12 fr.
    Cartonné avec goût. 14

Les Beautés de Lord Byron
TRADUCTION DE M. AMÉDÉE PICHOT;

15 belles gravures sur acier, gravées à Londres, reproduisant les scènes les plus intéressantes des ouvrages de Byron. Prix, broché. . . . 15 fr.
    Cartonné richement. 20
    Cartonnage de maroquin. 24

LES FABLES DE LA FONTAINE

Édition-bijou de 1842; 500 dessins, par J. David; 24 grandes gravures, par T. Johannot, Grenier, Victor Adam, Schal, Laville et autres; un portrait de La Fontaine et deux frontispices en taille-douce. 2 magnifiques volumes.
Prix, broché. 10 fr.
    Cartonné, 16 fr. et au-dessus.

LES MODES PARISIENNES

Publiant tous les dimanches un très-grand et très beau dessin de modes, artistement colorié, des croquis des modes ridicules, des articles sur les modes, par Mme L. de V..., une chronique parisienne, etc., etc. Prix, pour trois mois, à Paris, 7 fr.; — par la poste, 8 fr.

L'ÉTÉ A PARIS

PAR

M. JULES JANIN

L'ÉTÉ A PARIS

PARIS CHEZ
L. CURMER,
RUE RICHELIEU, 49, AU 1er
1843

PRÉFACE

Voici encore notre Américain de l'an passé. L'an passé, à la même époque, il vous racontait de son mieux la vie parisienne durant les mois brillants de l'hiver. Cette fois il était arrivé dans la grande ville, à l'instant même où les derniers jours de l'automne disparaissent sous les feuilles jaunies. Voyageur sans prétention, notre homme n'a pas mieux demandé que de prendre sa part des douces joies, des vives émotions, des plaisirs bruyants de ce monde des puissants et des riches ; il a supporté de son mieux les enivrements et les délires du bal masqué, les mille feux croisés de la conversation parisienne ; les paradoxes, les médisances et même les calomnies innocentes, il a tout accepté ; il a tout voulu voir, il a tout vu. Non pas qu'il ait été bien avant dans les *mystères* de la bonne ville, mais il s'est tenu, comme on dit, sur la lisière du bois, et de là, il a plongé son regard curieux et attentif dans ces vives et rapides éclaircies. Pour un compatriote de Franklin, notre homme est à coup sûr un observateur assez délié ; ce qu'il n'a pas vu, il le devine, non pas quelquefois sans un certain esprit d'observation et d'à-propos. Surtout ce que nous aimons en lui, et ce qui ne déplaira pas au lecteur, c'est un grand fonds de bienveillance, une heureuse bonne humeur qui n'a rien d'affecté, et nous ne savons quel entrain et quelle verve, qui, la plupart du temps, tiennent le lecteur éveillé. Voilà tout l'éloge que nous pouvons en dire, car nous ne sommes pas de ces éditeurs fâcheux qui sont toujours à s'écrier : « Venez voir un chef-d'œuvre, venez saluer un grand homme; le grand homme et le chef-d'œuvre, c'est moi qui les ai inventés! » A Dieu ne plaise que nous tombions dans cet enthousiasme malséant pour celui qui en est l'objet! Tout notre devoir d'éditeur, nous l'avons rempli fidèlement, et maintenant c'est au livre à se défendre lui-même. Si par hasard c'est un bon livre, soyez sûr qu'on n'en parlera guère. Et pourquoi donc en parler tant? Toute notre ambition, et vous allez voir qu'elle est facile à contenter, c'est que d'un regard distrait, après avoir bien admiré les nouveaux chefs-d'œuvre de M. Eugène Lami et de M. Hath, son digne interprète, vous lisiez quelques-unes de ces pages dans lesquelles le traducteur s'est efforcé de reproduire quelque peu la grâce, la vivacité et l'intérêt du livre original.

Ce que nous disions là pour l'*Hiver à Paris*, un livre qui a été accepté avec plus d'empressement littéraire qu'on n'eût pu le croire, au point qu'il a fallu l'imprimer deux fois, nous vous le disons surtout pour le présent volume, l'*Été à Paris*, qui nous a paru la suite nécessaire du premier tome. D'ailleurs, le sujet n'est pas moins beau et pas moins vaste. Si l'hiver parisien est par excellence la saison des fêtes brillantes, en revanche, l'été à Paris, un seul été, plus que dix hivers, vous mettra au courant des cent mille petites révolutions que la ville subit à certains jours de l'année. Paris l'*Été*, c'est la ville qui se repose; elle oublie, pour s'en souvenir avec plus de joie, les travaux de sa coquetterie et de son ambition; elle s'abandonne — heureuse! — à une vie plus calme, à des passions moins vives. Les plus indomptés s'en vont au loin, dans les Pyrénées, sur les Alpes, au bord de la mer, pour chercher dans les hasards du voyage, dans les émotions mordantes du *trente-et-quarante*, à travers les hasards brûlants du mois d'août, quelque chose qui ressemble à l'hiver de Paris. Mais le Parisien sage, et digne d'être un Parisien, reste tout simplement à Paris : là il met à profit l'espace qu'on lui laisse; il s'empare de tous ces bruits, de tous ces silences, à son profit unique. A lui seul maintenant, quand tout le reste de la ville est parti, à lui seul appartient cette riche capitale du monde, depuis le palais du roi jusqu'à la Bibliothèque Royale; à lui tous les tableaux, à lui tous les livres, à lui tout ce qui est l'art et la poésie. Il règne par intérim. Pour lui seul l'Opéra chante et danse; pour lui seul le Théâtre-Français invente ses comédies; pour lui la musique en plein vent remplit l'air de ses rauques mélodies; pour lui les chemins de fer se remplissent chaque matin de leur flamme puissante. Les jets d'eau de Versailles et les eaux jaillissantes de Saint-Cloud, et les fêtes champêtres sous le vieil orme du village, tout pour lui. Pas une fleur qu'il ne cueille, pas un morceau de glace du dernier hiver qui n'ait été conservé à son intention; pas une écharpe, pas un chapeau de paille d'Italie, pas un joli visage ingénu, dont le Parisien-modèle n'ait les primeurs; pas une petite chanson d'amour et pas une petite chanson à boire que le poëte et le musicien n'aient composées pour ce pacha des beaux jours de juin, de juillet et de septembre. Voyageurs de tous les pays, voyageurs venus du fond de la Russie aux fêtes brillantes, Anglais qui avez quitté vos vertes prairies, Écossais des bords de la Tweed, vous-mêmes, nos frères d'Irlande, qui abandonnez à son moment le plus pathétique l'éloquence vibrante d'O'Connel ; et vous, les belles Italiennes de Naples, Italiennes à l'œil noir ; vous, les blanches Italiennes, — Italiennes blondes, — de Milan ou de Florence ; vous aussi, les filles de l'Allemagne, les rêveuses, les belles âmes, qui cherchez l'idéal sur la terre... et dans le ciel ; que venez-vous faire à Paris par ces journées de soleil ? que venez-vous chercher dans ces solitudes profondes ? — « Nous venons, disent-ils, et nous venons, disent-elles, quand tous les faux Parisiens sont absents, pour admirer de près le véritable Parisien de Paris. »

Ainsi a fait notre La Bruyère américain ; il a voulu savoir, lui aussi, quelle est la vie que l'on mène dans la ville déserte, quelles philosophies se promènent sous les marronniers en fleur, et quels cantiques d'actions de grâces chante le flot de la Seine depuis le moment où il s'échappe, — source ignorée, — à travers les fertiles campagnes, jusqu'à l'instant solennel où il se perd dans la mer. — Voilà comment a été fait ce second tome, tout rempli des plus beaux paysages, des plus heureuses fêtes, tout rempli des élégances parisiennes, un tome dont nous pouvons dire à coup sûr : *Bene olet*, il sent bon ; ce qui n'est pas un médiocre éloge de nos jours.

Les Éditeurs.

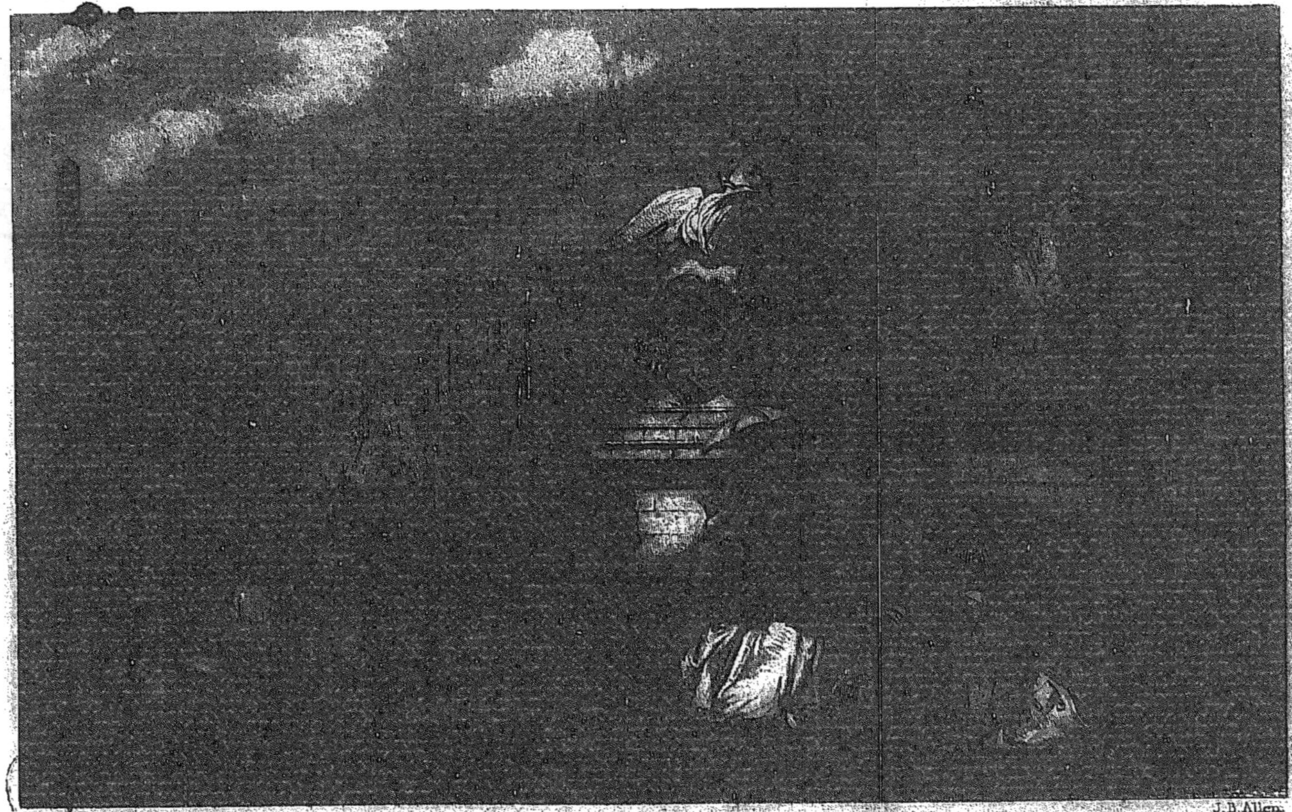

Eugène Lami. J. B. Allen.

Longchamps.

Un Été à Paris.

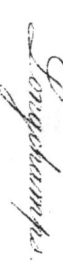

CHAPITRE PREMIER

LE VIEUX PARIS

J'ÉTAIS donc à chanter ma petite chanson du mois d'a-vril : *Sois le bienvenu, beau mois d'avril, qui nous ramènes le printemps et qui me reconduis dans ma patrie !* Adieu l'hiver ! adieu Paris ! Paris est la ville des mois sombres, des jardins sans fleurs, des arbres sans parure, du ciel sans soleil. Paris veut avant tout des fêtes splendides à la clarté des bougies; des bals, des concerts, des spectacles, des amours, des intrigues. Il lui faut le bruit de la politique pleine de colère, de la conversation pleine d'épigrammes. Il vit surtout de petites calomnies, de médisances adorables, de projets, de romans, de vaudevilles, de railleries, toutes choses qui ont besoin de l'hiver. Otez à cette ville des beaux-arts, des beaux esprits, des belles personnes dont le nom est populaire, tout autant que le nom des généraux qui ont gagné des batailles, les câlineries de l'hiver, les grands feux dans l'âtre immense, les salons tout remplis d'esprit et de causerie, les réunions éclatantes, les diamants et les robes de gaze, les fleurs et les perles, et vous verrez ce qui va rester dans cette ville immense, si peuplée, si remplie! Plus rien ne restera que les institutions à l'usage de tous les peuples du monde : par exemple, la Bourse, le Palais-de-Justice, la Chambre des Députés, les écoles, les restaurateurs, les avocats et les faiseurs de journaux, toutes choses de l'intérêt le plus rare et le plus exquis, toutes choses que je vais retrouver à New-York. Partons donc; seulement emportons, pour nous souvenir de ce beau voyage, le livre que nous avons écrit avec tant de joie; livre incomplet sans doute, mais tout rempli de sentiments vrais, de passions éprouvées, d'émotions bien senties; un livre écrit avec la plume et en même temps avec le burin; un simple récit sans prétention, sans méchanceté, sans rien de ce qui fait le succès de ces pages sur lesquelles la foule se jette pour y trouver quelque aliment à ses instincts méchants. Par le ciel! nous avons voulu que ces quatre mois du dernier hiver parisien fussent reproduits dans toute leur élégance native. Vous rappelez-vous toute cette suite de chapitres dans lesquels Eugène Lami, l'admirable dessinateur, avait peine à nous suivre, pendant que M. Heath, l'illustre graveur de l'Angleterre, avait peine à suivre Eugène Lami? Chacun de nous marchait d'un pas joyeux à travers tous les riants aspects du monde parisien, et c'était à qui les comprendrait le mieux. Les descriptions heureuses que nous faisions à nous trois : *l'Arc-de-Triomphe, les Champs-Élysées, le café Tortoni, le pavillon Marsan, le Quai aux Fleurs, le Pan-*

théon! Et les beaux enfants du jardin des Tuileries, la génération de l'avenir! et les belles danses des beaux salons éclatants, toutes sortes d'apparitions brillantes et bien-aimées, passées si vite! Mais qu'importe? j'ai pour me consoler les vers de mon compatriote le poëte Wordsworth, Long Fellow : *sweet April!*

Ainsi disant, je me préparais à partir.

Ce n'est pas qu'au fond de l'âme ma résolution fût inébranlable; au contraire, plus je voyais approcher l'heure du départ, et plus je me sentais triste et irrésolu. On a bien raison de la nommer ainsi : *Paris la bonne ville*, car une fois que le voyageur le moins prévenu a pénétré dans quelques-uns de ces élégants mystères, ce n'est pas sans un certain déchirement du cœur qu'il se décide à les quitter. Dans ce vaste univers de Paris il y a tout à savoir, tout à apprendre, et tout à deviner. Toute l'histoire de la France et de ses diverses provinces est contenue dans ces murailles formidables. Qui saurait à fond cette grande cité de Charlemagne et de Napoléon, serait à la fois le plus savant antiquaire, le plus grand politique, le plus illustre et le plus excellent poëte de l'univers. Son livre serait tout à la fois un poëme égal à l'*Iliade* d'Homère, une comédie digne des chefs-d'œuvre de Molière, un roman si vaste, que même le *Gil Blas* de Le Sage ne pourrait pas lui être comparé. Figurez-vous, par la pensée, que vous êtes placé sur quelque haute montagne du haut de laquelle la France tout entière se montre à vos regards charmés. Tout d'abord arrivent à vos yeux éblouis toutes sortes de grandeurs confuses et sans limites; les Alpes, les Ardennes, les sombres forêts, les Cévennes, les Pyrénées, ne sont plus que les remparts de ce royaume dont Paris est le centre. Toutes sortes de fleuves descendent de ces montagnes bien-aimées : la Seine, la Loire et la Garonne, la Meuse, la Saône et le Rhône; et ils s'en vont çà et là répandant autour d'eux la fertilité et l'abondance. Peu à peu cet amas confus de merveilles inestimables prend à vos yeux une forme certaine; peu à peu chaque province se détache de cet ensemble immense, et chacune de ces provinces se tourne vers Paris, dont elle attend, non pas sans des frémissements intérieurs, l'impulsion toute-puissante. C'est d'abord la Bretagne, un pays tout gaulois, qui a donné à la France de hardis et braves défenseurs, Duguesclin, Latour-d'Auvergne, et des philosophes célèbres, Abeilard et Descartes, et son plus grand poëte, Chateaubriand, et son plus terrible révolutionnaire, M. de Lamennais. Vous reconnaissez la rude province à son rude langage, à ses vieux noms d'ancienne noblesse, à sa fidélité aux croyances d'autrefois, à l'austérité de ses mœurs, à son indigente fierté. Elle se souvient de ses batailles, elle se souvient de toutes ses douleurs. Elle a mis des siècles à apprendre le peu de la langue moderne qu'elle ait consenti à parler. En même temps poussés vers Paris par cette force immense qui pousse au centre toutes choses, arrivent à leur tour l'Anjou, la patrie de ces Plantagenets qui ont donné tant de rois à l'Angleterre; le Poitou, vaste champ de bataille traversé tour à tour par Clovis, par Charles Martel, par le prince Noir; — le Limousin, la patrie de Turenne; l'Auvergne, qui a donné le jour au chancelier de L'Hôpital, aux deux Arnauld, et dont les hautes montagnes se souviennent de Pascal. — A son tour arrive le Midi pour saluer la grande capitale, et il faut voir combien sont prosternés devant Paris, Toulouse et Bordeaux. Vous reconnaissez la Provence à son air de fête, aux fleurs qui composent sa guirlande, à l'esprit et à la poésie qui l'entourent. Elle est en effet le berceau de toute la poésie de ce peuple de France. Dès le douzième siècle, les troubadours provençaux étaient célèbres dans toute l'Europe ; ils trouvaient, ils faisaient la langue, ils la forçaient d'obéir, toute rebelle qu'elle était encore, à certaines lois, à certaines règles cadencées et sonores que leur dictait le bon sens poétique. Là aussi plus d'un grand orateur a commencé. Massillon est un Provencal ; le poëte des orateurs, Fléchier, tout comme le cardinal Maury, est un Provençal; et Mirabeau, ce grand niveleur, d'où est-il parti, tout armé de tant de passions et de tant de vengeances? Il est sorti du fond de la Provence, comme en est sorti M. Thiers ! Tels sont les hommes que le reste de la France envoie à Paris dès que le génie de ces hommes s'est révélé. De ces esprits d'élite choisis partout, arrivés de toutes les parties du royaume, se compose la cité parisienne. La ville appartient à chacun et à tous ; peu y naissent, tous y passent, pas un n'y reste. Ainsi, le Dauphiné a envoyé à Paris Condillac, d'Alembert, l'amiral Lalande, Bichat le physiologiste ; ce sont là des tributs et des impôts difficiles à payer, et pourtant ils sont payés de tous les côtés de la France. Voici, l'instant d'après, Lyon qui se souvient des Romains ; et la Bourgogne, la patrie de saint Bernard, de Bossuet, de Buffon, de M. de Lamartine ; et la Champagne, le pays des Villehardouin, des sire de Joinville, du cardinal de Retz. Et cette province qui vaut un royaume, le sujet de tant d'histoires inépuisables, la Normandie, la patrie de tant de savants législateurs, de tant de hardis soldats, de tant de laboureurs ! A la France reconnaissante la Normandie a donné le grand Corneille; la Flandre lui a donné Froissart et Philippe de Comines. Quel plus vaste tableau ! Quel plus admirable spectacle ! La Seine toute seule, ce fleuve célèbre entre tous les fleuves du monde, suffirait à la contemplation d'une année. Qui pourrait dire toute l'activité, tout le travail, toute la poésie de ce grand fleuve ; tout le blé que cette eau fait pousser, tous les troupeaux qu'elle nourrit, tous les fruits, toutes les fleurs, tous les vieux châteaux, toutes les maisons modernes qu'elle s'en va berçant au murmure de son onde agitée? Qui pourrait dire les mille bras qu'elle met en mouvement, le froment qu'elle écrase sous la meule, les laines dont elle fait des draps, le fer dont elle forge des charrues et des épées, les métiers qui s'agitent incessamment dans ses flots laborieux, et la vapeur qui jette au loin sa fumée obéissante? Chemin faisant, et à mesure qu'elle a besoin de plus de force, la noble rivière emporte dans son cours d'autres rivières puissantes, la Marne et l'Oise, et ainsi elle arrive triomphalement à son but comme ont fait tous ces grands hommes dont nous vous parlions tout à l'heure. La Seine est l'orgueil de la ville. La ville a écarté ses plus belles maisons pour mieux voir son beau fleuve, elle se mire dans ses eaux, elle borde ses rives de ses plus beaux arbres, elle dresse des ponts magnifiques au-dessus de ce flot qui passe et qui s'éloigne à regret. De Paris au Havre le fleuve marche et triomphe; chacun le salue quand il passe, chacun lui adresse des prières et des actions de grâces. Les villes, les villages, les îles brillantes, les cloches qui sonnent l'*angelus*, les troupeaux, les bateliers, les laboureurs, les soldats, suivent d'un regard attendri ce flot mystérieux et solennel qui va porter bien au delà de l'Océan, sur les rivages les plus reculés de l'Amérique, l'idée française. Peuples et rois, nations et républiques, laissez passer ce grand flot venu de la France, il porte avec lui le commerce, la civilisation, la fortune et l'espérance; le passé, le présent et l'avenir!

Paris, c'est donc l'histoire de toutes les provinces, de tous les hommes, de toutes les passions de la France. Là s'est réfugié l'esprit, le génie universel. Entre le parvis de Notre-Dame et la cour de la Sainte-Chapelle s'est formé tout le scepticisme, tout le bon sens bourgeois qui dominent le dix-neuvième siècle, après avoir remué et bouleversé de fond en comble le siècle dernier. Quels beaux esprits Paris a produits? Vous le demandez? Il les a tous élevés jusqu'à lui; mais surtout il a produit le génie français par excellence, le poëte comique, le philosophe profond, le goguenard sérieux qui rit toujours, Molière en personne; après Molière, il a produit Voltaire; n'en demandez pas davantage. Tous les autres Parisiens, proprement dits, reprendront plus ou moins, même ceux qui sont nés à Paris, le génie particulier à quelques-unes des provinces de la France. Par exemple, d'Alembert, le chef de l'Encyclopédie; d'Anville le géographe; Saint-Foix l'antiquaire; Bachaumont le poëte, tant soit peu ivre; Bailly l'astronome; Despréaux, le bon sens et la satire; Bouhours, bel esprit sous la robe flottante du jésuite; Charles Lebrun, le peintre de Louis et d'Alexandre *les Grands;* le savant Jérôme Budée; Marivaux, l'historien du beau petit monde de la régence; Nicolas Catinat, le courage, la simplicité et la vertu; Chardin, le voyageur en Perse; Pierre Charron, l'ami de Montaigne; Lachaussée, le Thespis du drame larmoyant; le célèbre avocat Henri Cochin; le grand ministre Colbert : ce sont là autant d'enfants de Paris, nés en pleine cité parisienne; mais cependant pas un de ces hommes illustres n'a le génie purement parisien; pas un d'eux qu'il ne soit facile de placer dans quelqu'une des diverses provinces de la France. Ils sont nés à Paris par hasard, et parce qu'il faut bien, en fin de compte, naître quelque part; mais les seuls génies tout parisiens, c'est Molière, c'est Voltaire, placés l'un et l'autre aux deux extrémités de l'art français. D'ailleurs combien peu de Parisiens de Paris! combien peu même, parmi les princes et parmi les rois de la monarchie française, sont nés à Paris! Le prince de Condé cependant est né à Paris; le prince de Conti, qui avait tant d'esprit, le condisciple de Molière, est né à Paris; les autres princes de la maison de Bourbon sont nés à Versailles, à Fontainebleau, à Saint-Germain, à Saint-Cloud, à Bellevue, même à Palerme, dans le royaume de Naples, partout, excepté à Paris. En fait de Parisiens, vous avez les trois Coypel, le poëte tragique Crébillon; et madame Deshoulières, une charmante Parisienne de la place Royale; et Dorat, ce fat qui avait trop d'esprit; et l'abbé de l'Épée, le Vincent de Paul des sourds-muets; et l'amiral Destaing, le conquérant de la Grenade; et Pierre de l'Étoile, qui a raconté le règne de Henri III; et la famille savante des Estienne, Robert, Henri, Charles, Robert-Estienne, Henri-Estienne, les illustres imprimeurs, vrais Parisiens, ceux-là, ouvriers de Paris, savants de la Sorbonne et de l'Université de France. Le digne ami de Fénelon, l'abbé Fleury, est un Parisien ; le très-spirituel valet de chambre du roi Louis XIV, Dufresni, qui était un peu le parent du roi par la belle jardinière d'Anet et par Henri IV; Dufresni qui aimait tant les fleurs, la dépense et les beaux-arts, il est né à Paris, et, qui mieux est, il y est mort sans souci de sa pauvreté et de son origine royale. Jean Goujon, le digne émule des plus habiles sculpteurs florentins; Helvétius, une de ces grandes renommées pleines de riens comme on en fait tant à Paris; Houdard de la Motte, le poëte lyrique, aussi bien que J.-B. Rousseau, le Pindare du grand siècle, autant d'enfants de Paris. Mettez aussi sur votre liste ces noms dignes de toutes nos sympathies et de tous nos respects : La Harpe, l'auteur utile du *Cours de Littérature*; M. de Lamoignon, l'honneur de l'ancien Parlement; M. de Malesherbes, le défenseur du roi Louis XVI, et qui devait mourir de la mort de son royal client; Lancelot, l'homme le plus naïf et le plus savant de Port-Royal-des-Champs; Lavoisier, le grand chimiste à qui les bourreaux de Robespierre ne voulurent pas accorder huit jours de répit pour qu'il pût achever des expériences commencées; Ninon de Lenclos, ce galant problème dont on raconte tant de fables impossibles qui ne sont que vraies; la marquise de Lambert, un philosophe de l'école de Ninon. — Mais silence! Voici un peintre austère, impérieux, grand entre tous les peintres ses rivaux, Eustache Lesueur! A côté de Lesueur placez Malebranche le révélateur. Les deux Mansard, M. Le Vayer, cet esprit tout français, Le Nôtre, un jardinier de génie, sont nés à Paris. Et aussi Estienne Pasquier, le chef de cette illustre famille des Pasquier; Charles Patin, le médecin dont chaque parole piquait plus que sa lancette; Claude Perrault, le créateur de la colonnade du Louvre, et son cousin Charles Perrault, qui a fait un monument plus durable même que la colonnade du Louvre, les *Contes des Fées*, le poëme impérissable dans lequel ont appris à lire tous les enfants de la France; Germain Pilon, sculpteur excellent; Pierre Quinault, dont les vers se disent encore après avoir été chantés si longtemps; Louis Racine, le fils du grand poëte Racine; et le successeur de Molière, Jean-François Regnard, cet homme si gai, si grand sensualiste, si heureux de vivre et d'être au monde, l'auteur des *Ménechmes*, des *Folies amoureuses* et du *Joueur*. A coup sûr, ce sont là autant de Parisiens qui suffiraient à illustrer bien des provinces. Et que dites-vous de celui-là, Armand du Plessis, cardinal de Richelieu? A côté de ce nom terrible et solennel placez comme correctif le nom du bon Rollin, l'ami le plus honnête et le plus dévoué de la jeunesse française. Un grand poëte latin, le père de La Rue; un plus grand poëte que ce père de La Rue, Santeuil, le chanoine tant soit peu irrégulier de Saint-Victor, sont nés à Paris. Un vrai Parisien, c'est Pierre Scarron, ce cul-de-jatte si laid, si malade et si gai. Qui lui eût dit, à ce vieux décharné, que sa veuve deviendrait la reine de France et serait assise à côté du roi Louis XIV? Ce maçon de génie qui a fait couler tant de douces larmes, Sedaine, était un Parisien. Madame de Sévigné, la charmante, et vraie, et honnête, et éloquente Parisienne! Le bouffon du Pont-Neuf, un des pères licencieux et grimaciers de la comédie, Pierre Taconnet, où peut-il être né, sinon sur les degrés de Notre-Dame? Le ministre Turgot est un Parisien; et enfin, pour les dominer tous, pour leur imposer ses rancunes, ses licences, ses caprices, ses colères, ses doutes, ses rages, ses jalousies, ses blasphèmes, son esprit et ses tragédies, Arouet de Voltaire, le premier des Parisiens après Molière! Mais encore une fois, à proprement dire, il n'y a, dans toute cette réunion de beaux esprits et de fermes volontés, que deux Parisiens de Paris. Deux hommes qui jamais, par aucun des calculs de la Providence, n'auraient pu naître et mourir autre part, Molière et Voltaire, l'auteur du *Tartufe* et l'auteur de l'*Essai sur les Mœurs* : l'un qui est le meilleur, le plus dévoué et le plus simple des hommes; l'autre qui est le plus railleur, le plus licencieux et le plus perfide des beaux esprits. Celui-là simple dans sa vie, bon homme, bienveillant, ne cherchant les vices de ses semblables que pour les corriger par le ridicule; celui-ci brutal, malin, railleur, et bondissant de joie quand il peut jeter à la face de l'espèce humaine tout le fiel de son esprit, tout le venin de son cœur. Le premier, qui procède par toutes les scènes folles ou sérieuses, mais toujours innocentes de la comédie; le second, qui ne connaît que les violences, les plaies, les morsures, les coups de poignard, et qui serait bien fâché s'il corrigeait le plus petit vice sans mettre à la place de ce petit vice quelque monstruosité hideuse. Molière, sérieux toujours, même dans ses scènes les plus folles; Voltaire, bouffon toujours, et bouffon cruel, impitoyable, même dans ses férocités les plus hardies. Molière, qui pardonne; Voltaire, qui est impitoyable. Molière, qui ose s'attaquer à l'hypocrisie religieuse, la plus honteuse et la plus redoutable des hypocrisies; Voltaire, ce lâche et effronté poëte, qui ne sait rien de mieux que de couvrir de fange et d'ordure, dans un poëme tout rempli de licences, de scandales et de blasphèmes, la jeune fille qui a défendu, qui a sauvé la France, la *Pucelle d'Orléans*.

Et voilà la ville que je disais avoir vue, étudiée, comprise! Véritablement, pour en avoir décrit quelques aspects en deux ou trois cents pages, je me croyais un grand politique, un profond observateur, un habile antiquaire. Insensé! je n'avais pas même compris ce que je comprends maintenant, à l'heure de mon départ : à savoir, que Paris c'est tout le royaume, c'est toute l'histoire de France, c'est le cœur de ce grand corps, c'est le rendez-vous universel de toutes les passions, de tous les souvenirs, de toutes les idées de ce noble peuple. De ces remparts qui s'élèvent avec tant de hâte, comme si un monde pareil avait besoin de citadelles pour se défendre, part et s'élance le mouvement de chaque jour; de là viennent les soumissions et les émeutes; c'est le manteau fatal qui contient dans un de ses plis monstrueux la paix et la guerre! Ne cherchez qu'à Paris le génie de ce peuple, l'éloquence du Bourguignon, l'ironie du Champenois, le courage gueri... du Lorrain, l'obstination hardie et sincère du Franc-Comtois, le fanatisme du Languedocien, la pétulance ingénieuse du Gascon, l'esprit conquérant du Normand, l'indolence nonchalante du Flamand, l'entêtement du Breton. Paris, c'est la vaste mer dans laquelle viennent aboutir les sources vives et profondes de l'esprit français. Réunis dans le centre commun, tous ces hommes divers se reconnaissent, se regardent, s'étudient, jusqu'à ce qu'enfin ils soient bien assurés qu'ils sont les enfants de la même patrie. En vain, lorsque le Flamand est en Flandre, se souvient-il de l'Allemagne; en vain, lorsque le Gascon est à Bordeaux, se souvient-il de l'Espagne; en vain, lorsque le Provençal est en Provence, se souvient-il de l'Italie, tous ces souvenirs qui ne sont pas des regrets, tous ces Normands de Normandie, qui ne sont plus des Anglais depuis le roi Jean, aussitôt qu'ils ont touché le pavé parisien, ils sont Français, à peu près comme tous les fleuves qui tombent dans l'Océan deviennent l'Océan à leur tour. L'unité est la mère de Paris, elle est son boulevard, elle est sa toute-puissance. L'unité a enfanté cette belle langue française, cette société polie, cette cour de tant de rois braves, spirituels et bienveillants. L'unité est la mère de ces académies, de ces écoles, de ces théâtres, de ces œuvres puissantes, de ces révolutions sans cesse renaissantes qui partent de Paris chaque jour pour imposer leurs lois au reste de la France. Quel insensé étais-je donc, moi, qui voulais renfermer toute cette grande machine épique dans les bornes d'un volume in-octavo? Alors je me mis à me rappeler cette bonne plaisanterie toute française, l'*Ouverture de don Juan*, de Mozart, *arrangée pour deux flageolets*. Sans M. Eugène Lamy, mon peintre, et M. Heath, son digne traducteur, j'aurais jeté mon manuscrit à tous les vents, soyez-en sûrs.

Et d'ailleurs, me disais-je, quel singulier Paris as-tu donc étudié? le Paris porte-bouquet et porte-velours, le Paris des bals, de l'Opéra et du boulevard Italien; la ville blafarde et composée des députés, des danseurs de l'Opéra, des poëtes de l'Académie Française, des monuments bâtis d'hier ; rien de pittoresque, rien de curieux, rien qui rappelle les temps écoulés, non plus que les mœurs sauvages et pittoresques d'autrefois. Ah! ce n'est pas ainsi, et de cette façon-là, à la manière nonchalante d'un homme heureux, bien vêtu, bien nourri, à qui toutes choses obéissent et qui va moins souvent à pied qu'en voiture, que l'auteur de *Notre-Dame de Paris* a vu la grande et turbulente cité que j'ai voulu décrire! Ah! ce n'est pas ainsi en toute nonchalance, au milieu d'un salon tout doré, ou bien sur le seuil de quelque restaurateur à la mode, que le terrible poëte l'a étudiée, la ville de son adoption et de son amour! Non, non, ce n'est pas celui-là qui consentirait à suivre au pas les enfants qui jouent dans les allées des Tuileries, les soldats que le roi passe en revue dans la cour du Carrousel, les pairs de France qui se promènent sous les arbres du Luxembourg. Fi donc! lui, passer par ces beaux jardins tout remplis de fleurs, de belles eaux, d'oiseaux qui chantent! Lui, perdre son temps au spectacle heureux des boulevards, où la plus belle foule passe et repasse dans son plus élégant appareil! Lui, s'amuser dans ces rues resplendissantes de clarté et lavées à toute heure du jour! Mais vous n'y pensez pas, Américains que vous êtes! Non, non, ce n'est pas là le Paris de M. Hugo; il lui faut le Paris des fanges, des ténèbres, du pilori, de la cour des Miracles, le Paris des Bohémiens, des voleurs et des fourches patibulaires. Que l'on se tue, que l'on s'égorge; que le roi, d'un côté, que de l'autre côté le peuple, s'abandonnent à toutes sortes de violences, voilà ce qui convient au farouche poëte : du sang, de la boue, des meurtres, des coups, des soldats pris de vin, des prêtres ivres de luxure, des filles folles de leur corps, toutes les hontes! et, au milieu de toutes les fureurs les plus menaçantes, la rivière qui charrie des cadavres vivants et cousus dans un sac, en un mot : *la justice du roi qui passe*, voilà le vrai spectacle, le vrai Paris! Tout le reste n'a plus de sens, tout le reste appartient au bourgeois, au garde national, à la Chambre des Députés, au préfet de police, aux faiseurs d'asphalte et aux trottoirs de bitume. Fi donc! Le gaz enflammé qui prive la nuit de ses ténèbres profondes, y pensez-vous? Les boutiques brillantes et toutes remplies de richesses qui ne sont défendues que par une faible glace qu'un rien pourrait briser, y pensez-vous? Où est le beau, où est le pittoresque, où est l'étrange en tout ceci? Voilons-nous la tête et résignons-nous, le bon roi Louis XI est mort!

Et voilà pourtant la ville qu'ont voulu rétablir M. Hugo et les architectes à sa suite. Que de larmes versées sur ces affreuses ruines qui ne sont plus! Que n'auraient-ils pas donné pour que la cité fût rebâtie sur le plan primitif! Maisons obscures, passages sans air, du soleil nulle part, les voleurs dans chaque rue, les loups affamés à chaque porte de la ville, l'angoisse partout, l'espérance retournée au ciel, qui ne veut plus la rendre à la terre... Vive donc la ville gothique, noire, obscure, crottée, fiévreuse, la ville de ténèbres, de désordres, de violences, de misères et de sang!

Cependant, du haut de sa tour, et les bras croisés sur sa poitrine, le poëte admire tout à l'aise ce beau, étrange et merveilleux Paris du quinzième siècle, son amour et son rêve. Allons, nous voilà moins vieux de trois cents années. Paris, qui n'a d'abord été qu'une île, franchit la Seine avec les rois de la seconde race; Philippe-Auguste bâtit des murailles et des forteresses autour desquelles toutes sortes de maisons s'élèvent, tristes, profondes, hautes surtout, pressées les unes contre les autres, comme des maisons qui ont peur et qui se font petites pour échapper au tyran. Pas une place publique, pas une rue où l'on puisse passer deux de front; pas d'air, pas de soleil! N'étaient-ce pas là des hommes bien heureux et bien logés? Cependant, peu à peu ces hommes de fer quittent ces horribles ruches de pierres mal taillées, ces sombres maisons exposées à l'eau du ciel; ils se hasardent à regarder le soleil, mais, hélas! qu'ils prennent garde d'aller trop loin, car, au défaut des ennemis du dehors, la ville est pleine d'embûches et d'esclavage; car, dans cette ville misérable, toutes sortes de priviléges, de dominations, d'usurpations, se disputent la propriété des corps et la possession des âmes. Regardez avec soin, et vous reconnaîtrez ces divers pouvoirs à leurs prisons, à leurs citadelles, à leurs forteresses, à leurs cachots, à leurs couvents, à leurs juridictions diverses : le Grand-Châtelet, le Petit-Châtelet, la Tournelle, la tour de Nesle,

la tour des Bois, le Louvre, l'Hôtel-de-Ville, la Sorbonne, le Pré-aux-Clercs, le Palais-de-Justice, et, pour couronner dignement l'œuvre entière, le gibet de Montfaucon. Oh! le beau et touchant spectacle! Et à chaque entrée de la ville, une tour, une forteresse, une bastille : la tour de Billy, de Saint-Antoine, la tour du Temple, la tour Saint-Martin, la tour Saint-Denis, Montmartre,

Saint-Honoré. Chaque tour avait son fossé, chaque fossé avait ses soldats armés et sa boue liquide; la nuit venue, tout se fermait, tout se barricadait; dans la rivière étaient tendues des chaînes.... c'était beau à voir et charmant! Ce n'était pas une ville, c'était un labyrinthe, ou, pour mieux dire, c'était *un tricot*, pour nous servir d'une expression que M. Hugo aura empruntée à quelque bonne femme; en effet, un tricot inextricable : chaque maille était une rue, et toutes ces rues innombrables se mêlaient, se croisaient, se heurtaient, se confondaient, celle-ci dans celle-là, à ce point qu'on eût dit une ronde infernale un jour de sabbat. Des rues, comptez-les! des flèches, des dômes, des ponts, des rives, des grèves, des ruisseaux, des chapelles, des églises, des bannières, comptez-les, comptez-les! Ce n'étaient que pignons taillés, toits aigus, tours rondes, donjons, arabesques, tours bizarres, nains et géants, caprices, fantaisies, difformités. Ces vieux toits étaient couverts d'une mousse jaunâtre, d'un plomb noirci, d'une ardoise à demi brisée ; sur les murs mêmes poussaient les pustules et les verrues. Les jours d'orage, ces pierres,—on eût dit, à les voir de loin, que ces pierres aiguës et tout armées de pics menaçants allaient se battre, se heurter, se déchirer. Quant à la Seine, le fleuve étincelant, la Seine disparaissait sous ces maisons, sous ces immondices, sous ces ponts chargés d'horribles cabanes, sous ces solives informes qui s'avançaient menaçantes dans la rue, si bien que l'ombre était partout, même durant les plus beaux jours. Dans ces rues ainsi faites, le vacarme était immense, affreux : les écoliers, les artisans, les blanchisseuses, les soudards, y poussaient, chacun de son côté, le cri de sa profession; sans compter les moines tout-puissants et respectés devant lesquels se rangeait soudain toute cette cohue: les Bernardins, les Génovéfains, les Mathurins, les Bénédictins, les Cordeliers, les Augustins; chacun d'eux ayant sa tour, sa justice, sa prison, son église, sa chapelle, et sa bénédiction à distribuer aux têtes qui s'inclinent quand ils passent. Et les églises, qui les compte? Saint-Jacques-de-la-Boucherie, Saint-Jacques-du-Haut-Pas, Saint-Magloire, Notre-Dame-des-Champs, Saint-Germain-des-Prés; et le pilori, et la tuilerie, et le four banal, et la maladrerie pour enfermer les lépreux; car à toutes les beautés singulières que nous disons là, il faut ajouter la lèpre. Vous avez aussi de grands hôtels remplis de seigneurs insolents et impitoyables: l'hôtel de Jouy, l'hôtel de Sens, l'hôtel Barbeau, et l'hôtel des Tournelles, et l'hôtel Saint-Paul, où logeaient jusqu'à vingt-deux

princes aussi puissants que des rois. Il y avait aussi l'hôtel de l'abbé de Saint-Maur, du Petit-Musc, du comte d'Étampes, et chacun de ces hôtels avait ses meurtrières, son château-fort, sa grosse tour, ses mâchicoulis, ses moineaux de fer, qui ne valent pas les joyeux, sveltes, éveillés et insolents moineaux du jardin des Tuileries ou du Palais-Royal. Des tours, toujours des tours; des créneaux, toujours des créneaux; la force, partout la force; flèches, clochetons, girouettes, spirales, lanternes, pavillons, tourelles. Et voyez-vous cette *botte de tours noires comme l'encre*, ce pont-levis toujours dressé, cette herse toujours tombée? c'est la Bastille entourée de canons. Et tout cela pressé, serré, heurté, rivé, relié par des fossés, par des murailles, par des ravins, par des gibets, par des chaînes tendues — par des moines, par des bourreaux; — par des cimetières tout remplis de morts et de cadavres; — par des égouts, par des immondices, par des sépulcres; — par des trous où vivaient des recluses; — par des intersections de maisons, culs-de-sac, pattes-d'oie, dédales, carrefours; — par de grands espaces boueux et sanglants, dans lesquels clapotaient pêle-mêle les truands des deux sexes; horrible nation, dont les noms divers étaient horribles tout autant que la langue qu'elle parlait: culs-de-jatte, bossus, boiteux, manchots, béquillards, coquillards, cagots, lépreux avec leurs plaies; beuglements, clapissements, hurlements; fourmilière d'ordures vivantes, la Cour des Miracles pour tout dire. La Cour des Miracles, ce pandémonium. cette hideuse verrue, cet égout, ce ramassis de toutes les vermines que l'Église, l'Université, la Cité, les juifs, les Espagnols, les mahométans, les chrétiens, pouvaient engendrer sur la paille pourrie. Là, chaque province, chaque peuple, chaque misère, chaque vice, avait à coup sûr son représentant abominable. En un mot, telle était la décoration, tels étaient les acteurs; maisons de boue, comédiens de fange. Et de grands esprits contemporains ont voulu nous démontrer que c'était là le beau Paris! Ils se sont moqués agréablement de cette ville bien pavée, bien gardée, bien éclairée, bien lavée chaque matin. Stupides Parisiens de 1843 et années précédentes, qui préfèrent une belle garde municipale aux estafiers de Clopin-Trouillefou, roi de Thune, successeur du grand Coesre; ingrats citadins qui dorment d'un sommeil plus tranquille sous M. le préfet de police Delessert, que sous la surveillance de Mathias Hungadi Spicali, duc d'Égypte et de Bohême! O justice! pour un honnête pompier qui attend l'incendie, tout prêt à se jeter au beau milieu du feu, ce Paris de bourgeois donnerait sans hésiter Guillaume Rousseau, empereur de Galilée, et ses archisuppôts! Le pittoresque! lorsqu'on a dit le pittoresque, on a tout dit. L'art, le goût, le bien-être intérieur, la paix du toit domestique, la douce chaleur d'une maison bien close, l'intime causerie d'un foyer bien clair, la vitre limpide qui laisse entrer le jour sans laisser passer le froid, le tapis d'Aubusson sous les pieds, la muraille couverte de belles gravures, les livres bien reliés et bien choisis; l'enfant qui vous dit : bonjour! le chien qui vous caresse, la jeune servante proprement vêtue, le valet empressé, le seuil de la porte bien net et bien gardé, la rue tranquille, la place publique couverte de beaux arbres, la Grève sans échafaud, Montfaucon sans gibet, l'hôtel du roi sans pont-levis; dans les églises, des prières, non pas des blasphèmes; dans les corps-de-garde, d'honnêtes soldats, et non pas des tireurs de laine, sur le trône, un roi constitutionnel, le maître de la paix, l'ennemi de la guerre, le père heureux et respecté d'une famille brillante, et non pas un tyran taché de sang; dans les boutiques, des citoyens jurés, électeurs, gardes nationaux, qui se jugent, qui se gouvernent, qui se défendent eux-mêmes, et non pas des serfs obéissant à la fois au seigneur, à l'évêque, à la Cité, à l'Université, aux moines, à leurs femmes, à tout le monde : à quoi bon tous ces bonheurs sans physionomie? Tous ces détails de la vie heureuse et bien faite ont le grand malheur de n'être pas pittoresques; ce qui est pittoresque, c'est le haillon sous lequel grelottent les pauvres hères, et non pas le prosaïque manteau qui abrite du vent et de la pluie; ce qui est pittoresque, c'est le pied nu, la tête mal peignée, la poitrine haletante, l'aspect misérable, la tache sur l'habit de velours, le trou au justaucorps, la fange sur la robe de brocart. Ne nous parlez pas d'une belle joue bien lavée, bien rougissante, mais de la peau rugueuse couverte d'horribles écailles et dont le toucher est venimeux; ne nous parlez pas des petites mains effilées et mignonnes, mais des mains calleuses et grossières. Un bourgeois qui paie l'impôt, c'est si ridicule! Parlez-nous, au contraire, des gens de la petite flambe, des truands, des sujets du royaume d'argot, des argotiers, des francs-bourgeois du royaume de Thune, qui n'ont à payer ni boues, ni pauvres, ni lanternes. Et les honnêtes femmes bien vêtues qui s'en vont dans le jardin des

Tuileries promener leurs beaux enfants sous les marronniers en fleurs, les pouvez-vous comparer aux truandes de ces truands : Catelle la Charonne, Élisabeth Trouvain, Sincère Jodoyne, Aimée Piédebouc, Thomie-la-Longue, Bérarde Fanoel, Michelle Génaille, Claude Rouge-Oreille, Mathurine Girosou, Isabelle Thyoric? A la bonne heure, voilà des noms qui sonnent bien, voilà des femmes qui se présentent sur un bon pied, voilà de la vérité vraie! C'est toujours, et dans un sexe comme dans un autre, le tremblement du grouillement et le grouillement du tremblement. Vivent donc les argotières et les argotiers !

A coup sûr, il a fallu une imagination bien puissante, non-seulement pour évoquer le vieux Paris du roi Philippe-Auguste et du roi Louis XI, dans toute sa laideur, pour entasser l'une sur l'autre, et crasse sur crasse, la couche romaine et la couche gothique, mais encore pour rendre supportables aux regards attentifs ces ténèbres entassées sur ces barbaries. Et quel esprit n'a-t-il pas fallu pour soutenir que le Paris du roi Charles X et du roi Louis-Philippe n'était plus que l'ombre informe et décolorée du Paris d'autrefois? Fi donc! à entendre le roi du pittoresque, les Parisiens n'ont plus qu'une ville de plâtre; ils changent de maisons tout comme ils changent leurs vieux habits contre des habits neufs. Si, par hasard, ils se décident à construire quelque monument qui ne soit pas un édifice de plâtre ou de bois, regardez sans rire ce monument une fois bâti, et vous verrez s'il est rien de plus ridicule? Le Panthéon est un gâteau de Savoie; le palais de la Légion-d'Honneur, un palais de pâtisserie; la Halle-au-Blé, une casquette, et encore une casquette de jockey anglais! Quelles sont ces deux grosses clarinettes, surmontées d'un bâton de mesure tortu et grimaçant? Ce sont les tours de Saint-Sulpice, et au sommet des tours, le télégraphe. A quelle architecture appartient le palais de la Bourse? est-ce romain ou est-ce grec? ceux-là ont bien de la bonté qui trouvent que ce soit en effet un monument d'un bel aspect. Quant aux plus belles rues de Paris, dans lesquelles l'habitant de la ville se promène d'un pas si calme et si fier, le Parisien n'a jamais été plus grossièrement badaud que de trouver belles ces vastes issues toutes remplies d'air, de mouvement, d'espace et de soleil. Par exemple, comprenez-vous rien qui soit plus ennuyeux que la rue de Rivoli, où l'on marche à pied sec, où l'on est à l'abri de la pluie en hiver, de la poussière en été, où les plus riches boutiques vous présentent à l'envi tous les trésors du monde? le jardin des Tuileries étale sa plus riante parure, pendant qu'à votre droite l'Arc-de-Triomphe de l'Étoile se dresse dans toute sa majesté. Mais à quoi bon nous tant heurter contre la fantaisie des poëtes? le paradoxe historique n'a jamais eu de plus intrépides soutiens. Innocents et courageux viveurs, pour peu que vous les poussiez à bout, ils vont vous soutenir que (toujours pour ce qui est le pittoresque!) c'est grand dommage qu'on ne roue plus en place de Grève, qu'on ne pende plus à Montfaucon, et que la vieille église de Saint-Germain-l'Auxerrois, si calme aujourd'hui et si bien réparée, ne sonne plus de temps à autre le glas funèbre de la Saint-Barthélemi.

CHAPITRE II

L'ALMANACH ROYAL. — LES DÉBRIS D'UNE FEMME ET D'UN SIÈCLE

Ainsi je m'indignais contre ces paradoxes en faveur des temps passés, car enfin si le quinzième siècle est digne de tant d'admiration et d'hommages, il est sûr que nous autres qui admirons si fort le siècle présent, qui l'entourons de tant d'hommages, qui publions ces beaux livres à sa louange, nous sommes tout au moins des badauds et des niais. Toutefois, et même sans remonter jusqu'à Philippe-Auguste, peut-être n'eût-il pas été indigne d'un vrai touriste et de sa conscience, de s'informer tout au moins de ce que pouvait être le Paris du siècle passé. Le siècle de Voltaire et du roi

Louis XV, du roi Louis XVI et de la Convention nationale, méritait sans doute notre attention et nos respects; c'est le siècle turbulent et libéral qui est venu si fort en aide à l'Amérique, qui lui a donné le général Lafayette, qui lui a renvoyé son grand citoyen Franklin plus instruit de tous les mouvements, de toutes les passions, de tous les intérêts de l'Europe. A ce compte, ce Paris-là doit nous intéresser, nous autres enfants de l'Amérique, bien plus que le Paris moderne. Et d'ailleurs, le siècle passé n'est-il pas le siècle de l'élégance, des beaux-arts, des beaux vices facilement pardonnés, des rébellions innocentes, le siècle de l'Encyclopédie et du Contrat social? Oui, maintenant que j'y pense, j'aurais dû, avant tout, me mettre à la recherche de cette société évanouie, inscrire dans mon livre quelques-uns de ces grands noms d'autrefois, afin que mes amis de New-York, pour qui j'écris ce voyage, retrouvant tous ces noms sonores qui ont moins vieilli chez nous autres qu'en France même, se rappelassent les luttes et les espérances d'autrefois. *Un Hiver à Paris,* malheureux que je suis! Et qu'ai-je donc vu durant cet hiver? quel Paris? Que si je n'avais pas le temps de tout voir dans l'espace d'un hiver, pourquoi donc à cette longue étude ne pas consacrer deux hivers?

Figurez-vous cette grande ville capitale quelques années avant la Révolution française ; la cour est encore à Versailles, le peuple est le maître de la ville ; dans cette foule immense, vous retrouverez des échantillons vivants de toutes les nations de l'univers. Du fond de l'Asie, des glaces de la Laponie, des hommes sont venus tout exprès pour étudier cette civilisation qui envahit toutes choses. L'Arabe, le Hottentot, l'Indien, le nègre, le quaker, le Persan, les brahmines, les faquirs, les Groenlandais, sont représentés dans cette vaste hôtellerie ouverte à tous. Une fois dans ces murs inspirateurs, tous ces gens-là changent de face, l'intelligence leur arrive par tous les pores. A peine arrivés, ils étudient, ils comprennent, ils entendent, ils savent; de leur nature primitive, rien ne leur reste que le costume et quelques usages puérils. Voilà dans quel sens on a pu dire que l'esprit courait dans les rues. L'esprit court dans les rues, en effet, comme l'eau, comme l'air, comme le bruit, comme la fumée des hautes cheminées; avec l'esprit, la science marche d'un pas rapide. Paris est avant tout une école dans laquelle les sciences les plus vulgaires et les plus ardues sont également enseignées. Un vers de Virgile va occuper un professeur pendant huit jours, une heure suffira à tel autre maître pour expliquer tout le mécanisme du corps humain; celui-ci use sa vie dans l'analyse des corps, celui-là perd son âme dans l'analyse des idées. Après l'enseignement, la grande curiosité de ce peuple, c'est le théâtre : là il se réunit, là il s'excite à tout briser, là il retrempe ses passions quand elles sont usées, là il bondit comme un jeune homme et médite comme un vieillard; le théâtre, c'est la grande joie et c'est le grand orgueil de cette nation française, qui n'a pas été encore appelée à donner son opinion sur les affaires de ce monde. Jusqu'à l'an de liberté 1789, Paris n'avait de libre arbitre que dans le parterre du théâtre, au beau milieu du café Procope; mais aussi il eût été bien imprudent celui qui eût osé imposer silence aux Parisiens dans ces deux retranchements.

Après la fabrication des pièces de théâtre (et c'est encore ainsi aujourd'hui), la grande fabrication de Paris la plus active, la plus puissante—invincible—le produit excellent et passager, toujours nouveau le matin, et toujours immolé le soir, ce sont les modes nouvelles. Les modes parisiennes ont plus fait pour la popularité et pour l'universalité de la France, que la langue française elle-même. Les modistes de la rue Vivienne soumettent et domptent plus d'esprits rebelles, que les plus beaux vers des plus grands poëtes, que la prose des plus hardis inventeurs. Un peu de gaze, un bonnet, une fleur, une ceinture, un chapeau, un nœud de ruban, une plume flottante, une robe, un soulier, un bas à jour, une paire de gants, et voilà de quoi arrêter plus d'une guerre qui eût été interminable sans l'intervention de la coquetterie européenne.

Et puis le Paris d'il y a cent ans était sans contredit plus amusant que le Paris moderne, par la force invincible des contrastes. Aujourd'hui, personne n'est riche à Paris, mais aussi personne n'est pauvre. Vous auriez de la peine à trouver des hommes en guenilles, mais un seul homme aujourd'hui, un marquis chantant dans les carrefours, ose porter des habits brodés. Tous les habitants de cette grande cité, tous sans exception, ont une voiture qui est à leurs ordres, l'*omnibus*, cette île roulante qui, pour un modique salaire, parcourt incessamment tous les quartiers de la ville; mais, en revanche, il n'y a pas à l'Opéra une seule danseuse qui ait une autre voiture que l'omnibus. Ainsi, plus de misère, plus de fortune; plus de carrosses, plus de mains tendues; plus de palais de marbre, plus de chaumières; plus de moines, plus de mendiants. Les divers états de la ville se permettent à peu près le même luxe. Dans quelle maison, par exemple, ne trouverez-vous pas un miroir de Venise, un vase de la Chine, une dentelle de Malines, un tableau italien, un beau piano d'Érard? Dans quelle maison ne trouverez-vous pas les produits de l'Amérique, de l'Afrique, de l'Asie, de toutes les parties du monde? Le nécessaire est pour tous, le superflu n'est pour personne. Vous parlez de pittoresque! le dix-huitième siècle se connaissait en choses pittoresques. Il y avait alors, sous le toit de chaque maison, un trou brûlant en été, glacial en hiver, et dans ce trou se logeaient, d'habitude, le poëte, le politique, le faiseur d'utopies, le philosophe, l'artiste, — les mendiants de l'art et de la science. Mais, depuis, ces mendiants sont descendus au premier étage, où ils se trouvent fort à leur gré, fort à leur place. Le pittoresque y a perdu, l'égalité y a gagné. Le grenier n'est jamais ni beau ni bon qu'à vingt ans; à vingt ans, il ne nuit pas aux faciles amours, aux fantaisies poétiques, à l'inspiration qui anime et qui colore, même la misère; vingt ans plus tard, le grenier rend mauvais les plus nobles cœurs, malveillants les plus bienveillants, sceptiques ceux qui croyaient, indifférents les amoureux, lâches les plus braves, timides les plus hardis. On n'a plus de greniers dans les maisons modernes ; ceci est de la bonne législation et de la bonne moralité ; seulement, à la place du grenier on dispose de jolies et très-habitables mansardes. La mansarde est un premier étage transporté sur les toits. Du reste, même luxe, même richesse, même parure. Là vivent et respirent les étudiants et les grisettes, avocats-généraux en casquettes de loutre, grandes dames en bonnets ronds. — Vaste et immense cité, ce Paris, toute remplie, toute brûlante, toute sceptique, furibonde. — *Je la brûlerais*, disait Pierre le Grand, *si j'étais roi de France*. Admirables paroles à force d'être prévoyantes, tant il était écrit que tôt ou tard cette tête immense entraînerait la chute de ce grand corps !

Tout autour de Paris se prolongent, comme autant de gouffres béants, toutes sortes de carrières de pierres où l'ouvrier n'a pas laissé un grain de sable à ramasser ; de ces cavernes profondes, Paris est sorti tout entier. Vous pouvez juger de la profondeur de la ville, par la profondeur de l'abîme d'où elle est sortie, et réciproquement. Allez donc étudier toutes ces pierres dans l'espace d'un hiver !

Sans compter qu'il y a cent ans, chaque homme de cette ville immense avait son habit, son signe, son visage, son caractère qui lui était propre, tout comme chaque artisan avait sa bannière, chaque corps de métier son mot de ralliement. Cette foule active et turbulente était traversée à chaque instant par toutes sortes de gentilshommes qui venaient chercher la fortune à Paris, ne la trouvant plus ni chez eux ni à la cour ; ils entraient dans la ville par quarante-cinq barrières élevées aux frais de messieurs les fermiers-généraux, qui forcèrent ainsi plus d'un laboureur de devenir un des habitants de la ville. Une fois arrivé, chacun se logeait, selon l'argent qu'il avait dans sa bourse ou selon l'inspiration du moment, dans le faubourg du Roule, dans la rue Blanche, à la barrière des Martyrs, à Belleville, à Saint-Mandé, au boulevard Saint-Jacques, à Sèvres, partout où le logis était à bon marché, partout où l'on pouvait prendre patience et regarder pousser les arbres, entendre chanter les oiseaux. Les plus hardis parmi ces honnêtes coureurs d'aventures, se logeaient dans une des îles de la Seine, les chevaliers de Saint-Louis dans l'île Notre-Dame, les plaideurs dans la Cité ; les uns et les autres, ils évitaient de leur mieux le quai de l'hôpital. Pauvres gens ! perdus dans cet abîme, ils ne savaient plus que faire, que devenir ; toute porte leur était fermée, toute maison leur était défendue ; ils exhalaient je ne sais quelle odeur de ruine et de misère qui les entourait comme d'une solitude. Encore leur fallait-il, pour faire leur cour au roi ou pour saluer les ministres, se rendre une fois ou deux par semaine à Versailles. Pauvres nobles! tout négoce leur était interdit, sous peine de roture ; ainsi, ils se seraient crus déshonorés de mettre le pied sur le port aux Ardoises, sur le port au Blé, sur le port au Charbon, au Cidre, aux Fagots, aux Fers, au Foin, aux Poissons, au Sel. Quelques-uns cependant, lorsqu'ils rencontraient des amis dévoués, des mousquetaires gris ou noirs, se laissaient conduire sur le port au Vin, à la Râpée. Au fumet savoureux de la matelote éternelle qui se fabrique dans ces lieux favoris du vin et de la bonne chère à bon marché, ils oubliaient, les pauvres hères, leur château en ruine, leurs terres incultes, leurs enfants sans habits, leurs filles sans maris, et leurs Pénélopes oisives qui aspiraient après leur retour.

Ou bien, nos gentilshommes, découragés et maudissant tout haut le ministre régnant, s'en allaient visiter les curiosités parisiennes : la *Pompe du pont Notre-Dame*, la *Samaritaine*, la *Machine de Chaillot*, l'*Aqueduc d'Arcueil*, et peu à peu, à force de marcher, de rêver, de soupirer tout haut, ils finissaient par connaître à fond les onze cent neuf rues, les cent vingt culs-de-sac, les treize enclos, les quatre-vingt-deux passages, les soixante-quinze places, les cinq cent cinquante hôtels de la ville. Ils avaient une promenade pour chaque jour de la semaine : le lundi, ils le passaient au jardin de l'Arsenal, qui se souvenait encore de M. de Sully, le meilleur ami et le serviteur le plus fidèle de Henri le Grand; le mardi, au jardin des Apothicaires, tout rempli des plus belles fleurs; le mercredi, dans le parc de Mousseaux, Mousseaux, le grand parc aux galants mystères, aux folles aventures, aux anecdotes fabuleuses, aux rencontres impos-

sibles; le jeudi appartenait au jardin du Luxembourg; les jours suivants, l'étranger les passait au Jardin-des-Plantes, aux Champs-Élysées, dans l'allée des Veuves, et aussi au Cours-la-Reine, au Champ-de-Mars; quant au jardin du Palais-Royal, nos gentilshommes étaient toujours et en tout temps, mais surtout à l'heure de midi, pour entendre partir le canon.

Vous comprenez bien qu'en ce temps-là s'il y avait à Paris

tant de pauvres diables sans argent et presque sans asile, c'est qu'il y avait aussi, dans ce Paris de l'égalité, les plus grandes fortunes. On n'a plus l'idée même, en France, de ce que pouvait être, au beau temps de la monarchie, un roi de France, ou tout simplement un grand seigneur. Qui disait un duc et pair, disait un homme possesseur de quatre ou cinq duchés, de deux ou trois millions de rentes, de terres aussi étendues qu'une province. Ce gentilhomme regardait comme un des devoirs de son rang de dépenser plus que son revenu; car ses vassaux, ses domestiques, les gentilshommes de son allégeance, les couvents fondés par sa famille, les églises où reposaient les tombeaux de ses pères, avaient autant de droits que lui-même sur sa fortune. Comme aussi ce n'était plus la même vie. Rappelez-vous ces guerres, ces batailles, ces longs siéges, et au retour ces fêtes, ces plaisirs, ces amours dont les élégances nous apparaissent aujourd'hui comme autant de fables. La chasse, par exemple, quelle fête à peu près oubliée! quelle passion à peu près abolie! S. M. le roi Charles X a emporté dans son exil ce qui restait en France du luxe d'autrefois. Dans les forêts royales, le peuple de 1830 a fait irruption le fusil à la main; il s'en est donné, une fois pour toutes, à cœur joie; les beaux faisans dorés, pourpre volante qui jette dans l'air l'or et l'azur; les daims, race timide et charmante; les vieux cerfs dix cors, l'honneur des forêts, sont tombés sous les coups des vainqueurs d'une dynastie tout entière. Je sais un homme qui est un grand chasseur, et en même temps un révolutionnaire médiocre. Il s'inquiète fort peu du roi régnant, mais il s'est inquiété toute sa vie de tout ce qui tenait à la grande vénerie, à la petite vénerie. Comme tout Paris était en train de se battre, notre homme sortit à pas de loup, et il poussa jusque dans la forêt de Compiègne; le roi venait de s'enfuir; cette famille des vieux Bourbons avait dit adieu à son dernier domaine; la forêt faisait silence encore; dans les bois séculaires, l'heureux chasseur abattait à plaisir le plus riche gibier de la terre; à les voir tous passer devant lui et se précipiter en poussant leurs cris d'effroi, ces hôtes brillants de la forêt, l'intrépide braconnier ne se contenait pas de joie; il était si heureux qu'il se croyait le jouet d'un rêve. Il lui semblait qu'il entendait à ses oreilles cet appel sonore : *coq au roi!* seulement il allait plus loin que le roi Charles X lui-même, il tirait sur les coqs et sur les poules. Sur l'entrefaite, un vieux garde, qui ne comprenait guère pourquoi donc le roi Charles X était parti avec tant de hâte de sa forêt de Compiègne, voyant *assassiner*, c'est le mot, tout le gibier de sa réserve, prit enfin son courage à deux mains, et s'avançant d'un air martial : « De quel droit, dit-il, chassez-vous sur les plaisirs du roi? — Le roi, reprit le chasseur, c'est le peuple; or, je suis du peuple, donc je suis le roi. » En même temps il abattait d'une balle le plus beau cerf de la forêt.

Immense forêt de Compiègne! aujourd'hui, c'est à peine si, de temps à autre, quelque jeune prince de la famille du roi des Français, quand par hasard il n'est pas absent pour le service du roi son père, quand il n'est pas à la guerre d'Afrique ou dans les mers lointaines, se permet de lâcher la meute dans ces sombres profondeurs; alors la forêt, un instant réveillée, se croit revenue à ses beaux jours; l'écho répète avec joie l'aboiement du chien, le son du cor; une jeunesse ardente se précipite sur les pas des chasseurs; le carrefour attend en silence le débouché du cerf. Pour un instant, l'ancienne passion reparaît; mais il en est de ces chasseurs qui passent comme du *Grand-Veneur*, dans la forêt de Fontainebleau : fantôme invisible! qui fait au gibier de la forêt plus de peur que de mal.

A cette heure donc, la grande et la petite vénerie, la grande et la petite écurie, et même, disons-le, la grande aumônerie, ne se retrouvent plus guère que dans l'*Almanach royal* d'autrefois. Peut-être ne seriez-vous pas fâchés de savoir ce que deviennent les vieux almanachs et ce que deviennent les vieilles lunes. Pour le voyageur philosophe, un vieil almanach est une source féconde de moralités, de sagesse et d'enseignements. Dans ces petits livres, que chaque année emporte comme le vent d'automne emporte la feuille des bois, vous retrouvez, réduites à leur plus simple expression, toutes les grandeurs et toutes les vanités de ce monde. Savez-vous rien de plus lamentable à lire que les almanachs qui contenaient les noms les plus glorieux de cette maison de Bourbon, qui n'avait pas son égale sous le soleil? A chacun de ces noms devant lesquels la terre s'inclinait, les Français peuvent répondre aujourd'hui : *mort sur l'échafaud !* Le roi? la reine? madame Élisabeth de France? morts sur l'échafaud ! Après ces noms augustes, l'Almanach royal inscrivait sur sa liste fastueuse tous les grands dignitaires de l'Église et de la cour, les cardinaux, les archevêques, les évêques, les abbés commendataires; — décapités, dépouillés, mis en fuite, écrasés sous les débris du trône et de l'autel ! Venaient ensuite les parlements, les cours souveraines, les commensaux de la maison du roi, les secrétaires du roi, au nombre de neuf cents, auxquels il était enjoint *de porter leurs écritoires honnêtement !* Après quoi brillait du plus vif éclat cet ordre royal, le plus beau et le plus admiré des ordres de l'Europe, avec la Jarretière et la Toison-d'Or, l'ordre du Saint-Esprit et l'ordre de Saint-Louis, et les ordres de Saint-Lazare, de Jérusalem et de Notre-Dame-du-Mont-Carmel, et l'ordre de Saint-Michel, chevalerie instituée par Louis XI, chevalerie bourgeoise et roturière comme le roi qui l'avait créée. Quel tapage c'était alors pour occuper dans l'Almanach royal rien qu'une ligne, et comme on se disputait pour savoir à quelle page, à quel endroit de la page? Grandes batailles, dont le souverain juge, après le roi, était M. Chérin, un homme qui savait les ascendants et les descendants, les agnats et les cognats de toutes les familles nobles de la France, seulement depuis Adam ! A M. Chérin, nul n'était assez habile ou assez hardi pour demander une injustice; il donnait à chacun et à tous ce qui leur revenait d'autorité et de respect. Celui-ci, nommé d'hier, obtenait à peine de M. Chérin le *messire*; tout au plus lui disait-on *M. le chevalier*, *M. l'écuyer*. Les nouveaux anoblis étaient les plus petits de l'échelle de la noblesse; venaient ensuite, déjà plus importants dans le nobiliaire de France, messieurs les membres des douze parlements du royaume, de la cour des Comptes, de la cour des Aides, de la cour des Monnaies; les maîtres des requêtes, les grands baillis, généraux, gouverneurs, les lieutenants-généraux d'épée. Que si vous aspiriez à l'honneur très-envié de monter une fois, en toute votre vie, dans les carrosses du roi, ce qui vous donnait le droit de suivre le roi à la chasse et d'être présenté à la cour, M. Chérin exigeait vos preuves de noblesse, des preuves certaines, authentiques, non interrompues, depuis l'an 1400 tout au moins. Aviez-vous par bonheur un siècle de plus sur la tête de vos ancêtres, M. Chérin vous faisait un beau salut par-dessus le marché. On n'était pas aussi sévère quand il s'agissait de choses moins importantes que de monter dans les carrosses du roi. Par exemple, pour être page de la grande ou de la petite écurie, pour être page de la chambre du roi, voire de la chambre de M. le duc d'Orléans, de M. le prince de Condé ou de M. le duc de Penthièvre, il ne fallait que deux cents ans de noblesse. Il n'en fallait guère moins pour porter la chaise percée du roi. Quand Sa Majesté prenait médecine, ladite chaise était portée l'épée au côté et en grand cérémonial. Quoi d'étonnant? le grand-maître de la garde-robe était M. le prince de Condé en personne!

En ce temps-là, le costume établissait une grande distinction parmi les hommes. Aujourd'hui l'habit noir est l'habit universel; le maître et le valet portent à peu près le même habit. Autrefois, autant de professions, et presque autant d'hommes, autant de costumes divers. La royauté avait fait, des moindres distinctions, autant de priviléges; témoin les justaucorps à brevet du roi Louis XIV; témoin les talons rouges de l'OEil-de-Bœuf. Le talon rouge au soulier était réservé aux plus gros seigneurs, ducs, comtes, marquis; quelques barons en pouvaient porter, mais pas tous. Toute l'histoire de France des plus beaux jours de la monarchie, pour qui saurait bien lire un almanach, se retrouverait dans l'Almanach royal.

L'exemplaire dont je vous parle, et que j'emporte dans ma patrie, pour montrer à mes concitoyens le peu de place que peut contenir la majesté royale dans tout ce qu'elle a de pompeux et de magnifique, porte encore les armes de la maison royale de France, les fleurs de lis entourées du collier de l'ordre du Saint-Esprit. Ce livre a été présenté au roi par le libraire lui-même, M. d'Houry, devenu gentilhomme à force d'avoir entassé dans son livre le nom et le rang des gentilshommes. Ce livre étincelant d'or et d'armoiries, je l'ai acheté six sous sur le parapet du Pont-Neuf, dans ce tas d'immondices littéraires sur lequel la pluie, le soleil, la poussière et la bise fouettent incessamment, comme pour venir plus vite à bout de ces vils rebuts de l'esprit humain. Voilà donc à quelle misère tu étais réservé, pauvre Almanach royal, tombé du trône avec ton maître! Tu n'es plus qu'un nom, un haillon, une poussière, un lambeau des vanités soyeuses d'autrefois! Vil bouquin! et pourtant ce vil bouquin a été le manuel du roi, des grands seigneurs; à la cour de Versailles, on le consultait la nuit et le jour; le peuple curieux apprenait, dans ces pages fanées, les noms, la demeure et les titres de ses maîtres. Tout s'y trouvait, depuis les princes du sang jusqu'aux huissiers-audienciers du Châtelet. N'étiez-vous pas dans l'Almanach royal, vous n'étiez rien, vous ne pouviez rien être; à peine aviez-vous un nom pour votre boulanger et pour votre boucher. Et pourtant, même à l'Almanach royal commençait l'égalité; pas un n'y tenait plus de place que son voisin; le greffier avait sa ligne tout comme le premier président, l'exempt de robe courte tout comme le gentilhomme de la chambre. *C'était le livre qui contenait le plus de vérités*, au jugement de Fontenelle; aussi était-il entre toutes les mains. Il disait la position de chacun et de tous; on savait, grâce à ses pages, le courtisan à qui l'on avait affaire, d'où cet homme venait, qui il était, ce qu'il était, ce qu'il coûtait. Mercier appelait l'Almanach royal l'*Almanach des vampires.*

Il vient de mourir, dans une maison écartée d'une rue obscure de Fontainebleau, une horrible vieille femme qui allait avoir cent ans; cette femme vivait de pain bis, d'eau fétide, elle était couverte de haillons. Quand elle se risquait, par hasard, à franchir le ruisseau de la rue, le ruisseau en était plus fangeux, l'air de l'égout était plus infect; c'était hideux à voir, cet être vivant abominable, qui se traînait ainsi dans l'attirail vermineux de la plus abjecte avarice! La maison de cette femme n'était pas une maison, c'était une forteresse; figurez-vous la pierre de taille cimentée par des lames de fer; c'est que dans cette maison fabuleuse étaient contenues d'immenses richesses. Là, cette misérable créature, avec qui même l'aumône, même la charité, n'avaient rien de commun, ni pour donner ni pour recevoir, avait entassé, non pas seulement l'or, les diamants et les perles, mais les meubles précieux, mais les marbres les plus exquis, mais les tableaux les plus rares, les chefs-d'œuvre les plus charmants dans tous les arts. Le trou enfumé dans lequel cette femme faisait cuire, le dimanche, ses aliments de toute la semaine, contenait les chefs-d'œuvre les plus délicats et les plus fins des maîtres flamands; les enchanteurs hollandais, les kermesses joyeuses de Téniers, les scènes élégantes de Therburg, les fantaisies, les caprices et les beaux visages de Gérard Dow; plus d'un drame terrible et simple de Jean Steen, plus d'une belle génisse de Paul Potter, plus d'un frais et étincelant paysage d'Hobbéma, plus d'une forêt doucement éclairée, de Kuyp ou de Ruysdaël! Ces belles œuvres, qui avaient été l'honneur des palais de Marly, du grand et du petit Trianon, ou tout au moins des galeries du Palais-Royal, se mouraient faute d'air et de soleil. La fumée, le froid et le temps qui ronge toutes choses, écrasaient de leurs teintes formidables ces divines couleurs qui rivalisaient naguère avec les merveilles de la création. Ainsi la rage stupide de cette femme écrasait à plaisir la joie de l'avenir, la gloire des générations passées, l'ornement du temps présent. Dans ses moments de mauvaise humeur et de blasphème, ô honte! ô abus! cette vieille horrible frappait de son pied abominable et suintant ces chères et délicates fleurs des beaux-arts, elle les traitait comme elle eût traité de beaux petits enfants vivants et jaseurs, comme si elle eût pu entendre, pour sa joie, leurs gémissements et leurs larmes. Combien en a-t-elle brisés, combien en a-t-elle déchirés! Avait-elle besoin d'une planche pour poser l'oignon de son déjeuner, elle se faisait de quelque panneau de Watteau une table; avait-elle besoin d'un morceau de cuivre pour réparer sa casserole, elle prenait un petit tableau de Van-Dyck. Les toiles les plus rares lui servaient à raccommoder les tapisseries qui pendaient à ces murailles infectes. Le même abus de la fortune et des chefs-d'œuvre se retrouvait ainsi dans les moindres détails. Le pot dans lequel elle prenait son lait froid, cette vieille édentée, du lait coupé avec de l'eau sale, n'était rien moins qu'un beau vase de porcelaine de la fabrique de Sèvres, sur lequel se voyait encore, mais toute fêlée, la noble et brillante image de la reine Marie-Antoinette. O profanation! cette bouche livide et purulente graissant de sa bave dangereuse les bords de ce beau vase limpide, où la plus grande et la plus belle dame du monde avait posé ses chastes lèvres! Tel était l'affreux et éclatant pêle-mêle de cette maison. Un abominable tablier taché du sang de quelque malheureux pigeon tombé dans cette demeure, écrasait de son ignominie les plus riches dentelles, splendides et magnifiques vestiges des petits appartements de Versailles; une cuiller d'or, aux armoiries des Montmorenci ou des Crillon, plongeait dans une écuelle de bois. Quand la vieille rentrait dans son taudis, elle étendait ses vieux membres cliquetants sur les sofas dorés qu'elle avait achetés aux encans révolutionnaires; elle déposait ses sabots à demi brisés sur le marbre des consoles; elle mirait les rides de sa tête dans les plus belles glaces de Venise;

elle couvrait ses cheveux d'une coiffe crasseuse, mais, autour de ce bonnet éraillé, elle avait attaché, par dérision, de grosses perles à faire envie à des princesses du sang royal. Autour d'elle, tout était or et fange, bure et pourpre, art excellent et méprisables ustensiles. Dans le cristal taillé, elle mettait son vinaigre; les mouches hardies qui se posaient sur son front souillé, elle les chassait avec un éventail que Greuze lui-même avait signé. Son lit, ou plutôt son grabat, était couvert des plus riches brocarts; dans le velours brodé était renfermée la paille ou plutôt le fumier sur lequel ce monstre hideux cherchait le sommeil; mais le sommeil ne venait pas, c'était le remords qui venait à la place du sommeil, c'était, durant ces nuits lamentables, la vie de cette misérable qui se déroulait devant elle, sa vie de luxe et de fête, de vices et de crimes, de prostitutions sans honte, car elle avait déshonoré même la prostitution. Rêve funeste qu'elle faisait chaque nuit et tout éveillée! Cela commençait par les chants des oiseaux dans l'arbre du printemps; l'alouette matinale s'élançait toute joyeuse de la verdure des blés; les lilas en fleurs jetaient leurs douces senteurs dans la campagne; le soir venu, le rossignol chantait sa douce complainte, que répétait l'écho de la montagne! Écho jaseur! Écho pudique des jeunes années! Elle avait seize ans à peine, seize années mal comptées, et, tout d'un coup, voici que la jeune fille rencontre sur le bord du chemin un beau jeune homme railleur qui lui dit : *Je t'aime, viens avec moi!* et qui l'emmène à Paris, elle triomphante, lui déjà songeant à la façon dont il se défera de sa conquête. Qui la veut? Il n'eut pas le temps de l'offrir à qui la voudrait prendre; elle fit son choix elle-même, et elle choisit le premier venu, ce qui était tout au moins du temps mal gagné. Ce premier venu était riche pour quinze jours, elle le garda vingt jours, et ce fut la seule bonne action de sa vie. Celui-là ruiné, elle se mit à chercher quelque bonne ruine à entreprendre, le prince d'Henin, par exemple, ou bien le marquis de Louvois, ou bien tout simplement Grimod de la Reynière, ou encore le marquis de Brunoy, ce fou qui brisa la lampe merveilleuse entre ses doigts convulsifs. Mais en ce moment-là ces messieurs, que rêvaient toutes les mauvaises filles, étaient tous occupés à se ruiner autre part : mademoiselle Guimard régnait par l'esprit, mademoiselle Lange par la beauté; une nouvelle venue, une belle fille sans nom venait d'être baptisée la Duthé par M. le comte d'Artois; ainsi il fallait renoncer même au comte d'Artois! Comment faire? Notre courtisane s'arrangea de son mieux; comme elle ne pouvait pas hanter les princes du sang, elle descendit dans les seconds rangs de la noblesse, elle ne dédaigna pas la finance; elle appartint au dernier et au plus fort enchérisseur. Oh! la vie honteuse et misérable! se vendre aujourd'hui, s'être vendue hier, se vendre toujours! Pour être plus sûre de son propre débit elle allait dans les lieux mêmes où se rendent ses pareilles, au Wauxhall, à l'Athénée, chez Mesmer, chez Cagliostro, à l'Opéra, au Théâtre-Français, dans les petits soupers, les Francœur, chez les petits violons, à la Sorbonne, les jours de thèses solennelles, pour jeter d'étincelantes œillades aux jeunes docteurs qui aspirent au bonnet et à l'hermine. Surtout vous étiez sûr de la rencontrer dans le jardin du Palais-Royal, le soir, sous les vieux marronniers, pendant que tous les jeunes gens de la ville, vêtus comme pour aller faire leur cour à madame de Montesson, passent dans cette ombre à peine éclairée. Elle assistait ainsi, la malheureuse créature, à tout ce dévergondage de l'esprit, à toute cette licence des mœurs, à la ruine stupide des plus grands noms et des plus grandes fortunes de la monarchie. C'est la honte et c'est l'histoire de ce temps-là! Songez donc qu'aux pieds de cette impure se prosternaient, à prix d'or, des jeunes gens dont le blason remontait aux croisades; le roi saint Louis lui-même avait donné à ses compagnons de batailles le cri du ralliement et la couleur de leur drapeau! Elle cependant, la fille d'un paysan, une gardeuse de brebis, une fileuse à la quenouille, elle se voyait l'égale, tant le vice est un triste niveleur! de tous ces gentilshommes, les derniers de leur race. A peine si elle daignait s'en laisser aimer, et encore fallait-il l'aimer à beaux deniers comptants; — amour payé au jour le jour, soupirs vendus à l'avance, — baisers affreux, dont le tarif était connu, — louée à tant par mois tout au plus, jamais louée pour moins de trois jours. Par-dessus le marché, avec le corps on avait l'espèce d'esprit qui s'y était logé, c'est-à-dire la raillerie, la calomnie, la médisance, l'injure, la bave, le venin que répandent ces horribles créatures sur le monde des honnêtes gens qui leur crache à la face. Tels étaient les rêves de cette femme, quand enfin le sommeil lui faisait une aumône d'une heure. Le rêve l'emportait à travers ce tourbillonnement sans fin, tout mélangé de baisers et de coups de bâton, de fortune et de misère, de pain bis et de vin de Champagne. En même temps, pour l'amuser un instant, pour lui arracher un sourire (toujours dans son rêve) elle avait à son service des poëtes qui chantaient à tue-tête le vin et l'amour; elle avait à sa table des philosophes affamés, qui prouvaient que la Providence était un vain nom; elle s'entourait de jolis petits mousquetaires gris ou noirs, à deux fins, qui soutenaient, d'après leur âme, que l'âme n'était pas immortelle. O pitié! c'est justement pour amuser les femmes de cette espèce que M. de Voltaire écrivait *Candide;* que J.-J. Rousseau, le rhéteur naïf, racontait les tristes ardeurs de *Saint-Preux* et d'*Héloïse*, sans compter Crébillon fils qui, chaque matin, lançait sur la toilette de madame sa petite page obscène, toute couverte de licences et d'ordures. Ainsi elle vivait; elle vivait de la bourse des uns, de la licence des autres, de l'impiété de tous. Avare entre tous ces prodigues, habile et prudente au milieu de ces dissipés, le seul désir de cette créature souillée était de s'enrichir des dépouilles et des sophismes de tous ces hommes. Elle gardait d'eux tout ce qu'elle pouvait garder, leur athéisme et leur argent. Pour arriver à cette femme, jamais vous n'étiez assez riche; quand vous lui disiez : *Je vous aime,* elle vous répondait : *Combien?* Eux cependant, les imprudents, qui se sentaient entraînés vers l'abîme, ils jetaient, dans cette maison déshonorée, leurs terres, leurs châteaux, leurs diamants, les vieilles perles de leurs aïeules, les diamants de leurs mères ou de leurs jeunes femmes. Cette femme engloutissait toutes choses ; c'était comme la mer du Nord, où rien ne reparaît après un naufrage. Ainsi, dans ce grand naufrage de la société d'autrefois, cette femme survécut seule. Elle vit partir pour l'échafaud ou pour l'exil, l'un après l'autre, tous ses amants ; ils partaient sans un louis d'or dans leur poche, sans un habit sur leur dos, sans un chapeau sur la tête ; et l'idée ne lui vint pas de leur prêter même le manteau de son cocher. Elle vit se traîner à la porte des boulangers les mêmes femmes dont elle avait ruiné les maris par ses folies ; et pour ces pauvres mains frêles et tendues, elle n'eut pas un morceau de pain noir ! Même en 1792, cette femme songeait à compter l'argent de son coffre-fort ! Même en 1793, quand les rois éperdus prêtaient l'oreille au bruit de la hache qui tombe, cette femme comptait son or ! Elle entassait, elle entassait ! Elle allait autour des échafauds ramasser les derniers vêtements des victimes ; elle entrait dans les maisons dépeuplées pour acheter à vil prix les dépouilles des maîtres absents. Elle ne se fiait pas à la terre, même pour l'acheter à vil prix, car la terre est fidèle, elle revient souvent à ses maîtres ; mais elle se fiait à l'or, qui est vagabond et traître comme une prostituée ! Cela lui paraissait plaisant d'emporter dans son bouge les chefs-d'œuvre et les belles parures d'autrefois, et de les insulter à sa façon ! Ainsi elle se vengeait des honnêtes femmes, qui eussent lavé leurs mains à l'instant même si par hasard, en passant, elles avaient frôlé le manteau de cette créature méprisée. Telle avait été sa vie, et cette vie-là se montrait de nouveau, enchâssée dans le remords, chaque fois que l'infâme se mettait à dormir. Mais aussi, après ces affreux sommeils, elle redevenait la harpie sans pitié, dont le nom seul, à trois lieues à la ronde, faisait frémir d'épouvante. Le pauvre qui passait se détournait de cette maison, car une tuile serait tombée pour frapper le mendiant ;

l'enfant qui chantait dans le carrefour se taisait rien qu'à voir cette muraille livide; quand il volait au-dessus de la cour de cette maison, l'oiseau le plus joyeux ne chantait plus. Dans le jardin, le rosier n'avait pas de fleurs, l'arbre poussait à regret; le gazon se desséchait sous les pas de cette femme, le fruit indigné échappait à sa main souillée; à l'approche de ce monstre, l'arbre était tenté de s'enfuir! Le chien de cette femme ne mangeait pas ce que la main de cette femme lui présentait; il serait mort de faim plutôt que de ronger l'os qu'elle avait rongé avec ses gencives dures comme du fer. Les antres infects, l'Averne dont parle Virgile, les lacs maudits, les mers pestilentielles, les Harpies affreuses à la mamelle pendante, ne sont rien, si vous les comparez à ce cloaque verdâtre où le crapaud lui-même refusait de se montrer. Les voleurs eux-mêmes, quand il était question de cet entassement de trésors fangeux, haussaient les épaules en jurant une malédiction; ils aimaient mieux voler un écu chez un honnête homme que d'attenter à tout l'argent de cette femme. Elle était défendue par son abjection tout autant que si elle eût été entourée du canon des Invalides. La misérable! elle comprenait cette horreur universelle, et après s'en être réjouie, elle finissait par trouver que les hommes avaient raison de l'accabler sous tant de haine. Elle haïssait tout le monde, mais elle avait beau faire, elle ne pouvait mépriser personne; ce qui eût été une compensation.

Quelle vie et quelle mort! quelle horrible façon de vieillir! Cette malheureuse, à qui le vice était aussi nécessaire que l'argent, avait été tout d'un coup arrêtée dans son vice par une révolution, et cette révolution avait réveillé en sursaut toutes les âmes honnêtes, les soldats, les magistrats, les princes du sang; elle n'avait méprisé que les courtisanes, et elle les avait abandonnées à leur profonde abjection. Ainsi cette femme, adorée encore la veille, adorée à genoux, elle vit tout d'un coup sa maison et sa beauté abandonnées par cette foule qui chantait la chanson que chante Horace sous les fenêtres de Lydie : *Lydia, dormis?* C'est que tout d'un coup s'était arrêtée cette vie des folles joies, des folles amours, des ivresses et des délires; tout d'un coup l'orage avait grondé, qui avait rendu ces jeunes gens et ces vieillards à ces devoirs trop longtemps oubliés. Les insensés! pendant ces longues journées et ces longues nuits d'orgie, ils avaient laissé la royauté sans défense; ils avaient livré aux insultes l'autel du Dieu, tout comme ils avaient brisé le trône du roi; ils avaient souffert que les vieilles renommées fussent immolées en sacrifice à je ne sais quel besoin ardent de nouveauté qui n'est jamais satisfait que dans le sang et dans le suicide; ils avaient abusé de tout, du nom et du blason et de la fortune de leurs pères; ils avaient ri aux éclats de l'honneur de leurs mères; ils avaient écrit sur leur bannière, composée de quelque vieux jupon des filles de l'Opéra : *Après tout, que nous importe?* Ils avaient dit comme disait le roi Louis XV pour chasser le profond ennui de son front et l'immense mépris qu'il se sentait pour lui-même au fond du cœur : *Après nous, le déluge!* Mais le déluge n'était pas venu, le déluge qui engloutit avec les coupables les innocents, avec les tyrans les victimes; ce qui était venu, c'était la foudre, la foudre qui est quelquefois intelligente, à ce point que l'on reconnaît Jupiter à son tonnerre :

> .... Tonantem credidimus Jovem
> Regnare..

Et la foudre les avait rendus à eux-mêmes. A la lueur de ce feu sinistre, ces hommes éperdus avaient retrouvé quelque peu de leur bon sens; ils s'étaient épouvantés de tant de désordres; ils s'étaient reconnus dans cette nuit funeste de leurs intelligences égarées; ils avaient crié : *A l'aide! au secours!* puis, tout haletants, et sans achever de vider la coupe à demi remplie, sans même donner un dernier baiser à leurs folles amours, à peine s'ils avaient eû le temps de déposer sur la table avinée la couronne de lierre des buveurs, la couronne de roses des amoureux! Du même pas ils s'étaient rendus autour du trône de France pour combattre, pour mourir ; là, ils avaient combattu, là ils étaient morts. Et quand le roi de France, cet honnête homme qui est au ciel, fut allé rejoindre saint Louis, son aïeul, pas un de ces hommes qui avaient mené une vie si folle ne put se rappeler, sans honte et sans remords, tous ces oublis qui avaient tout perdu. De ces remords salutaires cette demoiselle n'avait pas su prendre sa part. Pendant que ses amants redevenaient des hommes, elle était restée ce que le ciel l'avait faite, une fille ! Mais allez donc demander à une vile courtisane un peu de rougeur honnête à son visage, un peu de remords sincère dans son cœur ! une pareille femme ne comprend rien, ne sait rien, ne voit rien, ne sent rien. Celle-là jugeait, en elle-même, que la Révolution française avait fait grand tort à son petit commerce ; que, sans les réformes de 1789, elle aurait eu dix ou douze ans à tirer parti de son grand œil effaré, de sa grande taille nonchalante, de son épaisse chevelure, dont chaque cheveu avait une valeur. Dix ans, durant lesquels elle eût pu exploiter sa beauté tout à l'aise ! Mais non, elle avait été ruinée, tout comme le gouverneur de la Bastille, tout comme le marchand de papiers peints, Réveillon. Vous tous qui passez dans le carrefour, ayez pitié, s'il vous plaît, d'une malheureuse victime des tempêtes et des révolutions !

Cette malheureuse n'avait donc même pas éprouvé cet abattement parfois salutaire qui s'empare des femmes de son espèce au déclin de leur beauté. C'est là souvent un moment grave et sérieux dans la vie de ces impures ; à ce moment, l'intelligence leur revient, et aussi une lueur de prévoyance, et elles se demandent avec des angoisses inexprimables ce qu'elles vont devenir quand elles seront à bout de toutes leurs séductions. Là commence l'enfer de ces êtres à part. Chaque matin, chaque heure du jour leur apporte la conscience du néant qui s'approche ! La ride se creuse, avance, s'enfonce, se plie, se replie, se recourbe, se multiplie en mille labyrinthes infinis ; la peau gonflée se détend, s'affaisse, se jaunit et retombe... sur le vide. Plus rien de l'éclat, de la vivacité, de la grâce d'autrefois; tout s'en va, tout s'efface, tout s'affadit, tout grossit, la tête, le corps, le visage, la main, le pied; inerte bouffissure, dont les progrès sont aussi rapides que le progrès de l'eau qui monte dans une inondation. En même temps l'empire s'en va; la popularité s'en va; on ne veut plus de cette femme, on n'a plus un regard pour elle, plus un sourire, plus une parole. Le dégoût et l'effroi s'emparent de cette maison, où c'est à peine si le musc des filles de joie a laissé une odeur nauséabonde! Et encore, si l'horrible créature était assez vieille et assez purulente pour être portée tout de suite à l'hôpital, dans une civière bien couverte, si elle était jetée tout de suite dans les immondices de Saint-Lazare, on comprendrait que ces femmes-là eussent une espérance, cette espérance, enfin! Mais non, décrépites pour exercer leur premier état, elles sont toutes jeunes pour les professions douloureuses. Alors le travail, mais le travail forcé, le travail sans honneur, s'empare de ces belles adorées, oisives et mignonnes, qui eussent trouvé la douleur dans le pli d'une fleur. Alors, du fond de cette mollesse, de cette oisiveté, de ces adorations, de ces sofas dorés, elles descendent dans la rue, le balai à la main. Et dans les plus rudes journées de l'hiver, à l'heure où leurs servantes attentives auraient à peine osé poser leurs pieds tremblants sur les tapis d'Aubusson, à l'heure où le bain tiède et parfumé se préparait à peine, à l'heure où le sommeil, abandonnant peu à peu ces paupières appesanties, les tirait, par un autre rêve tout éveillé, du rêve heureux et charmant de la nuit, voici qu'il leur faut balayer les immondices des carrefours. A ce métier, leurs mains deviennent sanglantes, leurs pieds sans chaussures se chargent d'engelures; leur tête, dégarnie de ses cheveux, grelotte sous le haillon qui la couvre. Ainsi se passe cette journée lamentable, jusqu'à l'heure où cet être sans nom se retire dans quelque chenil, sous les toits de la même maison qu'il épouvantait naguère de son luxe et de ses amours.

Eh bien! dans ce dernier degré de la misère et de la douleur, ces femmes étaient encore moins à plaindre que la fille dont je parle, au milieu de sa fortune abjecte, au milieu de ces trésors amoncelés avec tant de rage et de désespoir. Le sentiment de ses crimes ainsi rachetés, de ses scandales ainsi expiés, ne soutenait pas cette femme; l'instinct même de ses crimes lui disait que l'expiation à laquelle s'abandonnait son avarice était une expiation insuffisante. Parfois elle se sentait jalouse des malheureuses qui achetaient du travail de leurs mains et de la sueur de leur front le droit de se repentir et de prier Dieu; mais c'étaient là des lueurs passagères dans ces hideuses ténèbres; il existe, dans tout le langage acéré du remords, un mot que cette femme n'a jamais voulu, n'a jamais pu prononcer, le mot repentir!

Morte au monde, morte à toutes les affections, à toutes les joies humaines, accablée sous le mépris public, qui pesait sur son cœur autant que la terre de son tombeau pèse maintenant sur son corps, cette femme ressentait cependant d'étranges et soudaines colères. On dit, par exemple, que lorsque le roi Charles X chassait dans la forêt de Fontainebleau, cette femme avait l'habitude d'aller s'asseoir dans quelque carrefour de la forêt; elle se posait au beau milieu du chemin, et là elle attendait que le roi vînt à passer. Alors elle se dressait en secouant ses haillons, elle regardait de tous ses yeux passer cette meute hurlante qui s'éloignait en poussant des gémissements plaintifs; puis, quand c'était au tour du roi à passer contre cette femme, le roi hésitait et devenait pâle comme un mort; le frisson parcourait son corps des pieds à la tête. Hélas! cette femme rappelait au roi de France, vieux et menacé de toutes parts, les folies et les délires du jeune comte d'Artois!

A la fin, cette femme est morte; elle est morte seule, sur son fumier, dans son remords — sans une main charitable qui lui fermât les yeux, sans la voix d'un prêtre pour la consoler et pour lui promettre le pardon de celui qui pardonne là-haut. Son agonie a été silencieuse, horrible, l'agonie d'un être venimeux qui n'a plus rien à mordre. Pendant quatre-vingt-douze ans qu'elle avait été sur la terre, cette femme n'avait rencontré personne à aimer ou à secourir, pas un enfant, pas un vieillard, pas un pauvre, pas une misère, pas une innocence, pas une vertu. Aussi, en mourant, n'a-t-elle rien laissé à personne que son immense et impuissante malédiction. Tous ces trésors des arts qui auraient fait l'orgueil des plus nobles musées, elle les avait brisés; tous ces chefs-d'œuvre des grands peintres et des grands sculpteurs, elle les avait anéantis; son or, elle l'avait fondu; ses billets de la banque de France, elle les a brûlés. Que n'eût-elle pas donné pour pouvoir emporter dans sa fosse immonde ses terres et ses maisons? Ou tout au moins si elle avait pu couper les arbres de ses jardins, détruire l'espoir de l'automne prochain, écraser dans leurs nids les œufs des oiseaux chanteurs, empoisonner les poissons de ses bassins! Si elle avait pu mettre le feu à ses moissons, et elle-même disparaître dans l'incendie! Mais elle avait espéré vivre plus longtemps, et maintenant elle n'avait plus de souffle pour allumer l'étincelle qui devait tout dévorer.

Il fallut briser la porte pour pénétrer jusqu'à ce cadavre; on le trouva étendu sur le carreau et déjà tout moisi; un tome de Voltaire était à côté de la morte, c'était le poëme dans lequel Voltaire couvre de boue et d'injures la sainte Jeanne d'Arc, la gloire la plus pure et la plus héroïque de l'histoire de France. Le dernier râle de la femme vendue était encore un blasphème et une obscénité.

Elle fut jetée dans un trou, hors de la terre consacrée, et sur cette fosse déshonorée on trouva écrite d'une main ferme cette oraison funèbre : *Ci-gît la courtisane qui a déshonoré même le métier de courtisane!* O grand Dieu! faites que cette femme soit la dernière de son espèce!

Elle s'appelait Euphrosine Thevenin; Euphrosine, du nom d'une des Grâces; et si vous me demandez pourquoi cette histoire toute récente me revient en mémoire à propos de l'Almanach royal, c'est qu'en effet cette étrange femme avait l'habitude, quand elle se louait à un homme, d'exiger que le nom de cet homme fût inscrit dans l'*Almanach royal*.

Je reviens à ma description de Paris. Sans doute, au moment où je la quitte, peut-être pour ne pas la revoir, la noble ville, c'est m'y prendre un peu tard que de me souvenir, à l'heure du départ, de toutes ces notes prises en courant; mais c'est le penchant de l'esprit humain de revenir avec plus d'ardeur sur les souvenirs dont il s'éloigne. Cet hiver passé à Paris dans le tourbillonnement des fêtes et des plaisirs, ne m'a pas laissé assez de calme pour entrer dans tous ces détails, qui pourtant ne seront pas sans intérêt. Le grand malheur, j'ai presque dit le grand vice de tout voyageur à Paris, c'est d'aller tout d'abord aux choses éclatantes. Ce qu'on recherche, même avant l'histoire, même avant les mœurs d'un peuple, c'est le bruit, c'est la fête, c'est le spectacle frivole. L'Opéra passe avant la cathédrale, avant l'Hôtel-de-Ville, avant l'hôpital, avant la Chambre des Députés et la Chambre des Pairs. Quand on a dit l'Opéra, on a tout dit : c'est un lieu de délices, c'est le rendez-vous de la causerie parisienne. A cette heure encore, j'entends Eugène Lami, le tentateur, qui m'appelle dans la splendide enceinte. « Venez, me dit-il, venez, la salle est resplendissante de lumières, les femmes sont divinement belles et parées; dans un coin de l'orchestre, vous pourrez voir briller, de son feu noir, l'œil de Meyerbeer; dans cette petite loge tout là-haut, cette femme jeune et belle, c'est la femme heureuse de l'auteur de *la Juive* et de *Charles VI*. Comme elle prête une oreille attentive et charmée à ces mélodies savantes inspirées par la lune de miel! Venez donc avec nous à l'Opéra, et laissez là votre vieux Paris, vous le retrouverez demain! »

Moi, cependant, qui ne demande pas mieux que d'obéir à l'impulsion de ce peintre heureux de toutes les élégances, je vais avec lui partout où il veut me conduire. Je retrouve à la même place toutes les belles personnes du dernier hiver, mais déjà la santé a reparu sur ces doux visages, le feu est revenu dans ces brillants regards; quelques beaux jours du mois de mai ont suffi pour reposer toutes ces belles dames de leurs fatigues. Les premiers chants du rossignol, le *héraut du printemps*, c'est madame de Sévigné qui l'a dit, ont fait rentrer le calme et le repos dans ces âmes obsédées de toutes les émotions du bal et de la fête. Seulement, avant de s'envoler tout à fait pour les climats lointains — en Italie — sur les bords du vieux *Père-Rhin* — dans les fraîches provinces aux vieilles ruines — au milieu des plus doux paysages qu'elles savent par cœur — sur les bords de la mer bruyante — ou tout simplement dans le voisinage de quelque forêt célèbre — à Ermenonville, par exemple, elles ont voulu prêter une oreille attentive aux savantes et touchantes mélodies de l'opéra nouveau.

CHAPITRE III

LE PARIS NOIR ET LE PARIS BLANC

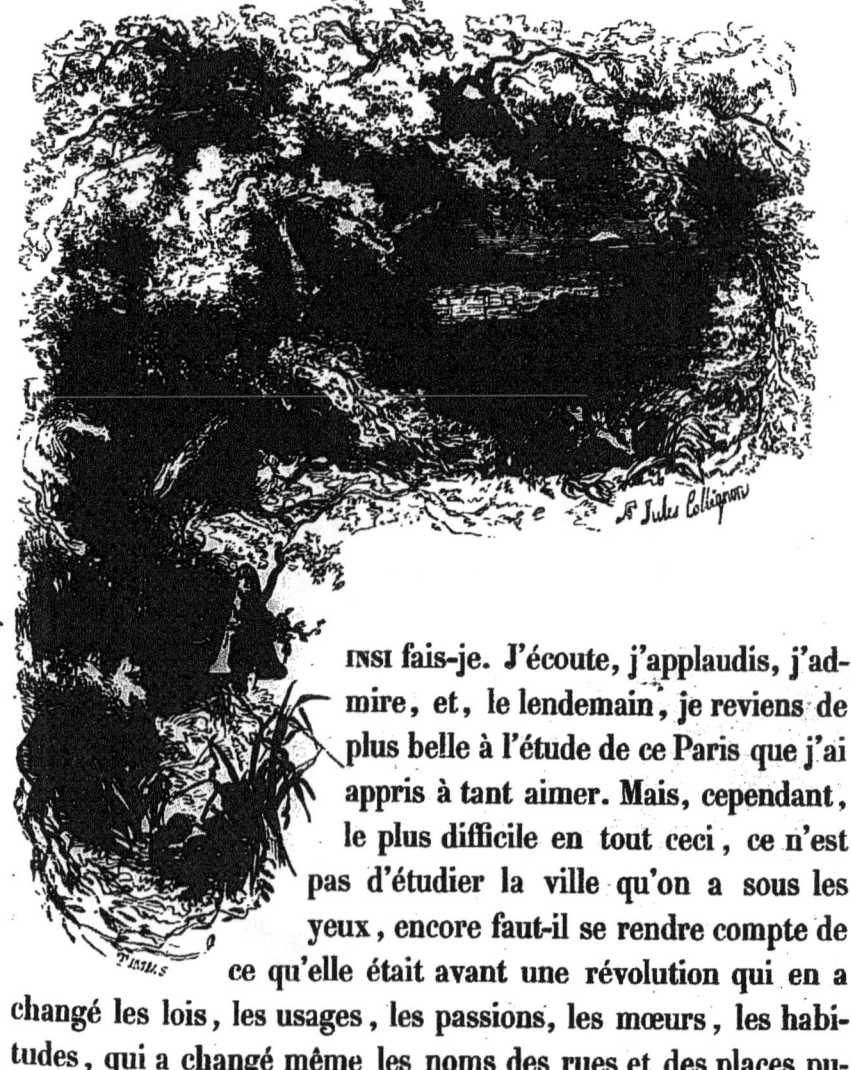

INSI fais-je. J'écoute, j'applaudis, j'admire, et, le lendemain, je reviens de plus belle à l'étude de ce Paris que j'ai appris à tant aimer. Mais, cependant, le plus difficile en tout ceci, ce n'est pas d'étudier la ville qu'on a sous les yeux, encore faut-il se rendre compte de ce qu'elle était avant une révolution qui en a changé les lois, les usages, les passions, les mœurs, les habitudes, qui a changé même les noms des rues et des places publiques. Des vieux noms, cependant, quelques-uns sont restés, par suite de cet hommage involontaire que la génération présente rend toujours aux générations passées. Surtout, ce qu'il y a de difficile à changer pour un peuple qui se respecte, c'est la forme de ses temples, le nom des saints qu'il a vénérés, l'invocation des églises dans lesquelles ont été ensevelis ses aïeux. Même quand les os de ses pères ont été chassés violemment de ce dernier asile, le peuple se souvient du saint patron invoqué dans ces murailles. C'est ainsi que vous avez encore, à Paris, les saints d'autrefois soumis à leur désignation populaire : Saint-Pierre-aux-Bœufs, Saint-Pierre-aux-Liens, Saint-Jacques-le-Mineur, Saint-Jacques-le-Majeur, Saint-Jacques-la-Boucherie, Saint-Jacques-l'Hôpital, Saint-Jacques-du-Haut-Pas. Ce même peuple qui a tout brisé, ne veut pas qu'on oublie le vieux calendrier des ancêtres ; il tient à ses superstitions plus encore qu'à ses croyances. Peuple changeant et volage, dit-on, et cependant, dans ces rues boueuses, dans ces maisons sans soleil, dans ces passages fétides, dans tous les lieux malsains où il est né, vous le retrouverez toujours grouillant de siècle en siècle. Il y a telles rues éternellement obscures dans lesquelles la lampe brûle à toutes les heures de la journée. On m'a montré, dans la rue du Roule, une allée si étroite, que la propriétaire de la maison, forcée de s'aliter pour un mal à la jambe, avait grossi à ce point que, sa jambe guérie, il lui avait été impossible de sortir, et ainsi, par son propre embonpoint, cette femme s'était vue condamnée à une réclusion sans fin. Elle passait sa vie à la fenêtre, et vous pensez si elle avait profité de la permission de devenir immense, au delà de toutes proportions! En revanche, dans les maisons voisines, vous entrez par de vastes portes cochères. La porte était gardée autrefois par un suisse décoré d'une vaste bandoulière sur laquelle étaient gravées les armoiries du maître. Vous entriez : le suisse sifflait pour prévenir de votre arrivée.

Le suisse jouait un grand rôle dans les intrigues de monsieur et de madame; moins il savait la langue du pays, et plus il passait pour un bon et fidèle serviteur. Ce qui valait mieux, à tout prendre, que ces affreux portiers qui exercent leur industrie malsaine au bas de chaque maison moderne.

A présent que j'y songe, et que déjà la ville m'apparait dans ce lointain favorable à tous les arts comme il est favorable à tous les souvenirs, il me semble qu'en effet je n'ai pas rendu une assez grande justice aux souvenirs qui se lèvent en foule sous les pas du voyageur, dans cette immense cité par laquelle ont passé les plus grands hommes de l'histoire et les plus pervers, les plus horribles forfaits et les plus excellentes vertus. Vous ne pouvez faire un seul pas dans ces rues qu'on vous montrait tout à l'heure si terribles, sans rencontrer un de ces beaux noms qui font battre le cœur avec joie. A l'Observatoire, tout d'abord, vous retrouvez le nom de Colbert, ce grand nom qui est partout en France, aussi bien que le nom de Louis XIV. Un peu plus loin, cette maison où sont déposés les enfants dont la ville ne veut pas, les orphelins que leur mère elle-même a rejetés de son sein plein de lait, cette maison sombre et triste, dans laquelle l'enfance même est sérieuse, va vous rappeler le plus grand nom de la France chrétienne, saint Vincent de Paul; et, bien plus, ces murailles nobles, elles ont été l'abbaye de Port-Royal, le berceau de la plus belle langue française, ce commencement de l'opposition à l'autorité d'un seul : austère demeure des plus austères vertus! Toute une histoire appartient à ces murailles qui tiennent de si près à Port-Royal-des-Champs, au Cantique des Cantiques qui se chantait la nuit et le jour dans la vallée de Chevreuse par tant de solitaires d'une si rare constance, d'un si admirable génie! Dans la rue d'Enfer, vous retrouvez le roi saint Louis, qui avait donné la rue tout entière aux Chartreux; vous retrouvez la noble et touchante La Vallière, sœur Louise de la Miséricorde, pauvre jeune femme tant aimée, et sacrifiée si vite à l'inconstance d'un jeune roi! Que de larmes elle a répandues dans ce couvent des Carmélites, où elle avait accepté les plus vils emplois ! Non loin de la rue d'Enfer, s'élève l'institution de l'abbé de l'Épée, l'instituteur, ou, pour mieux dire, le Vincent de Paul des sourds-muets. Déjà la postérité a commencé pour cet admirable philosophe, qui a tiré la parole du silence, la lumière du chaos, qui a fait entendre les sourds et parler les muets ; sa mémoire est honorée à l'égal de toutes les gloires de la terre et du ciel ; son nom est béni et fêté par ces générations de pauvres enfants que son génie et sa charité ont sauvés. Moi-même, j'ai assisté à l'anniversaire de la naissance du vénérable de l'Épée, et rien ne saurait dire toute la joie, tout l'orgueil, toute l'éloquence de ces jeunes sourds-muets agenouillés devant le buste de leur bienfaiteur, de leur père ! — Plus loin, presque en face les beaux jardins du Luxembourg — éclatante verdure — ciel bleu et transparent — arbustes, rosiers, parc immense — blanches statues — oasis dont le Val-de-Grâce est séparé par une longue suite de hideuses maisons,

s'élève le dôme du Val-de-Grâce. Le dôme se souvient d'Anne d'Autriche, la reine aux belles mains, la femme du roi Louis XIII, la mère du roi Louis XIV. François Mansard a été l'architecte du Val-de-Grâce, Mignard en a été le décorateur. Dans les profondeurs de ces rues sans soleil, la reine Blanche, la mère de Louis IX, avait une maison qu'elle habitait ; la reine Marguerite, la femme du saint roi, y avait institué une abbaye; sa jeune fille Blanche y vint mourir. Grandes princesses, humbles vertus, souvenirs illustres, qui sauvent du mépris ces pauvres maisons! Les Parisiens savent à merveille l'histoire de leur ville. Dans cette église repose toute une génération de rois : Jacques II, roi de la Grande-Bretagne, Louise-Marie-Stuart, sa fille, et tous ces fidèles Fitz-James qui sont venus se coucher aux pieds de leurs rois enterrés là. — Ici repose le maréchal de Lowendall, un descendant des vieux héros du Danemark. Dans cette rue Mouffetard, hideuse et malsaine, Louis le Gros, le roi libéral, fut renversé de son cheval par un pourceau, au grand chagrin de tout ce peuple émancipé par ce bon roi. Le seul Jardin-des-Plantes, cette oasis perdue dans les ténèbres, ce lieu de rafraîchissement et de repos placé au sommet de cette montagne admirable, suffirait à composer tout un gros tome. Le monde entier est contenu dans cette vaste enceinte. Prêtez l'oreille, vous entendrez chanter tous les oiseaux de l'air, vous entendrez mugir toutes les bêtes des forêts : le lion et l'oiseau-mouche, la girafe et le chat sauvage, toute la famille des singes; toutes les plantes du midi et du nord; tout ce qui vit, tout ce qui a vécu; l'animal et sa dépouille, la plume et le poil et l'écaille, la couleur et la forme, le squelette et l'embryon, tout convient à cette immense réunion de toutes les beautés, de toutes les curiosités, de tous les phénomènes de la nature. Là aussi les grands noms ne manquent pas, et les plus illustres : Buffon, Daubenton, Jussieu, Bernardin de Saint-Pierre, Linné, Cuvier, qui les domine tous de la hauteur de son esprit et de son génie. Donc, laissez les poëtes s'abandonner à leur mauvaise humeur; avec une philosophie plus douce et plus sereine, il est toujours facile de trouver, même à côté des immondices de la noble cité, une consolation ou une espérance; à côté d'un hôpital, un jardin; à côté d'un égout, une fontaine; sur le bord d'un précipice, une fleur. Quoi de plus rare? quoi de plus facile cependant?

Maintenant voici l'abbaye Saint-Victor, et l'abbaye nous rappelle un des plus aimables poëtes de la France, le poëte Santeuil, un bel esprit en latin. L'Église de France chante encore, à ses jours solennels, les hymnes admirables du poëte de Saint-Victor. Les vieilles fontaines qui jettent leur onde avare à travers les plus riches ornements de la pierre ou du marbre de Jean Goujon, portaient à leur fronton de beaux distiques de Santeuil; il était, comme un Martial chrétien, toujours tout prêt à prêter la grâce scandée de sa poésie au moindre événement de sa ville bien-aimée. Nul Parisien n'a eu plus d'esprit en français que le poëte Santeuil en latin. Lisez, par exemple, ce beau distique qui servait d'inscription à la fontaine voisine de la bibliothèque Saint-Victor :

>   Quæ sacros doctrinæ aperit, domus intima, fontes,
>   Civibus exterior dividit urbis aquas.

« Bienveillante maison ! Entrez, vous y trouverez toutes les « sources de la science; pendant qu'au dehors elle donne à « tous le limpide cristal de ses eaux. »

Il me semble que cette consécration des beaux monuments de Paris par la poésie latine n'était pas sans charme et sans grâce; c'était d'ailleurs une façon élégante de rappeler à la grande ville française son origine romaine; soit que le mot *Lutèce* vienne du mot *Luteum*, qui se rencontre dans les *Commentaires de César*, soit que le mot *Paris* dérive de *Paratridos*, l'origine est antique à coup sûr, et païenne. Seulement, pour donner un démenti à la définition de *Lutèce*, ville de boue, Strabon, dans sa langue pittoresque, l'appelle la *Ville Blanche*, *Leukotokia*. Il n'a pas fallu moins de dix-huit siècles pour bâtir comme on l'a fait récemment, opposée à *la ville de boue*, la ville blanche; celle-ci longtemps dominée par celle-là, jusqu'à ce qu'enfin Leukotokia ait pris le dessus sur Lutèce. Deux villes bien distinctes dans une seule : Lutèce, qui se tient froide, sombre, sérieuse, sur les hauteurs de la montagne Sainte-Geneviève; Lutèce pédante, savante, qui se souvient de Julien l'empereur et de l'empereur Charlemagne. *Ma chère Lutèce!* disait Julien. Là il avait placé ses Thermes, et près des Thermes s'était élevée la Sorbonne, deux ruines qu'il faut saluer avec respect.

L'autre ville, la Leukotokia, a secoué depuis longtemps la vieille poussière des vieux âges. Sur des emplacements tout couverts de beaux arbres, de jardins en fleurs, elle s'est bâti des maisons brillantes; elle a fait un appel gracieux et charmant à la lumière, au soleil, à l'espace, aux frais gazons, aux claires fontaines, aux belles personnes du monde parisien. — Ces deux villes, si différentes l'une de l'autre, sont aux deux extrémités de la ville capitale; entre elles deux coule la Seine, s'élève le Louvre, se dresse de toute sa hauteur la tour de Notre-Dame.

Dans la ville nouvelle, vous aurez beau faire des fouilles, vous ne trouverez pas un vestige des temps passés, pas un souvenir de César ou de Chilpéric, pas un vestige du capitaine Labiénus ou du roi Childebert. Tout est nouveau dans la ville blanche, la ville née d'hier : les temples ont un air de fête, les maisons sont coquettes et gracieuses, les sculptures appartiennent à l'art d'hier, et non pas aux temples ruinés de Cérès ou de Vesta. Là, vous n'entendez parler ni de *Jupiter*, ni de *Vulcain*, ni de *Velléda*, coupant le gui du chêne avec sa serpette d'or; ni de *Mercure*, le dieu de la cité; ni de *Maïa*, sa mère; ou tout au moins, s'il est question de ces dieux-là, du boulevard de Gand à Notre-Dame-de-Lorette, on en parle à propos d'un ballet de l'Opéra ou d'une leçon de mythologie. Dans la ville blanche, rien de sérieux, rien de solennel; tout est fête, tout est plaisir; l'amour est la grande occupation de cette ville à part. Là, vous ne trouverez ni un collége, ni un couvent, ni rien qui ressemble à l'École-de-Droit, à l'École-de-Médecine, à la Sorbonne. Pas un vestige du *Cirque,* ou des *Arènes,* ou du *Forum*, pas une trace des vieux palais capétiens, pas un saint de la légende qui se promène la nuit en portant sa tête sous son bras, comme fit saint Denis, martyr, au sommet de Montmartre. Non, non, la ville neuve aurait peur de ces palais gothiques ; à peine si elle songe à l'avenir ; pour elle, la première affaire, l'action importante, l'intérêt tout-puissant, c'est l'instant présent, c'est l'heure qui sonne à ces pendules profanes, l'heure du plaisir et de l'amour : voilà la loi suprême.

Dans ces beaux endroits de la ville, vous ne trouverez ni un juge, ni un notaire, ni un procureur ; les caisses d'épargne y sont regardées comme des fables, tout au plus y peut-on voir un mont-de-piété où les habitants femelles de ces lieux charmants déposent, le matin, le bracelet, le bijou d'or qui leur a été donné la veille. Elles ont emprunté ce bijou-là sur leur beauté, et maintenant elles empruntent sur leur emprunt. La seule institution du vieux Paris qui eût été la bienvenue à Leuko-tokia, c'eût été le Pré-aux-Clercs, un bel endroit où la jeunesse des siècles passés, car les vieux siècles ont été jeunes, venait à l'envi boire, se battre et faire l'amour. L'insouciance est portée si loin dans ces beaux endroits privilégiés, qu'il est impossible d'y mourir ; pas un médecin, pas une garde-malade. Le seul guérisseur de tous les maux dans cette ville de sybarites, c'est la marchande de modes, c'est une couturière illustre, un coiffeur habile, un beau châle de cachemire, une riche parure, ou tout au moins un souper fin : voilà les grands remèdes, la panacée universelle. Qui parle de mourir ? On ne sait même pas ce que c'est que la vieillesse. Sous le petit coin de ce ciel d'un bleu éternel, toutes les femmes ont vingt ans, quelquefois moins de vingt ans, mais jamais, et sous aucun prétexte, un seul jour de plus.

La seule des croyances du vieux Paris qui ait passé dans la

ville nouvelle, ô ciel! qui le dirait? c'est la croyance en sainte Geneviève, la patronne de la ville, chaste et courageuse patronne qui annonçait bien à l'avance une autre héroïne également chère à la France, Jeanne d'Arc, la Pucelle. Grâce au souvenir de sainte Geneviève, grâce à ce nom populaire, la ville des galanteries et des grâces n'est pas restée sans une sainte à invoquer dans ses jours chargés de nuages et de remords. Le nouveau Paris préfère même la sainte Geneviève gardant ses troupeaux, à la Madeleine repentante, dont le temple sert de limite à la cité nouvelle tant prédite par saint Augustin.

Mais revenons quelque peu au vieux Paris ; ne le négligeons pas pour cette ville folle de son corps ; recherchons avec respect les traces laissées dans ces vieilles rues par les rois de la troisième race. Sur l'emplacement du palais de Huguet Capet, ce terrible comte de Paris qui donna pour tuteur à son fils le duc Richard de Normandie, on a élevé une salle de danse ; cette salle s'appelle le Prado, et là viennent danser presque tous les jours toutes sortes d'étudiants et de grisettes ; la grisette ne songeant pas plus que l'étudiant aux articles les plus importants du Code civil. Dans l'église de Notre-Dame, cette œuvre immense qui est tout un poëme, des générations entières ont été ensevelies. Que d'hommes illustres enterrés là depuis les temps de Childebert jusqu'au règne de Louis XIV !

Hélas ! quand une fois vous avez abandonné l'histoire au temps qui dévore toutes choses, il se trouve que l'histoire des tombeaux est la plus féconde de toutes les histoires. Ces poussières que l'on agite jettent autour d'elles des enseignements solennels. Ces grands noms d'autrefois tiennent une place imposante, même sur l'album désœuvré du voyageur qui passe. Comment se fait-il que moi-même, à peine échappé à la fête parisienne, moi qui ai poursuivi à perdre haleine toutes ces élégances incroyables, moi le héros des bals et des concerts de l'Opéra, me voilà tout occupé à relire, sur ces pierres à demi brisées, des noms emportés par la mort? Où êtes-vous, vous les chefs de la science, et vous les maitres du peuple? Guillaume de Champeaux, Abeilard, et vous aussi, Héloïse? Mais nous voilà bien loin de notre point de départ.

Pas si loin cependant que nous ne soyons arrivés tout en face de ce curieux monument qu'on appelle la Sorbonne,

ce monument tout rempli aujourd'hui de l'éloquence profane, esprits impatients dans la chaire, esprits révoltés autour de la chaire, jeunes gens que M. Saint-Marc Girardin lui-même, cet homme d'un si rare talent, d'un esprit si ingénieux, d'un sang-froid si éloquent, a tant de peine à contenir. Dans cette école, affranchie de toute barrière, vous chercherez en vain quelques restes vénérés de la Sorbonne antique; à peine si vous trouverez les souvenirs épars et effacés de cette vénérable institution, dont la théologie était toute la science. Autrefois, qui disait *la Sorbonne*, disait la réunion des trois vertus théologales, moins la charité et l'espérance. La Sorbonne était, pour ainsi parler, un parlement sans appel, où toutes les questions relatives à la croyance catholique, apostolique et romaine, étaient sérieusement et sévèrement débattues. Et comme en ce temps-là la foi était partout, dans le moindre pamphlet de l'écrivain, dans la plus légère parole de l'orateur, dans une lettre confidentielle, il résultait de cette ubiquité de la croyance, que la Sorbonne, elle aussi, était partout, qu'elle entrait dans toutes les consciences, qu'elle avait le droit de s'inquiéter des livres et des idées qui, aujourd'hui, lui sont le plus étrangers.

C'était donc, à vrai dire, une espèce d'inquisition religieuse, qui, au besoin, avait ses cachots et ses bûchers; elle employa plus d'une fois le bourreau lui-même contre les personnes et contre les livres. Mais, comparée aux autres inquisitions, l'inquisition de la Sorbonne était bienveillante, intelligente même. Elle appelait à elle les plus nobles esprits, les plus grands noms et les plus fiers courages; elle n'avait peur que des novateurs. Pour elle, la nouveauté en toutes choses était le plus grand des schismes. Ainsi, jusqu'à la fin, cette sérieuse et savante institution, qui avait vu dans son enceinte M. le prince de Condé et Bossuet soutenir leurs thèses de théologie, se souvint des enseignements de son plus illustre protecteur, M. le cardinal de Richelieu. Elle se défendit tant qu'elle put se défendre contre tous les rebelles à l'autorité, que la fin du dix-septième siècle et le dix-huitième siècle tout entier devaient produire. Elle défendit pas à pas le domaine moral que lui avait confié l'Église catholique; et, quand il fallut succomber enfin, elle succomba avec honneur, après s'être défendue seule contre tous; seule contre Voltaire, seule contre l'Encyclopédie tout entière. Que disons-nous? elle s'était défendue seule contre M. Arnauld et contre Pascal!

Certes, quand l'heure de la chute est venue, il est beau de tomber comme la Sorbonne est tombée. Elle a succombé comme la royauté de France, comme la noblesse, comme le vieux temps tout entier, avec courage et résignation. La Révolution est entrée dans ses murs lézardés, à peu près à la façon du premier consul Bonaparte entrant dans l'orangerie de Saint-Cloud; tous ces antiques docteurs de l'antique foi catholique ont été chassés comme la paille emportée par le vent.

Il y a encore ceci à dire sur la Sorbonne écroulée : c'est que, bien avant 1793, c'était là une puissance à jamais vaincue. Une fois qu'elle eut succombé dans son duel avec l'*Émile* de Jean-

Jacques Rousseau, avec le *Dictionnaire philosophique* de Voltaire, avec les *OEuvres* de Montesquieu, avec l'école encyclopédique tout entière, la Sorbonne fut vaincue tout aussi bien que l'était la Bastille, par exemple, un mois avant le 14 juillet 1789. Car, dans ces sortes d'institutions de l'autorité morale ou de la force matérielle, peu importe que la tour soit debout, pourvu que la puissance qui l'a bâtie soit respectée. Qu'est-ce qu'une chaire que l'on renverse? un morceau de bois sculpté, que portent des démons ou des anges. Ce qui importe, c'est que toute parole tombée de cette chaire soit écoutée, c'est que le nom seul de cette Bastille fasse pâlir les plus braves. Or, quand la Bastille a été prise, il n'y avait plus personne, qu'un gouverneur pour la forme; quand la Sorbonne a été envahie, il n'y avait plus dans ses murs lézardés que quelques vieilles thèses en latin sur la bulle *Unigenitus*, pour et contre Aristote, et dont les vers ne voulaient plus. Ainsi on peut dire que la vieille Sorbonne, quand elle est morte, avait tout à fait rempli sa mission ; la liberté des âmes et l'esclavage des consciences n'avaient plus rien à en espérer, rien à en attendre. La Sorbonne avait dit son dernier mot dans le monde des idées, tout comme la Bastille avait employé sa dernière lettre de cachet. Ceux qui ont chassé les anciens docteurs se sont attaqués à des crânes vides ; ceux qui ont attaqué la Bastille n'ont renversé que des pierres ; car, depuis longtemps, il n'y avait plus de prison d'État. Voilà pourquoi, lorsque la Restauration voulut refaire la Sorbonne, elle tenta tout simplement une chose aussi impossible que si elle eût voulu relever la Bastille et remettre en vigueur les lettres de cachet.

Mais la Restauration manquait de prévoyance, elle était obstinée autant qu'elle était bienveillante ; elle voulait le passé, tout le passé, hélas! et rien que le passé. Les émigrés et les prêtres, gens pour la plupart assez indifférents à ces doctrines religieuses dont ils parlaient sans cesse, lui avaient tant répété que le trône c'était l'autel, que l'obéissance des peuples était fondée sur la foi, que la *Somme* de saint Thomas devait passer avant la

Charte, que saint Grégoire était un plus grand orateur que Benjamin Constant, et que le général Foi lui-même n'était rien, comparé à saint Jean-Chrysostôme ; on avait tant dit et redit aux vieux Bourbons qu'ils ne pouvaient se tirer d'affaire qu'avec les vieux casuistes et que la Chambre des Députés s'évanouirait quelque jour en fumée devant les saints conciles, qu'ils se mirent à rêver, ces rois imprudents, entre autres restaurations, la restauration de la Sorbonne. Par leur ordre, on releva l'édifice, on rétablit les chaires où se devait enseigner le dogme, on souffla sur toutes ces cendres éteintes, on réveilla ces vieux échos, on souleva toute cette poudre savante, qui, autrefois, eût obscurci le soleil. L'église fut réparée, le tombeau fut remis à neuf, un mauvais latin vulgaire, triste argot de contrebande, se trouva rappelé dans ces murs qui avaient retenti jadis d'une latinité si savante. Si bien, qu'à propos de cette Sorbonne ressuscitée de toutes parts, les théologiens, les princes du sang, les grands seigneurs, les ministres, tout le côté droit de la Chambre, entonnèrent le plus imprévoyant des *Te Deum!*

Ils s'écrièrent qu'ainsi la monarchie était sauvée, puisque la Sorbonne était rendue à la monarchie. Ils battirent des mains à la foi nouvelle qui allait refleurir. Vains efforts ! espérances inutiles ! déceptions cruelles ! Car, à peine la Sorbonne fut-elle ouverte de nouveau, à peine eut-on annoncé que M. l'abbé *un tel* parlerait sur la grâce, *Veneris die*, le *jour de Vénus*; M. l'abbé *un tel* parlerait sur la confession, *Martis die*, le *jour de Mars*; M. l'abbé *un tel*, sur les cas de conscience, le *jour de Mercure*, *die Mercurii*, qu'aussitôt, par la toute-puissance de cette Révolution invincible contre laquelle la Restauration s'ameutait, la philosophie nouvelle, l'éclectisme allemand, le scepticisme voltairien, toutes les idées de ce siècle révolutionnaire, contre lesquelles on avait voulu relever la Sorbonne, firent irruption dans cette Sorbonne restaurée. La philosophie s'empara de ces chaires où le théologien était attendu ; l'histoire remplit de ses enseignements ces bancs de chêne disposés pour le dogme catholique.

Tous ces vieux abbés, préposés à l'enseignement de la jeunesse, n'eurent rien de mieux à faire que de se taire et de s'enfuir, se voyant sans auditoire et sans écho ; à ce point, que Saint-Sulpice s'estima trop heureux de reprendre sains et saufs les théologiens-professeurs et les théologiens-auditeurs qu'il avait prêtés pour cette circonstance solennelle, comme on prête son manteau à un ami qui a porté le sien au Mont-de-Piété. Or, c'était bien la peine, en vérité, de rétablir la maison de Sorbonne, pour loger si commodément les trois docteurs qui ont eu le plus de puissance sur les jeunes intelligences à l'aide desquelles la Révolution de juillet devait se fomenter et s'accomplir.

Même aux hommes les plus étrangers à tout ce qui est la France moderne, il n'est guère nécessaire de dire le nom de ces trois professeurs éloquents et passionnés qui ont tenu entre leurs mains les destinées de la Sorbonne nouvelle ; leurs paroles ont produit sur les jeunes esprits de la Restauration le même effet que des torches brûlantes jetées sur des gerbes de blé. A eux trois ils ont défait, au jour le jour, ces lentes réparations morales que la Restauration tentait si péniblement à l'aide d'une secte vaincue et d'une noblesse épuisée. A eux trois, chacun de son côté, et sans s'être entendus plus qu'il ne fallait, car ils ont toujours été fort indépendants l'un de l'autre, — à cette heure encore, c'est à peine s'ils ont un très-vif penchant celui-ci pour celui-là, — ils ont déjoué toutes les tentatives du parti royaliste et religieux. Ces trois professeurs, l'honneur de l'enseignement public, vous les avez déjà nommés : M. Guizot, M. Villemain, M. Cousin.

Je sais ce qu'on va me répondre, et qu'au premier abord on s'étonnera fort de m'entendre appeler ces trois hommes des révolutionnaires ; on dira que je les flatte ; mais cependant remarquez bien, je vous prie, que c'est à cause même de leur modération apparente, et par la toute-puissance de leur prudence réelle, que l'enseignement de ces trois maîtres a été et devait être, en effet, si redoutable. S'ils avaient eu plus de courage ou moins de prudence, s'ils avaient moins bien dissimulé l'empire qu'ils avaient sur les âmes, le gouvernement de la Restauration se serait tenu sur ses gardes, il se serait défendu de toutes ses forces; il aurait fait fermer ces écoles perfides, et il eût obtenu ainsi quelque répit dans une guerre avouée. Mais cette guerre n'était rien moins qu'avouée; au contraire, les trois champions, chacun de son côté, apportaient, à cette bataille de chaque jour, les restrictions les plus habiles; ils s'enveloppaient dans toutes sortes de circonlocutions merveilleuses, n'avouant jamais leurs espérances, même les plus lointaines. Ils voulaient bien d'une révolution accomplie, mais ils avaient peur, autant pour leurs concitoyens que pour eux-mêmes, des désordres, des malheurs, des ambitions qu'entraîne avec elle toute révolution nouvelle. Même dans leurs colères, ils restaient de sang-froid; même dans leurs révoltes, ils voulaient avoir la raison de leur côté. Or, dans la bataille générale des partis, dans le soulèvement unanime des opinions, dans cette mêlée tumultueuse et fangeuse des passions politiques, voilà justement les hommes qui sont à craindre; voilà ceux qui sont forts parce qu'ils sont prudents, qui sont dangereux parce qu'ils sont habiles, qui arrivent à leur but parce qu'ils marchent d'un pas lent et sûr : la défaite les rend populaires, la victoire les fait puissants; vaincus, on les accable de louanges; vainqueurs, ils savent tout de suite où la victoire doit s'arrêter.

En fait de révolutions et de révolutionnaires, il n'est pas dangereux celui qui crie et s'agite, il n'est pas dangereux celui qui lance le venin et l'insulte à ciel ouvert, il n'est pas dangereux celui qui se sert du poison et du poignard, il n'est pas dangereux l'énergumène dans son journal, ou le fanatique à la tribune; ceux-là, on les connaît, on les sait par cœur, on sait comment s'en défendre; on a contre eux les procureurs du roi, les gendarmes; on les emprisonne, on les achète; au pis-aller, on les laisse dire. Mais les autres, les révolutionnaires qui respectent la loi, les éloquents dont la parole est habile autant que sonore et passionnée, les fidèles sujets qui, sous prétexte de secouer le trône pour tirer le roi de sa léthargie, font tomber dans le même abime et le trône et le monarque, tous ces révolutionnaires dont nul ne se méfie, et qui ne savent pas eux-mêmes toute la portée de leur esprit, ce sont là les redoutables, soyez-en sûrs.

Telle était cependant l'éloquente trinité à laquelle la Sorbonne restaurée allait, corps et âme, appartenir.

Il faut le dire, bien long temps se passera avant que dans une même enceinte soient réunis trois orateurs de cette force. Ils avaient à eux trois de quoi composer un orateur plus puissant et plus terrible que Mirabeau lui-même, entouré des premiers prestiges de la plus grande révolution qui ait étonné le monde. L'un s'appuyait sur l'histoire, qu'il avait considérée sous son côté fataliste et réel, s'attachant uniquement aux faits dont il tirait toutes les conséquences nettes et précises qui allaient à son système; l'autre, au contraire, tour à tour, et selon le besoin, illuminé exalté, Allemand obscur, s'enveloppant des vapeurs d'outre-Rhin, colonne lumineuse qui ne montrait jamais que le côté du nuage, parlant très-haut et avec de grands gestes qui ressemblaient à la conviction, philosophe-arlequin dont l'habit était composé de toutes sortes de haillons éclatants arrachés à Platon, à Aristote, à Kant, à Herder, à Condillac lui-même, car il empruntait à tout le monde; le troisième, enfin, le plus admirable et le mieux inspiré des rhéteurs, la plus facile improvisation qui soit au monde, étincelante et fugitive période à laquelle s'abandonne l'oreille charmée, vif esprit, parole brillante, grâce irrésistible, de quoi faire, s'il l'eût voulu, le plus éloquent et le plus écouté des orateurs.

Tels étaient ces trois orateurs, ou plutôt tel était cet orateur en trois personnes; et quoique divisés presque sur tous les points, et bien que le savant et sévère historien fît peu de cas des jongleries éloquentes du philosophe, pendant que le professeur, tout préoccupé de la forme, savait à peine ce que disaient, lui absent, ses deux émules, l'historien et le philosophe, si grande était la toute-puissance des idées qu'ils avaient à débattre à eux trois, que, sans s'être jamais entendus, ils s'entendaient à merveille. Ils étaient comme trois ouvriers travaillant, chacun de son côté, à renverser un rempart, et qui, sans s'être jamais vus l'un et l'autre, luttent entre eux à qui donnera les plus furieux coups de levier, jusqu'à ce que le mur étant renversé, ils se trouvent en présence tous les trois, étonnés et presque épouvantés de leur démolition. Ou bien encore, si ma première comparaison vous fait peur, ces trois professeurs, parlant chacun de son côté à cette jeunesse qui les comprenait à demi mot, vous représentent à merveille les trois terribles orchestres du *Don Juan* pendant la scène du viol. Chaque orchestre chante à sa façon, et sans s'inquiéter de l'orchestre voisin, sa complainte ou sa colère, jusqu'à ce qu'ils éclatent tous les trois dans la même malédiction. Hélas! qui l'eût pensé? ce Don Juan maudit, c'était Sa Majesté très-chrétienne et très-bienveillante le roi Charles X!

Pour se faire une juste idée de la toute-puissance de ces trois professeurs sur cette belle jeunesse de la Restauration qui leur prêtait une oreille attentive, il faut les avoir entendus, car leurs leçons copiées à la hâte, aussi bien que les analyses qui en ont été faites, ressemblent trop peu à cette parole animée, chaleureuse, et qui avait tous les caractères de la sincérité et de la conviction. M. Guizot, par exemple, arrivait dans sa chaire d'un pas ferme et tant soit peu solennel: A son aspect, toute cette foule inquiète et agitée faisait silence; il commençait à parler sur-le-champ et sans hésiter : sa voix était nette et brève; l'autorité circulait dans son discours incisif; sa phrase était coupée, peu fleurie, et souvent elle manquait d'élégance; mais ce qu'elle perdait du côté de l'élégance, elle le gagnait en force et en énergie. La personne de l'orateur répondait tout à fait à son discours. C'était ce regard fier et terne d'où l'étincelle jaillissait à de rares intervalles, comme le feu caché sous la cendre. C'était ce teint bilieux que rien n'altère, ni la joie, ni la tristesse, ni l'orgueil du triomphe, ni le dépit de la défaite. C'était ce front vaste et intelligent sur lequel rien ne se montre des passions de l'homme intérieur. Dans cette Sorbonne antique qui avait défendu à main armée la sainte pureté de la doctrine évangélique, dans cet écho religieux qui se souvenait confusément, mais non pas sans émotion et sans respect, de tant d'illustres docteurs de Sorbonne, défenseurs, bourreaux et martyrs de la foi catholique, apostolique et romaine, M. Guizot, le protestant, se sentait animé de je ne sais quel sentiment de triomphe qui faisait, en pareil lieu, une grande partie de son éloquence. Cela lui paraissait beau et singulier d'être parvenu à parler tout haut entre les deux statues de Fénelon et de Bossuet, vis-à-vis les images chrétiennes de Massillon et de Pascal; de venir, lui, l'enfant convaincu de Luther, donner un pareil démenti à *l'Histoire des Variations!* Cela lui paraissait beau et fort, surtout en pleine Restauration, et si près du tombeau du cardinal de Richelieu, de proclamer la supériorité du doute sur la croyance, et la nécessité d'introduire la discussion dans toutes les affaires, voire celles qui tiennent à la conscience des peuples. Et véritablement, en pareil lieu, et sous l'empire de pareilles circonstances, la position exceptionnelle de M. Guizot était bien faite, surtout réunie à cet admirable talent qui devait grandir au point où vous le voyez aujourd'hui, pour attirer autour de sa personne l'intérêt universel. D'ailleurs, comme tout se sait, dans ce vaste Paris, de tout ce qui regarde ces héros de l'intelligence, on savait que M. Guizot était pauvre, qu'il était en complète disgrâce de cette monarchie à laquelle, bien jeune encore, il avait donné les preuves les plus loyales de son dévouement et de son zèle. On disait qu'il avait une vieille mère des temps primitifs, austère tendresse, inflexible devoir, la Bible incarnée, et que devant cette vieille mère il s'agenouillait chaque soir en lui disant : « Bénissez-moi! » On savait que lui et sa femme, qui était sur la terre une femme de génie, et qui est une sainte dans le ciel, ils passaient la nuit et le jour, pour vivre, dans des travaux de manœuvres littéraires, acceptant tout ce qu'on leur offrait, des articles à écrire dans les journaux, les *Mémoires de l'histoire d'Angleterre* à mettre en ordre, la mauvaise traduction de Shakspere par Letourneur, qu'il fallait revoir, corriger, expliquer. Madame Guizot relevait avec une patience admirable les contre-sens et les fautes de français de Letourneur, pendant que son mari écrivait en tête de chaque tragédie de Shakspere, de courtes préfaces qui sont des chefs-d'œuvre de sagacité et de bon sens. Triste métier, savez-vous, pour un homme pareil, pour un politique de cette taille, qui devait tenir en ses mains les destinées de la France et d'une révolution; triste métier que d'être aux gages de M. Ladvocat, le libraire! Mais qu'y faire? Le plus grand poëte comique de l'ancienne Rome a bien tourné, pour vivre, la meule d'un moulin! Ainsi chacun savait gré à M. Guizot de cette vie modeste et laborieuse : on prenait sa patience pour de la résignation; on lui tenait compte de tout, de ce qu'il osait dire dans son cours, et surtout de ce qu'il ne disait pas. En un mot, on l'aimait comme un homme qui ne peut émettre en dehors que la moitié de sa pensée; car, depuis que la torture est abolie, c'est là, au sens de tous, le plus grand supplice qui se puisse imposer à l'homme qui écrit ou qui parle. Enfin, il n'y eut pas jusqu'à la conviction religieuse de M. Guizot, jusqu'à cette croyance, qui n'était pas la croyance catholique, dont cette jeunesse de la Sorbonne ne lui tînt bon compte et ne lui sût un gré infini. Ah! vous voulez absolument qu'elle soit catholique! Ah! vous amenez des jésuites à Saint-Acheul et vous rétablissez la Sorbonne! Ah! vous violentez par toutes les façons, par l'éloquence de M. de Lamennais lui-même, le scepticisme voltairien! Eh bien! vous allez voir quel démenti nous saurons vous donner. Nous vous attaquerons dans votre endroit le plus sensible; nous applaudirons, non pas le doute, mais le schisme; non-seulement nous renierons tant qu'il sera en nous les croyances religieuses de la maison de Bourbon, mais encore nous honorerons de toutes les manières le protestantisme de M. Guizot. Et, véritablement, ces jeunes gens, dans leur rage d'opposition, étaient habiles de raisonner ainsi, car il y avait un homme que le clergé de France détestait encore plus que Voltaire, et cet homme c'était Luther. Mais qui eût dit en ce temps-là, et quand la Restauration, trop bien avertie, faisait fermer, mais trop tard, le cours de M. Guizot, que ce protestant, applaudi en pleine Sorbonne parce qu'il était protestant, deviendrait un jour ministre des Cultes du royaume de France, tout comme l'était monseigneur l'évêque d'Hermopolis?

Arrivons à l'autre orateur, à l'autre ministre des Cultes, à M. Villemain. Celui-là avait, bien mieux que son collègue, toute la libre désinvolture d'un homme qui tient à humer l'air classique et qui s'inquiète peu de l'avenir, tant il est sûr que le latin, le grec et les belles périodes cicéroniennes ne lui manqueront pas pour tout le reste de sa vie. M. Villemain était bien, si vous voulez, un homme de l'opposition, mais de l'opposition la plus sage, de cette opposition bien faite qui, demain, peut sans bassesse devenir de la faveur. Loin d'être isolé comme M. Guizot et livré à des travaux stériles, M. Villemain avait derrière lui, pour l'aimer, pour le protéger et pour le défendre, des journaux tout-puissants, une partie du conseil de l'instruction publique, l'Académie tout entière, toutes les grâces de sa parole, toutes les séductions de son esprit. Le public était habitué à l'aimer de longue main, car depuis ses premiers succès universitaires jusqu'à ses premiers succès à l'Académie Française, depuis sa belle traduction de *la République* de Cicéron, heureusement retrouvée, jusqu'à son opposition formelle à M. de Villèle, M. Villemain avait été, sans fin, sans cesse et sans relâche, le héros, que dis-je? l'enfant gâté de la faveur populaire. Bien plus, on venait de faire pour lui ce que l'on a fait pour le général Foy, une souscription nationale, pour le récompenser d'une démission vivement donnée, à l'instant même où les plus beaux esprits de la France se séparaient de la vieille monarchie. Ainsi appuyé par tout ce qui fait la puissance, M. Villemain ne pouvait en rien se comparer, pour le crédit et pour la position, à M. Guizot; autant celui-là était seul et pauvre et sans appui, autant celui-ci était entouré d'encouragements et d'amitiés puissantes. L'un, en dehors de sa chaire, avait bien de la peine à prendre rang parmi ces rares idéologues qui sont devenus les doctrinaires plus tard, et dont il est le maître souverain; l'autre, au contraire, était l'âme, la parole, le conseil, quelquefois même le style animé et chaleureux, de cette opposition qui était déjà la maîtresse au dedans, au dehors, et qui devait finir par être la révolution de Juillet, dix ans plus tard.

Figurez-vous donc qu'un lundi, par un de ces froids gris et ternes du mois de décembre de l'hiver parisien, le quartier de la Sorbonne se remplit d'une foule inaccoutumée; on accourt de toutes parts et de tous les endroits de la ville, dans toutes sortes de costumes; les uns à pied, les autres en voiture, car parmi cette foule impatiente et grelottante il faudra que le prince du sang attende que les portes soient ouvertes, tout aussi bien que l'étudiant de première année. A onze heures, l'immense cour de la Sorbonne est remplie; à midi, les portes s'ouvrent. En un clin d'œil, cette vaste salle est tout entière occupée; on se rue, on se précipite les uns sur les autres; la moindre place sur ces gradins de chêne est disputée avec acharnement; la foule veut que les portes restent ouvertes, et jusqu'au bas de l'escalier sont refoulés les auditeurs retardataires, trop heureux de saisir au passage quelques-unes de ces vibrations puissantes qui annoncent la présence du maître. A l'heure dite, et par un certain couloir que la foule obstrue, comme tout le reste, un homme se glisse à grand' peine, il pénètre dans sa chaire au milieu d'un tonnerre d'applaudissements et de bravos, il s'assied d'une façon peu gracieuse, le plus souvent il relève sa jambe droite sur sa jambe gauche légèrement inclinée; il porte sa tête penchée sur son épaule, à la façon de plusieurs grands hommes de l'antiquité. Cependant, laissez-le faire, bientôt il va relever la tête ; son œil animé parcourra d'un regard toute cette foule attentive ; bientôt sa parole s'animera comme son regard, et soudain, la première hésitation passée, tenez-vous prêts à suivre l'orateur dans les caprices les plus impétueux de sa pensée. Ah ! c'était là un merveilleux vagabondage littéraire, un hardi mélange du bon sens le plus correct et de l'imagination la plus hardie, un admirable pêle-mêle de philosophie, d'histoire et de littérature, où les génies les plus divers, les talents les plus opposés, se trouvaient mêlés et confondus avec un talent incroyable : Bossuet à côté de Saurin, Shakspere à côté de Molière, le *Télémaque* de Fénelon à côté de l'*Utopie* de Thomas Morus. Et, chemin faisant à travers les mille détours fleuris de sa pensée, il fallait voir comment ce rare esprit trouvait moyen de mettre en cause la littérature présente, d'appeler à l'aide des anciens, dont il proclamait la toute-puissance et l'énergie, les œuvres contemporaines qu'il soumettait sans pitié à son ironique analyse. Il fallait voir avec quel enthousiasme et quel bon sens à la fois il parlait des vieux chefs-d'œuvre qu'il faisait aimer, des grands écrivains qu'il entourait de respect, et comment, à cette jeunesse ameutée, il faisait tout supporter, même les louanges de Louis XIV. Ainsi on le put suivre dans l'histoire littéraire de ces trois grands siècles auxquels François Ier a donné le signal. A la suite de ce professeur inspiré, ses auditeurs ont passé de Montaigne et de Rabelais à madame de Sévigné et à La Fontaine, de Saint-Évremont et de Fontenelle à Montesquieu et à Massillon, jusqu'à ce que tout à coup il se soit arrêté devant J.-J. Rousseau et devant Voltaire, dont il n'a pas trahi la cause, même en pleine Sorbonne, pas plus qu'en pleine Sorbonne M. Guizot n'avait trahi la cause de Mélanchton et de Luther !

Je ne sais si je m'abuse, mais je ne crois pas que la parole humaine ait causé à un auditoire plus jeune, des émotions plus puissantes et plus soudaines. Une fois lancé dans cette arène littéraire, qu'il avait faite si vaste, M. Villemain ne s'arrêtait plus; il s'enivrait de sa propre parole comme on s'enivre, pour un instant, de vin de Champagne ; et une fois dans ce chancellement de l'ivresse poétique, il en avait toutes les hallucinations, tous les vertiges, mais aussi toute la conviction et toute la puissance. Qu'il était beau à voir ainsi, défendant malgré lui le vieux passé qu'il aimait pour son style et pour son génie, et tout d'un coup s'arrêtant au milieu de sa louange commencée ! car, de son admiration sincère pour le passé littéraire, il ne voulait pas que l'on tirât cette conclusion politique, que le passé était encore possible. Parce qu'il reconnaissait franchement l'autorité morale du cardinal de Richelieu, il ne voulait pas qu'on pût en tirer la conséquence qu'il acceptait M. de Villèle ; et quand il s'agenouillait devant l'éloquence de Bossuet, il se relevait bien vite en se souvenant qu'au milieu de la France libérale, se promenaient des missionnaires dont la maussade et ignorante parole troublait toutes les consciences et faisait brûler sur un bûcher les œuvres complètes de Voltaire. Ainsi partagé entre son admiration loyale pour le passé de la France et son opposition sincère à la restauration de tant de choses dont la restauration était impossible, M. Villemain, pour ceux qui savaient l'écouter et l'entendre, doublait encore de prix et de valeur. On voulait savoir comment donc il obéirait à ces deux impressions contraires, comment il serait fidèle à la fois à son admiration et à ses répugnances, comment ce sujet respectueux, dévoué, de Louis XIV, se maintiendrait dans son opposition à Charles X. Certes, la tâche n'était pas facile ; mais avec son habileté ordinaire, ou, ce qui est plus habile encore, avec son bonheur de toute la vie, M. Villemain devait accomplir jusqu'à la fin sa double entreprise sans trahir ni son admiration pour le passé, ni sa répugnance pour le présent. Il est resté ce qu'il avait voulu être dans la littérature comme dans la politique, comme dans la religion, un critique de l'école de Boileau, qui acceptait très-bien Shakspere et M. Schlegel ; un enthousiaste passionné de Bossuet, qui reconnaissait Diderot et Voltaire; un chambellan de Louis XIV, qui eût été fier de faire le lit du roi avec Molière, et qui pourtant a pu battre des mains en toute loyauté, quand est parti de France, pour n'y plus revenir, le petit-fils trop chrétien du grand roi très-chrétien.

Quant au troisième orateur, je puis en parler beaucoup moins que des deux autres, car c'est à peine si je l'ai entendu parler deux ou trois fois, quand, dans ma première jeunesse, je suivais les cours de la Sorbonne. Il y a comme cela des esprits rebelles qui ne sauraient rien comprendre aux plus belles choses, et qui donneraient tout Platon pour une ode d'Horace. Ce qu'on appelle la philosophie proprement dite, leur paraît une espèce de rêve sans poésie et sans réalité, c'est-à-dire le plus triste des rêves. J'avoue, pour ma part, que je suis au nombre de ces esprits rebelles, aveugles, qui ferment les yeux pour ne pas voir la vérité. M. Cousin a toujours été pour moi une espèce d'énigme sans mot, et j'aurais donné tous les travaux de sa vie pour une heure de la parole de M. Villemain, de l'enseignement de M. Guizot. Cependant il faut reconnaître que M. Cousin était aussi populaire quand il parlait à la Sorbonne, que l'étaient ses deux collaborateurs. Il avait une de ces fécondités merveilleuses qui ne reculent devant aucun obstacle, et pourvu qu'il parlât, peu lui importait ce qu'il allait dire. La philosophie a son effronterie tout comme l'éloquence, et, en ceci, l'effronterie est d'autant plus facile, que personne non plus que vous, dans l'auditoire, ne s'attend au juste à ce que vous allez dire; on est bien forcé d'accepter tout ce mélange quel qu'il soit, qu'il vienne de la Grèce antique ou de l'Allemagne moderne. Bien plus qu'homme du monde, M. Cousin a usé et abusé de ce *redondage* philosophique dans lequel il excellait. Il parlait, du reste, avec une facilité merveilleuse; il avait le geste, la voix, l'animation, l'accentuation furibonde d'un véritable énergumène; on eût dit qu'il se battait, comme Hamlet, contre quelque fantôme invisible, et c'était plaisir de lui voir donner ses grands coups d'épée dans l'air. Je me rappelle qu'un jour j'entrais par hasard dans cette classe où se débattaient tant d'idées étranges. Au moment où j'entrais, le professeur frappait des deux poings sur sa chaire, et l'écume à la bouche, les cheveux hérissés, l'œil étincelant, il s'écriait : « Non! non! nous n'avons pas été vaincus à Waterloo! » A cette déclaration d'une victoire inattendue, vous pensez si ce jeune auditoire battait des mains avec frénésie, s'il partageait l'enthousiasme du philosophe, s'il répétait à outrance dans son cœur : *Non! non! nous n'avons pas été vaincus à Waterloo!* En ceci consistait le grand secret de M. Cousin ; il trouvait que c'était bien plus facile et bien plus commode de s'adresser à la passion de ses auditeurs, qu'à leur intelligence et à leur bon sens. Par une ruse qui est bien vieille et qui sera toujours nouvelle, quand l'enthousiasme de sa classe languissait, il en appelait à la politique, il faisait vibrer, tant bien que mal, ces grands noms immortels et inépuisables de liberté, de patrie, d'indépendance nationale. Quand ses disciples s'ennuyaient en Sorbonne, il les traînait sur les bords du Rhin, et de là il leur montrait les royales limites que la France a perdues, non pas sans oublier de dire et de répéter à chaque leçon, que là-bas il avait été captif, ce qui le mettait sur le pied d'une mensongère égalité avec le général Lafayette, qui avait été prisonnier à Olmutz. Voilà comment le succès de M. Cousin, égal au succès de ses deux confrères, M. Guizot et M. Villemain, a été, sinon moins loyal, du moins plus facile à mériter, à obtenir, à conserver. Ce jour-là, M. Cousin a ouvert la route funeste des flatteries politiques, dans laquelle plus d'un bon esprit s'est fourvoyé en pleine Sorbonne. Chose étrange! voici un écrivain qui parle, un historien qui enseigne, un philosophe qui discute : l'écrivain se possède et se dompte lui-même; l'historien domine son auditoire sans lui rien accorder. De ces trois hommes un seul s'emporte, c'est le philosophe, et cet emportement fait toute sa force! Que si vous me demandez par quelle suite de raisonnements M. Cousin a démontré que les Français n'avaient pas été vaincus à Waterloo, je ne saurais trop vous le dire. On m'expliquait qu'il était arrivé là par une suite de raisonnements que voici ; lorsque deux armées se battent dans une plaine, ce ne sont pas les hommes qui en viennent aux mains, mais les idées. Or, dans la bataille de Waterloo, l'idée française était restée debout, entourée de mourants et de morts. Donc les Français n'avaient pas été battus à Waterloo.

Petite ruse, direz-vous, ruse pardonnable, si elle est éloquente. En effet, il était si facile de répondre qu'à Waterloo c'était l'idée impériale qui était en cause, et qu'ainsi donc les Français avaient été battus à Waterloo ! Après quoi, on aurait pu dire à M. Cousin qu'il mettait un refrain à sa philosophie comme Béranger à ses chansons, et que cette prétendue victoire de Waterloo, elle avait été démontrée, avant qu'il n'y songeât lui-même, par Gonthier, au Gymnase, et par Vernet, aux Variétés, dans le *Soldat laboureur*.

Un quatrième pouvoir dont nous n'avons pas parlé, dans la Sorbonne de ce temps-là, pouvoir caché, il est vrai, mais respecté en raison même de sa modestie, c'est un homme qui s'est donné autant de peine pour n'être pas connu et pour n'être pas de l'Académie Française, que s'en donnent pendant toute leur vie, pour être célèbres et pour être de l'Académie, tous les hommes qui écrivent de la prose ou des vers. L'homme dont je parle avait été, à lui seul, aussi savant, aussi ingénieux, aussi éloquent que ces trois orateurs, qui faisaient tant de bruit autour de son silence. Il méprisait la renommée tout autant que l'estiment les hommes ordinaires ; il était descendu de sa chaire, entourée s'il en fut jamais, aussitôt qu'il n'avait eu rien de plus à dire ; et, sa dernière leçon accomplie, rien n'avait pu lui faire reprendre le cours de ses leçons, tant cela lui répugnait de répéter le lendemain ce qu'il avait dit la veille. Cet homme, tout caché qu'il s'est fait, était un des plus grands caractères de ce temps-ci ; son talent était immense, et, pour peu qu'il l'eût voulu, il aurait dominé cette époque par sa parole, tout autant que l'a fait M. Royer-Collard par son silence. Son caractère était honnête, sa probité sévère, son amitié sincère, son abnégation profonde. Après avoir brillé pendant deux ans, tout autant, dans cette Sorbonne ressuscitée, dont il connaissait tous les néants, il s'était retiré de l'arène philosophique sans avoir jamais songé à faire de ses opinions probables une espèce de dogme sans appel, comme cela est arrivé à tous les philosophes présents et passés. Cet homme, que vous avez déjà nommé, vous tous qui l'avez entouré d'amitié, de dévouement et de respect, c'est M. de La Romiguière.

Vous savez si c'était là un grand écrivain, un moraliste honnête, un ingénieux philosophe, un admirable élève de Condillac, qui n'avait jamais dû espérer un pareil élève. Il était arrivé au doute par tous les sentiers qui mènent à la croyance, et dans ce doute indulgent, il s'était renfermé sans ostentation, sans vanité, naïvement et simplement, comme il a fait toutes les choses de sa vie. Tel qu'il était, immobile et silencieux dans cette Sorbonne agitée de tant de passions diverses, M. de La Romiguière était pour tous, pour les élèves aussi bien que pour les maîtres, un utile, un admirable enseignement. Par sa résignation personnelle, il enseignait aux élèves la tolérance et la patience, qui sont les deux grandes conditions de la vie honorable; par la modestie de sa vie, il enseignait aux maîtres la loyauté, l'abnégation et le dévouement. Mais, hélas! pour les élèves comme pour les maîtres, ces nobles leçons ont eté perdues : les élèves ne les ont pas comprises, les maîtres ont refusé de les entendre, et M. de La Romiguière est mort, laissant après lui un livre admirable, sans un seul disciple qui fût digne, en effet, ou qui eût accepté la permission de remplacer ce maître illustre et charmant. Maintenant, que sont devenus les élèves des trois illustres professeurs de la Sorbonne, et que sont devenus les trois professeurs, M. Guizot, M. Villemain, M. Cousin? Les disciples se sont amusés à faire une révolution pour redevenir, tout de suite après, de bons bourgeois et de bons gardes nationaux, comme étaient leurs pères; les professeurs sont devenus députés d'abord, et les voyant députés, chacun espérait enfin rencontrer de grands orateurs. Certes, c'est là une attente que M. Guizot n'a pas trompée. Orateur politique, il l'a été autant qu'un homme de cette taille pouvait l'être et devait l'être dans les circonstances les plus difficiles. Toutes les espérances qu'il a données dans la chaire de l'historien, M. Guizot les a tenues à la tribune française; il a gouverné par la parole; il a sauvé la paix dont ne voulait pas M. Thiers! M. Villemain a été un peu plus lent que M. Guizot à devenir un orateur politique; il a hésité longtemps; il était comme un chanteur habile qui ne peut pas trouver le ton d'un nouveau morceau de l'opéra nouveau. A la fin cependant, M. Villemain a retrouvé sa verve, son éclat, son enthousiasme, son ironie : c'est la Chambre des Pairs qui a fait ce prodige. Quant à M. Cousin, une fois hors de sa chaire, il a prononcé à peine de confuses paroles, qu'on écoutait en souvenir de son éloquence passée. Mais encore une fois, combien M. Guizot a prouvé qu'il était né en effet pour les luttes sérieuses de la politique! Comme il a parlé tout d'un coup en membre absolu! et, en effet, quel talent et quel courage il a fallu rencontrer dans le professeur de la Sorbonne, pour tenir tête, comme il l'a fait, à M. Thiers, qui arrivait tout nouveau dans cette arène, qui n'avait prêté serment à aucune royauté; plébéien de génie, sorti, lui aussi, de cette poussière républicaine et féconde que lançait Caïus Gracchus en mourant!

Telle était la Sorbonne en 1825; elle était puissante, honorée, respectée, redoutable par la parole, redoutable par son silence. Elle était fière de ces trois hommes qui parlaient à merveille dans ses chaires nouvellement rétablies, pendant que dans les combles de l'édifice, sous son toit brûlant ou glacé, dans sa bibliothèque en désordre, elle avait M. de La Romiguière, dont l'affable ironie en disait plus que les longs discours. Ainsi furent déçues les espérances les plus certaines de la Restauration, ainsi furent déjoués ses plans les plus naturels. Elle s'était dit qu'elle élèverait autel contre autel, qu'elle opposerait la Sorbonne au collége de France, que, dans cette enceinte de la philosophie et des belles-lettres, si le collége de France représentait le côté gauche, la Sorbonne représenterait le côté droit.... Hélas! le côté gauche était partout pour cette monarchie mourante : *Omnia pontus erat*, comme dit Ovide en parlant du chaos.

Une des fêtes qu'amène l'été dans cette maison de Sorbonne, fête brillante de l'enfant qui va devenir un jeune homme, c'est la distribution des prix entre tous les colléges de Paris et de Versailles. C'est la belle heure de l'année pour les jeunes esprits impatients d'avenir. Vous dirai-je l'orgueil expansif des mères, l'animation des enfants, la sécurité solennelle des professeurs, le nombre et l'éclat des couronnes? A cette fête des princes de la jeunesse, retentissent applaudis tous les grands noms de Paris, dans la politique, dans la littérature et dans les arts, car les enfants de 1804 sont devenus, à leur tour, des pères de famille, et le fils rappelle glorieusement à la Sorbonne le nom et la gloire de son père. Mais quoi! nous voilà encore une fois bien loin de notre point de départ. A peine si nous pouvons faire un pas sans que l'aspect des monuments nous ramène au souvenir des hommes qui les ont bâtis ou des hommes qui en ont fait la renommée et la gloire. Au reste, c'est là un des charmes tout-puissants de cette ville si remplie de faits et d'idées, d'émotions et de souvenirs. Que d'histoires singulières, que de récits incroyables j'ai ramassés en courant çà et là un peu au hasard, comme cette ville a été faite! Rien qu'à raconter par quels hôtes ou plutôt par quels locataires le Panthéon parisien a été habité, on croirait assister au rêve d'un fou. Ce Panthéon avait été d'abord l'église de Sainte-Geneviève; on y conservait les os de la sainte, son souvenir, son culte; elle était invoquée dans toutes les misères qui arrivaient à son peuple. Le roi Louis XIII et le roi Louis XIV avaient placé tout le royaume sous l'invocation de cette fille des champs. Mais aux jours des tempêtes politiques, quand le roi eut été chassé de son trône et Dieu de son temple, l'église de Sainte-Geneviève

devint le Panthéon : là devaient être portés en triomphe les plus grands hommes et les plus utiles. Le premier qu'on y porta, ce fut Mirabeau l'orateur, Mirabeau qui revenait sur les traces brûlantes de sa parole quand il mourut, empoisonné, dit-on, par ces révolutionnaires pour lesquels son génie et son repentir eussent été un obstacle; empoisonné aujourd'hui, au Panthéon le lendemain; moins qu'un homme, plus qu'un dieu. Cet homme, qui est un des plus rares problèmes de l'humanité, avait traversé, même de son vivant, toutes les fortunes. Il était arrivé tout d'un coup aux affaires les plus hautes, après avoir usé sa jeunesse inutile dans les cachots et dans les forteresses; prisonnier au château de Vincennes pendant dix ans, il avait vu la reine de France prosternée à ses pieds, et lui demandant à genoux le salut d'une monarchie qui comptait tant de siècles; telle a été la vie agitée de cet homme, qui n'a trouvé de repos nulle part, non, pas même dans la mort. Le second hôte du Panthéon s'appelait Michel Lepelletier, un de ces hommes dont le nom ne rappelle plus ni une idée ni une passion, de ces gens que l'on tue par accident et sans songer à mal, comme fit le garde-du-corps *Pâris* quand il rencontra ce renégat de la cause royale. Dans ces temps de désordres, les plus grands crimes sont dans l'air, on les regarde passer comme on regarde tomber la pluie. Comme on portait Lepelletier au Panthéon, Mirabeau en fut tiré de vive force. La patrie ne le trouva plus digne de cet honneur suprême qu'il n'avait pas demandé, et, pour le châtier, on l'envoya dormir dans l'église de Saint-Étienne-du-Mont, à côté de Pierre Perrault, d'Eustache Lesueur, de Blaise Pascal, de Racine, de Tournefort, non loin d'un homme qui a été le père et l'honneur de la critique française, l'ennemi passionné et savant que Voltaire n'a jamais pu dompter, le grand critique Fréron.

Certes, il était temps que Mirabeau quittât ce Panthéon abominable, car Marat, l'affreuse bête féroce, le tigre stupide abreuvé de sang, ce fabuleux misérable qui a souillé même la boue dans laquelle la populace l'a traîné, Marat allait être porté au Panthéon. Le Panthéon, l'autel de Sainte-Geneviève accordé à ce monstre! C'était vous qu'il y fallait mettre, sainte Charlotte Corday, vierge austère et dévouée, âme courageuse, vengeance divine! Au Panthéon était Châlier, digne de Marat; et enfin on y transporta dans une pompe théâtrale, à l'aide des comparses de l'Opéra et par une pluie battante, le corps de J.-J. Rousseau et le corps de Voltaire, deux génies malheureux dont les cendres devenaient ainsi un frivole jouet entre les mains de la multitude. Vanité de la gloire! popularité fausse et cruelle! A peine avait-il placé là ses grands hommes d'un jour, le peuple venait les reprendre pour les précipiter dans l'égout. Fi donc! fi de cette gloire souillée! Mieux vaut rester obscur toute sa vie, mieux vaut rester couché dans quelque paisible cimetière de village, sous une croix de bois où vos enfants viennent prier Dieu! Malheur aux morts dont le cercueil devient ainsi le jouet des tempêtes politiques — *ludibria ventis!*

Et aussi, malheur aux nations qui ne respectent même pas les tombeaux de leurs morts, les siècles évanouis, les grands hommes qui ont préparé l'avenir par leur courage, par leur science, par leur génie! Honte et malheur à ces peuples ingrats qui arrachent à leurs ancêtres les derniers lambeaux de leur linceul! Saint-Denis,

la cité des morts royales, le dernier asile de ces majestés vaincues! jusqu'à ces voûtes sacrées, le roi de France *Philippe le Hardi* avait porté sur ses épaules les ossements du roi Louis IX, ce saint roi qui est au ciel. Renversée une première fois, l'église avait été rebâtie par sainte Geneviève, achevée par le roi Dagobert, protégée par l'abbé Suger, ce sage politique d'un si calme génie. La sainte basilique reconnaît pour ses féaux et bien-aimés fondateurs le roi Pépin et son fils Charlemagne, qui l'offrit lui-même à Dieu tout-puissant en l'an 775; si bien que pas un des grands noms de l'histoire de France n'était absent de ces nobles pierres. L'art gothique n'a rien rêvé de plus parfait et de plus magnifique. Jamais voûte plus haute n'avait abrité des tombes plus royales. Le premier des rois de France qui y voulut reposer pour toujours, ce fut Dagobert. Une partie de la race de Pépin y fut longtemps ensevelie; lui-même, le roi Pépin, y dormait du sommeil éternel à côté de la reine Berthe, sa femme, et non loin de Louis et Carloman, les fils de Louis le Bègue. Sur le même cénotaphe, dans l'attitude de la prière et du recueillement, vous pouviez voir agenouillés Clovis II et Charles Martel, deux statues de pierre. On avait représenté dans le marbre Isabelle d'Aragon, Philippe le Hardi, son mari, et leur terrible fils Philippe le Bel, le vainqueur des Normands, qui, plus d'une fois, avaient poussé leurs insolents ravages jusqu'à l'abbaye de Saint-Denis.

Dites-vous tous les noms de l'antique histoire; à force de soins et de respect, tous ces noms-là, vous les retrouverez à demi effacés par les révolutions, sur quelqu'une de ces vieilles pierres qui suintent encore sous l'agonie des rois : Eudes, Hugues Capet, Robert, Constance d'Arles, Constance de Castille, la seconde femme de Louis le Jeune, dont la première femme, répudiée, a fourni tant d'ennemis à la France et tant de rois à l'Angleterre. Saluez avec respect Louis le Gros, qui a affranchi les communes, Louis X le Hutin, et la femme de saint Louis, Marguerite de Provence. Mais, cependant, vous plaît-il de les invoquer tous, comme dans un songe funèbre, ces rois et ces reines de l'histoire? Hermintrude, Jeanne d'Évreux, Charles VIII, Philippe le Long, Charles le Bel, Jeanne de Bourgogne, Philippe de Valois, et le comte de Paris, Hugues le Grand, l'ami des Normands, et Charles le Chauve, le seul qui ait été empereur parmi tous ces rois,—sceptres brisés, couronnes brisées, cendres jetées aux vents! — Qui encore dans cette liste funèbre? Philippe, comte de Boulogne; Marie de Brabant, sa fille; Jean Tristan, comte de Nevers; Charles V et Jeanne de Bourbon, Charles VI et Isabeau de Bavière (réunis dans la mort), Charles VII et Marie d'Anjou; des femmes, des enfants, des vieillards, des rois qui ont passé, des rois qui ont vécu; et parmi ces poussières royales, quelques grands hommes portés là pour avoir sauvé la France : Bertrand Duguesclin, par exemple, *noble messire Bertrand Duguesclin, comte de Longueville et connétable de France, qui trespassa à Chastelneuf de Randon en Juvaudan, en la sénéchaussée de Beaucaire, le XIII*e *jour de juillet M. CCC. IIII. Priez pour lui*. Là aussi était enterré Louis XII, le père du peuple, dans ces temps malheureux où le peuple ne savait que souffrir et mourir. Là, dans son magnifique mausolée, chef-d'œuvre de l'art au seizième siècle, reposait François Ier, aussi magnifique après sa mort qu'il l'avait été durant sa vie. Tous les tombeaux de ces Valois se tenaient, comme par un pressentiment des révolutions à venir : Henri II, Catherine de Médicis, et leurs huit enfants, huit enfants pour ne pas laisser de postérité sur le trône de France! Reconnaissez Henri II, le galant, qui forme le collier d'or du Saint-Esprit avec le chiffre de sa maîtresse; reconnaissez-le à la richesse de son sarcophage. Certes, Philibert Delorme avait passé sur ces tombeaux pour les protéger de son génie. Venaient ensuite, car ils étaient étiquetés race par race, les tombeaux de la maison de Bourbon, *qui n'avait pas son égale sous le soleil;* depuis Louis XII jusqu'au roi Henri IV seulement, cela faisait trente-un cadavres! — Sans compter Louis XIII, qui attendit si longtemps sur la dalle froide son fils Louis XIV; sans compter Louis XIV, qui attendit si longtemps son petit-fils le roi Louis XV. Celui-là aussi il attendait. Un jour, on vint enfin; celui qui arrivait, ce n'était pas le fossoyeur, c'était le peuple. La pierre du tombeau royal fut brisée, non pas levée, et le roi enterré là fut jeté aux gémonies avec tous les autres rois de toutes les autres races, les innocents et les coupables,

les pères du peuple et les tyrans, les enfants et les femmes et les soldats, et même le *bon Henri*, et même M. de Turenne, que le peuple ne traita guère avec plus de respect que Saint-Mégrin lui-même, dont les ossements sentaient encore le musc et l'ambre avec lesquels le favori s'était imprégné durant sa vie. Cendres jetées aux vents! majestés insultées dans la mort! tombes profanées! même les ossements de leurs saints, les reliquaires, le clou du Christ attaché à la croix, les cheveux de la Vierge, la couronne, le sceptre et la main de justice de Henri le Grand, la coupe de l'abbé Suger, l'aigle d'or du roi Dagobert, la couronne du roi Louis XIII et la couronne d'Anne d'Autriche; et la tête de saint Denis, martyr, la même tête qu'il avait portée jusqu'en ce lieu, de ses deux mains! — O profanation! le manteau de saint Louis, le manteau encore tout chargé de la cendre qui servit de lit funèbre à ce grand roi, et sa main de justice qui lui servait d'appui sous le chêne de Vincennes, et la couronne du sacre de Louis le Grand, et les riches manuscrits sur vélin, et la croix d'or de Charles le Chauve, et le siége sur lequel s'est assis Charlemagne, et sa couronne, et son sceptre, et son épée, et ses éperons, — la couronne si fragile de Henriette d'Angleterre, — l'habit du sacre de Louis XIV : toutes ces reliques saintes et profanes, toutes ces merveilles ont disparu, jetées, par les mêmes colères insensées, aux mêmes vents et aux mêmes tempêtes abominables d'une révolution!

On m'a raconté, à ce propos, une anecdote qui ne peut se raconter qu'en France et qui n'est croyable qu'à Paris. Dans l'immense dilapidation de l'église et de l'abbaye de Saint-Denis, ce que regrettaient le plus les fidèles, c'était un morceau de la vraie croix de la longueur d'un pied. Pour cette relique respectée entre toutes, les rois et les peuples du Moyen-Age se seraient fait tuer jusqu'au dernier. L'empereur d'Orient, Baudouin, en avait fait présent au roi de France Philippe-Auguste, qui lui-même l'avait offerte à l'église de Saint-Denis, royalement encadrée dans une croix d'or ornée de saphirs, d'émeraudes, de perles orientales. En 1793, la croix d'or fut vendue, les perles furent volées, les émeraudes furent données par messieurs les égorgeurs à mesdames les tricoteuses ; la croix de bois fut jetée dans la rue, un chrétien la ramassa et lui donna asile dans un coin de sa maison ; puis le chrétien mourut sans parler de la sainte relique, et enfin, à la révolution de Juillet, la sainte relique fut retrouvée par un nouveau miracle. Certes, elle était authentique et sainte ; elle était encore enveloppée dans la lettre de l'empereur Baudouin et dans la lettre de Philippe-Auguste, et dans l'attestation du pape Clément VIII... Voilà le propriétaire de ce morceau de la vraie croix bien embarrassé de sa fortune ; c'était un homme de plaisirs et de fêtes, quelque peu voltairien, par pure paresse et sans parti pris ; c'était un de ces bons vivants au jour le jour, qui rient de tout, et qui ne voudraient pas interrompre un déjeuner, même pour voir passer dans la rue une révolution nouvelle. Cependant l'authenticité de sa trouvaille était si complète, les preuves si éclatantes, tant d'admirations et de louanges s'étaient prosternées devant ce bois sauveur, que notre épicurien se sentit au fond de l'âme je ne sais quel respect inaccoutumé. De tous les miracles que le morceau de la croix sainte avait pu opérer, celui-là ne fut pas le moins grand ; car, pour tout dire, voilà notre homme tout rempli de componction ; la grâce parlait dans son cœur ; même ce jour-là il avait oublié sa petite orgie matinale, il avait mis du linge blanc, il avait brossé son habit, et d'un pied timide, rasant la muraille, la tête basse, de peur d'être reconnu, il s'était glissé chez monseigneur l'archevêque de Paris, disant qu'il apportait à *monsieur l'évêque* le morceau de la vraie croix qui avait été envoyé par l'empereur Baudouin au roi *Philippe le Bel.* Vous jugez de l'étonnement, quand les sacristains de monseigneur entendirent ce bon apôtre qui parlait, de ce ton assuré, d'une merveille inestimable entre toutes les merveilles catholiques ! A vrai dire, notre homme ne devait guère inspirer de confiance : il était plutôt un bel esprit d'estaminet qu'un honnête clerc de sacristie, il sentait plutôt le tabac que l'encens; il était loin d'avoir ce regard ingénu, cette démarche modeste, ce sourire de componction et tous ces signes d'édification extérieure auxquels se reconnaissent les personnes dévotes; bref, il fut reçu fort mal dans cette sainte maison mise au pillage; on ne voulut pas l'introduire auprès de l'archevêque, en un mot, on le mit à la porte! Belle récompense de ce beau dévouement qui l'avait poussé là! Aussi sa fureur fut grande d'abord, et d'autant plus grande, qu'il ne pouvait se plaindre à personne; car le moyen d'aller dire : « Je reviens de chez monseigneur l'archevêque de Paris à qui je rapportais un morceau de la vraie croix, et l'archevêque de Paris m'a fait mettre à la porte, moi et ma relique! » Notre homme était donc plein de dépit et de colère; il maugréait tout bas en lui-même; il se reprochait sa bonne action comme un grand crime. Cependant, pour se consoler, il se mit à boire et à chanter; mais le vin était amer, la chanson joyeuse expirait sur ses lèvres; il voulait rire, le rire s'arrêtait dans un frisson! O malheur! il voulut blasphémer, il resta éperdu dans son propre blasphème : la sainte influence de la croix pesait sur cet homme. Soyez sûr qu'il en serait mort, si ce n'était pas là en effet, malgré tous ses désordres, une âme honnête, bienveillante, charitable surtout.

A la fin, comme obsédé par le fardeau qui était en lui, il courut à l'église Notre-Dame de Paris : il voulait, sans qu'on le vît, déposer sur l'autel la sainte relique; peut-être même, à la faveur des ténèbres, eût-il cherché à se rappeler le *Pater noster*, la prière que la mère enseigne à l'enfant; mais, dans ces jours d'émeute, l'église de Notre-Dame de Paris était fermée. « Voilà, dit-il, ce qui s'appelle jouer de malheur! Jean-Jacques Rousseau, quand il eut achevé ce livre rempli d'ordures et de licences qu'il appelle ses *Confessions*, trouva le moyen de déposer sur l'autel de la Vierge cet affreux cahier; et moi, je ne puis pas déposer sur l'autel de Notre-Dame ce morceau de la croix sur laquelle est mort son fils! »

Ainsi il revint sur ses pas, fortement préoccupé de tant d'accidents; il n'était plus guère maître de son émotion et de sa terreur..... Il passait alors sur le boulevard et devant le théâtre de la Porte-Saint-Martin; en ce temps-là, le bon peuple de France avait poussé jusqu'à la rage sa passion frénétique pour les gros drames pleins de sang, de cercueils et d'incestes; justement le soir dont je parle, le théâtre de la Porte-Saint-Martin représentait je ne sais plus quelle tragédie lascive en l'honneur des bâtards. Notre homme, très-aimé dans toute la bohême comique, pénètre dans l'enceinte réservée aux comédiens. Il arrive sur le théâtre dans un entr'acte : comédiens en costume, comédiennes à demi vêtues étaient à leur poste. On causait, on riait, on se préparait à la catastrophe funèbre. Cependant l'air effaré de notre héros, son œil hagard, l'épouvante de sa figure, le tressaillement de tous ses membres, ses cheveux hérissés, son habit propre, son visage net et bien lavé, toutes ces choses étranges attirèrent l'attention des comédiens et des comédiennes. — On l'entoure, on le presse, on le questionne. « Qu'y a-t-il? qu'as-tu vu? que veux-tu? d'où viens-tu? » Lui alors, dans ce bruit, dans cette fête, dans ces clartés, dans ce palais de toile peinte, pressé par ces épaules nues, il raconte, d'une voix tremblante encore, l'histoire de la relique sainte, — comment il est sûr, par des preuves authentiques, qu'en effet ce bois taché du sang divin a traversé tant de siècles, comment il l'a rapporté lui-même, ce matin, et dans un pieux recueillement, à l'archevêque de Paris qui n'a pas cru à tant de bonheur, comment, depuis ce temps, il ne sait plus ce qui se passe dans son âme, dans son esprit, dans son cœur; disant cela il étouffait; il ne parlait pas, il était en délire. On l'écoutait comme il parlait, avec une attention soutenue. En vain, derrière la toile, le public impatienté demandait la fin du drame commencé, pas un de ces comédiens ne se souvenait de son rôle, tant ils étaient émus, attentifs, curieux, croyants! Or, à la fin, notre homme tirant le poignard du tyran de mélodrame, du Borgia ou de l'Antony, je ne sais lequel : « Qui veut de la vraie croix? » s'écrie-t-il. Alors, ô miracle! vous eussiez vu tous ces hommes et toutes ces femmes de théâtre tomber à genoux et tendre leur main blanchie, en silence, en respect, en adorant! Tout le morceau de la vraie croix fut distribué dans un partage égal. Quelle joie sainte! on pleurait! Les uns portaient la sainte relique à leurs lèvres, les autres la plaçaient sur leur cœur. Jamais adoration ne fut plus complète, plus naïve, plus sincère. Mais enfin le public, impatienté de ce retard inaccoutumé, menaçait de tout briser dans la salle..... Il fallut bien lever la toile; et alors ces mêmes comédiens qui tout à l'heure avaient obéi à l'idée chrétienne, redevinrent, celui-ci le tyran qui tue et qui égorge, celle-là l'empoisonneuse qui s'abandonne à l'inceste, cette autre la fille lascive, tous enfin les bandits sans foi et sans loi, tels que les fait le drame moderne depuis sept heures du soir jusqu'à minuit.

Cependant, lorsque vous aurez visité les tombeaux de Saint-Denis, lorsque vous aurez salué le dernier Condé dans sa bière, et franchi le vaste espace que la flèche mortuaire occupe dans le ciel, n'oubliez pas de découvrir un beau petit endroit dont le Parisien sait le chemin, de façon à s'y rendre les yeux fermés. Cet endroit de fête et de plaisir, c'est l'île Saint-Denis. Une véritable batelière en chapeau de paille vient vous prendre dans sa barque, et pour peu que le voyage vous plaise, vous ferez le tour de l'île, toute chargée de maisons blanches et de verdure. A coup sûr, chacune de ces petites maisons est habitée par un pêcheur. Le plus grand fabricant de filets, d'éperviers, de lignes, de toutes sortes d'engins pour la pêche, habite l'île Saint-Denis. Sur cette eau qui est belle et profonde, un digne homme s'est retiré dans une barque qui lui sert d'habitation toute l'année; figurez-vous une maison flottante. La maison monte avec l'hiver; l'été venu, elle descend au niveau de la prairie. Une longue ceinture de peupliers entoure cette île de sa verdure agitée. Ce ne sont que chansons, fêtes joyeuses, rendez-vous d'amour, des gaietés à n'en pas finir. Une fois dans l'île Saint-Denis, liberté entière. Personne ne reconnaît plus personne. C'est un terrain neutre; chacun est chez soi. Le fils ne reconnaît pas son père; le père détourne les yeux pour ne pas voir monsieur son fils. Que de maris qui n'ont pas reconnu leurs femmes! Mais aussi que de gens qui ne se reconnaissent plus, une fois qu'ils ont quitté l'île Saint-Denis!

Ainsi, toujours et partout nous retrouvons les mêmes contrastes. Des fleurs sur des ruines; des arbres dans les lieux les plus sombres; la campagne riante non loin des plus tristes côtés de la ville; Sainte-Geneviève au Panthéon; la plus fraîche et la plus heureuse jeunesse dans les vieux murs de la Sorbonne; le *Prado* à côté de la *Sainte-Chapelle;* et non loin de la tombe insultée de tant de rois, les cris joyeux, les danses profanes, la matelotte odorante de l'île Saint-Denis; c'est toujours ce que je vous disais en commençant ce chapitre : *le Paris blanc, le Paris noir!*

Eugene Lami.

Scène au Château

Imp. Bertauts.

Paris.

CHAPITRE IV

LE DIX-HUITIÈME SIÈCLE

Il me semble que me voilà bien loin du lieu où nous étions tout à l'heure, bien loin de la Sorbonne, où nous avons entendu parler ces trois orateurs célèbres; il me semble même qu'avant de nous rendre sous les voûtes de Saint-Denis, nous nous étions arrêtés à la porte d'un salon public aussi fameux dans l'histoire littéraire que l'Académie Française.

En effet, nous étions sur le seuil de ce café aujourd'hui calme, silencieux, ennuyé comme tous les cafés de Paris, le *Café Procope*. Quels changements! La grande salle est à peu près déserte; deux disciples d'Hippocrate jouent aux dominos d'un air plus imposant que s'il s'agissait des destinées d'un empire. Amoncelés sur une table, gisent sans honneur tous les journaux de la semaine; la bave et le miel, la morsure et la caresse, le patois des halles et la plus belle langue française, l'art et le goût pêle-mêle avec le scandale et la calomnie : voilà cette œuvre de ténèbres et de lumières. C'est un pandémonium dont le danger est passé à midi, par la seule raison que le danger recommencera demain. Pourtant ce lieu si calme, ce salon désert, ces tables occupées autour desquelles rien ne s'agite, tout ce silence, c'est le café Procope, c'est l'endroit de cette ville immense dans lequel la causerie française a jeté ses plus vives impatiences, ses plus dangereuses ardeurs, tous ses plaidoyers, tous ses paradoxes, tous ses scandales, toutes ses résistances, toutes ses oppositions. Au café Procope, ils venaient tous comme à un rendez-vous commun d'esprit, d'éloquence et de causerie, ces hommes qui, en se jouant, ont renversé une religion et une monarchie : Voltaire, Piron, Diderot, d'Alembert, le baron d'Holbach, le baron de Grimm, le hardi et intrépide Gilbert, J.-B. Rousseau, qui s'est fait exécrer pour d'exécrables couplets, et quelquefois J.-J. Rousseau lui-même, quand, surmontant sa timidité naturelle, il se hasardait à affronter la verve, l'esprit et la raillerie de ces bonnes âmes. C'était un bruit à ne pas s'entendre, c'étaient des utopies à perte de vue. On parlait de tout et de beaucoup d'autres choses. Les uns proclamaient la liberté, l'égalité, le droit naturel ; les autres défendaient à outrance les choses établies, ils repoussaient de toutes leurs forces cette Révolution qui s'avançait. Inutiles efforts ! la Révolution devait être la plus forte, elle devait entraîner avec elle tous ces hommes, les vaincus et les vainqueurs, les faibles et les forts, les esprits avancés, les esprits en retard. De tout l'esprit dépensé au café Procope, de l'abondance éloquente de Diderot qui se répandait à flots pressés dans ces quatre murailles, que reste-t-il ? Un verre d'eau sucrée, une table de marbre, un jeu de dominos !

Pourtant, de ce café Procope, où rien ne sort à cette heure que des bacheliers en droit et des docteurs en médecine, est sorti, tout armé de verve et d'égoïsme, le personnage le plus étrange, le plus curieux et le plus significatif qu'ait jamais produit le dix-huitième siècle tout entier. Tous les hommes de cette singulière époque seraient perdus, ils seraient tous morts à l'hôpital comme Gilbert, dans les cachots comme Condorcet, sur l'échafaud comme Bailly, dans les bras des comédiennes comme Dorat, au Panthéon comme Mirabeau, qu'ils seraient remplacés par l'homme dont je parle, et qui a nom *le neveu de Rameau*; neveu de Rameau, bâtard de Diderot, volé par Goethe le poëte, ramené violemment à Paris, où depuis il a changé de nom. Il s'appelait Robert-Macaire avant-hier; on ne dit pas encore comment il s'appelle aujourd'hui.

Vous expliquer ce que c'est que *le neveu de Rameau*, j'aurais peine. C'est ceci, c'est cela, c'est tout ce que vous voudrez; c'est peut-être le développement de ce paradoxe moral dont la vérité est chaque jour plus démontrée, à savoir : *que le plus sûr des moyens de parvenir, c'est la vertu!* Peut-être Diderot n'a-t-il voulu, dans cette bizarre peinture, que représenter toute son époque telle qu'elle était, l'homme de son siècle, tel qu'il l'a vu, si voisin du beau, si près de la nature, si passionné pour le vrai, si amoureux de la vertu dans les autres, et pour lui-même si faux, si froid, si immoral, si chancelant du bien au mal, si égoïste par-dessus tout; j'ai bien peur, en effet, que ce ne soit là tout le *neveu de Rameau*.

Quoi qu'il en soit, le neveu de Rameau est un des êtres les plus étranges qui soient sortis du cerveau d'un penseur et de l'officine du café Procope. Vous avez rarement rencontré un homme comme Rameau le neveu. Rameau est d'une solide constitution, d'une imagination extraordinaire, d'une force de poumons peu commune. Il n'est jamais aujourd'hui l'homme que vous avez vu la veille : tour à tour maigre et défait comme un trappiste, frais et potelé comme un bernardin; en dentelles ou tout nu, mais en aucun temps jamais sûr de son gîte; couchant à la belle étoile, en été comme en hiver, dans l'écurie de M. de Soubise, à côté de l'abbé Robbé : voilà l'homme. Au premier abord, cet homme fait peur.

Pour le moral, il est impossible d'y rien comprendre. La grande vérité et le grand paradoxe de ce malheureux, c'est, avant tout, le pain et l'habit de chaque jour. — Allons, Rameau, il faut vivre, il faut manger, il faut avoir un lit, un habit, des maîtresses. Allons, Rameau, tu n'as pas de génie : flatte et rampe; sois menteur, sois vil; à plat ventre, Rameau, à plat ventre! Et le voilà qui se courbe, qui se baisse, les mains jointes, prosterné, ventre à terre, le front dans la poussière du chemin. Baise la pantoufle de mademoiselle Hus, Rameau! Dis-lui qu'elle est plus belle que la Dangeville. Mets-toi au parterre quand elle joue, et applaudis-la à outrance, toi, homme de goût! Tu es fait pour parvenir à tout, Rameau; tu es extravagant, ignorant, sans pudeur, envieux, gourmand, fourbe, flatteur surtout! Malheureusement, tu n'as pas d'ambition; tu ne veux que dîner; tu dîneras demain!

Cela dit, Rameau flatte et rampe; il est chéri de mademoiselle Hus et de son amant; il est leur petit Rameau, leur aimable Rameau, leur Rameau le fou, l'effronté, l'ignorant, le paresseux, le gourmand, le railleur, le grand animal; il a tout ce qu'il veut, embrassades, sourires, petits coups sur l'épaule, petits soufflets, coups de pied au derrière; à table, on lui jette de bons morceaux; après dîner, il ne se gêne pas, et personne ne se gêne avec lui. O Rameau, que tu es heureux!

Ainsi est fait ce mendiant d'esprit et de génie. Il s'est donné plus de peine pour être vil qu'il n'en serait besoin pour être honnête. Il a plié son dos, il a courbé son échine, il a usé ses genoux, il a fait taire cette voix qui lui disait à l'intérieur : Tu peux être bon à quelque chose, Rameau... Tel est le Rameau visible, palpable, affamé. Quant à l'homme moral intérieur, on ne saurait dire par quel hasard Rameau y a prévu; toujours est-il que pour être quelque chose, il a imploré la permission des beaux-arts; il s'est fait musicien, il s'est fait l'esclave d'un violon et d'un archet; il a assoupli ses tendons aussi durs que de vieilles cordes à boyau; ses doigts ne pouvaient pas agir, mais il les a tellement pincés, tourmentés, cassés, qu'ils marchent à présent à faire plaisir. Et en preuve, regardez-le, s'il vous plaît, au clavecin, les yeux fixes, les genoux pliés, l'œil hagard; ses doigts voltigent, sa main va comme le vent; il joue en maître avec les dissonnances, avec les quintes superflues. Courage, le voilà tout en eau! Qu'il a bien accompli toute la loi de son être! qu'il a bien atteint le double but qu'il s'était proposé! qu'il est parfaitement vil et parfait musicien!

Ainsi va Rameau, çà et là, terre à terre ou dans le ciel; pas de milieu entre le mendiant et le grand artiste, entre l'homme sublime et le polisson, comme il est dit dans J.-J. Rousseau quelque part.

Voulez-vous savoir quelques-unes des doctrines littéraires de Rameau? Rien de plus simple. Par exemple, on lui parle de Racine:

« Un sort obscur eût été plus doux pour Racine, s'écrie Rameau en levant les yeux au ciel.

— Et pourquoi donc, Rameau?

— Parce que toutes les belles choses que Racine a faites ne lui ont pas rapporté vingt mille francs, au lieu que s'il eût été marchand de soie, épicier en gros, apothicaire, il aurait eu de l'or.

— Que pensez-vous de la comédie, Rameau?

— J'aime Molière. Quand je vois *l'Avare* et *le Tartufe*, je me dis: Bon, voilà comme je veux être hypocrite, voilà comment je veux garder mon or; puis j'ajoute ou je retranche, je refais le personnage, et en quelques instants je compose un hypocrite accompli, un harpagon sans défauts, un digne avare. Voilà comment je comprends la comédie et ses enseignements. »

Un autre jour il disait à un philosophe de sa trempe et de ses amis : « Si j'étais éloquent, si je pouvais seulement m'exprimer comme vous, comme je ferais bien le mensonge! Si je savais composer un livre, tourner une dédicace, enivrer, par mes éloges, un fou de sa raison, un ignorant de sa science, et me faire ouvrir ainsi les portes des belles et des gens de la cour, que je serais heureux ! »

Ainsi parle l'envieux Rameau. Rameau regrette de n'être pas Voltaire. S'il eût été Voltaire, il eût été plus riche même que M. de Voltaire, qui pourtant l'était déjà trop.

De l'or! ne prononcez pas ce mot-là devant Rameau, tant Rameau sait le prix de l'or. Donnez-lui de l'or, il aura des habits, il aura du vin, il aura de la viande, il aura des flatteurs, il aura des laquais, des convives, des poëtes, des petits abbés à sa table; il crachera au nez de l'espèce humaine comme fait Hamlet. Quand Rameau sera riche, il aura un fou pour le divertir, il pourra payer un Rameau pour lui tout seul. Allons, piqueurs d'assiette, qu'on m'amuse! et l'on m'amusera; qu'on déchire les honnêtes gens, et on les déchirera, s'il en reste. Nous boirons, nous nous tutoierons quand nous serons ivres, nous nous livrerons à tous les genres de dépravation. « Quant à la musique, nous en ferons aussi et de la bonne. » Car voilà justement ce qui sauve ce monsieur Rameau des galères et de la corde : c'est que le grand musicien se montre toujours sous le vil bouffon. Toujours l'art enthousiaste et éloquent vous vient reposer de ces rêves furibonds de débauche et d'ivrognerie. En tout ceci, le poëte et ses éclairs de poésie, le musicien et ses folles bouffées d'harmonie, le philosophe et ses actes inattendus de sagesse et de bon sens, rendent supportables toutes les vilenies dont cet homme se vante, se faisant plus honteux qu'il ne l'est en effet. A cause même de leur admiration pour ce qui est beau, on pardonne à ces ivrognes de génie cette rage insatiable pour le vin, pour la débauche, pour le fromage, le tabac, l'eau-de-vie, le punch enflammé, pour toutes les laides passions de la tête et des sens.

Encore une fois, donnez de l'or à Rameau, il fera tout pour avoir de l'or; il chantera dans les rues, il racontera son histoire dans les carrefours, il débauchera la fille de son voisin, il vendra sa propre femme; sa femme, gaie comme un pinson, aux belles hanches, à la voix fraîche; « un gosier de rossignol dans le « haut, un gosier de caille amoureuse dans le bas. Courage, « Madame, lui disait-il, faites qu'on vous admire; développez « vos talents et vos grâces, séduisez, ravissez! »

« Je la menais aux Tuileries, au Palais-Royal, au boulevard Saint-Martin; quand elle passait avec ses cheveux épars, sa camisole de nuit, on s'arrêtait pour la regarder. Le soir, elle écrasait les diamants et les perles d'emprunt qu'elle portait à son cou. Tôt ou tard, elle aurait fait la conquête d'un prince, peut-être d'un roi, qui sait? »

Mais elle est morte, la pauvre femme! cette femme si dévouée à son époux! plus d'espoir pour toi, pauvre Rameau!

Depuis ce temps, il a toujours porté des jarretières noires en signe de deuil : il aimait tant sa femme! Pourquoi ton fils n'est-il pas aussi bien une fille, Rameau!

Et tout de suite Rameau se met à élever son fils. Pour commencer l'éducation, prêtez une pièce d'or à Rameau; vous verrez quelle belle éducation. D'abord il montre la pièce d'or à cet aimable enfant, il se met à genoux devant cette pièce d'or, il la baise avec respect, il la met dans sa poche, il se pavane, il fait le fier; il achète des habits, des jouets, des bonbons. C'est ainsi qu'il enseignera à l'héritier de son nom et de ses vertus, que l'or est tout, et que le reste, sans or, n'est rien. Ce sera là un enfant bien élevé!

Tel est Rameau, tel est l'homme de tous les jours, tel est l'homme médiocre, l'homme envieux, l'homme incapable de bien, le pauvre diable qui meurt de faim, dont la faim étourdit toutes les autres passions. Reste la part de l'artiste; alors seulement nous nous relevons de plus belle et nous redevenons mieux qu'un homme, un artiste inspiré! Aussitôt que la faim est absente, soudain l'éclair reparaît dans le regard de ce malheureux martyr de la pauvreté; l'idée revient, l'amour aussi, et avec l'amour tous les beaux et chaleureux sentiments du cœur de l'homme. Tout à l'heure, vous aviez sous les yeux un reptile; maintenant, regardez, vous avez un poëte. Soudain l'homme a redressé la tête; il a secoué la poussière de son front, la paille de ses cheveux; — il écoute, il prête l'oreille! Il aura entendu dans l'air quelque harmonie divine qui l'aura enlevé aux abjections de la terre. Tout à l'heure, il était plus bas que les chevaux de M. de Soubise; laissez-le faire, il va se placer à côté de Gilbert, ce grand poëte qu'attend l'hôpital. Et maintenant, entendez-vous chanter notre grand musicien? Il chante un bel air de Jomelli, mais il le chante d'une voix éloquente, passionnée, convaincue. Où donc a-t-il pris, ce pauvre diable, tant de pitié, tant d'éloquence, tant de douleur? Quel changement inouï, quelle incroyable métamorphose! C'est bien là l'homme de Bossuet : un ver — un dieu!

Pauvre Rameau! qu'est-il devenu? qu'en a-t-on fait? dans quelles misères est-il tombé? à quelle fortune s'est-il élevé? Sa misère a-t-elle été plus puissante que son génie? son génie a-t-il été plus fort que sa misère? Il y avait en lui du Rossini et du Diogène. — Vil haillon attaché au lambeau de pourpre; — rêveur qui a faim, — poëte logé à la belle étoile; — vagabond qui n'a pas d'autre repos que la vaste auberge dont l'enseigne flottante porte écrit en caractères effacés par l'eau du ciel et le blasphème des hommes : *A la grâce de Dieu!*

J'ai aussi parcouru, non pas sans émotion, toute l'île Saint-Louis, un quartier perdu, une ville oubliée dans la ville. Quel silence après tant de bruit! quelle misère après tant de splendeur! A la pointe de l'île s'élevait, dédaigneux et superbe, l'hôtel Lambert. Les plafonds étaient chargés des plus rares merveilles, les murailles étaient couvertes des plus nobles peintures. Le palais Farnèze, œuvre des Carrache, n'est pas plus splendide et plus magnifique. Tous les grands artistes du grand siècle s'étaient fait un honneur, un devoir, d'embellir cette riche demeure... O profanation! la galerie de Lebrun, elle est devenue un entrepôt de lits militaires; ces riches cabinets, où se retrouvent les plus merveilleux vestiges du génie de Lesueur; ces vastes salons, le cabinet de *l'Amour*, le cabinet des *Muses*, œuvres galantes de Herman van Swanevelt; ces chambres magnifiques, par François Périer, Joseph Romanelli, Patel; ce réfectoire sans fin où toute la ville venait dîner, où tout ce qui était jeune et beau, spirituel et puissant et riche, était le bienvenu; ce rendez-vous de l'art, du goût, du génie, de l'imagination, qui fait quelque chose de rien; cette demeure élégante achetée par Voltaire, que Voltaire n'a pas habitée, par laquelle a passé J.-J. Rousseau quand l'hôtel Lambert appartenait à M. Dupin le fermier-général; cette *galerie d'Hercule*, dans laquelle Napoléon a tenu son dernier conseil pendant les Cent-Jours, ce n'est plus qu'une ruine ouverte à tous les vents. Singulier Paris, singulière misère, société étrange! Quels hommes! ils s'en vont çà et là ramassant les moindres chiffons des temps qui ne sont plus; ils achètent au poids de l'or les meubles vermoulus, les fragments des porcelaines brisées; les moindres débris de ces licences et de ces grandeurs, la moindre toile de Watteau, de Lancret, de quelque barbouilleur du dernier siècle, les amateurs se l'arrachent avec fureur; mais s'il s'agit de sauver une admirable galerie signée par les noms les plus sérieux et les plus illustres dans tous les arts, pas un acheteur ne se présente, pas un homme qui veuille accepter cette gloire dont les artistes lui sauraient tant de gré! Encore si l'on demandait un gros prix de l'hôtel Lambert! Mais cette noble maison, toute bâtie, toute remplie de ces belles œuvres, se vendra à peine au prix de quelques mètres de terrain, sur la place de la Bourse ou aux environs des galeries du Palais-Royal!

Il y avait aussi de belles peintures dans l'hôtel Bretonvilliers, qui tombe en ruine tout comme l'hôtel Lambert. Toutes ces nobles maisons habitées par tant de magistrats honorables, abritent aujourd'hui, et encore en assez petit nombre, de pauvres diables trop pauvres pour passer leur vie dans les rues sombres et malsaines, dans les maisons étroites et fangeuses, dans les carrefours bruyants, dans toutes les joies du Parisien. Triste séjour, cette île Saint-Louis, d'un si bel aspect, si bien posée sur le bord de la rivière, si bien entourée d'eau et de verdure ! Mais le silence, le repos, le sommeil, sont des joies qui paraissent autant de supplices à MM. les habitants de Paris.

Il faut dire aussi que, la plupart du temps, ces antiquaires de Paris, que vous rencontrez si fort acharnés à la vente des vieilleries nationales, ces amateurs furibonds qui s'arrachent à prix d'or ces fragments et ces chiffons, sont poussés, en effet, non pas par la science, non pas par la vénération pour les temps passés, non pas par l'amour platonique des choses historiques; ils sont poussés tout simplement par la mode, par la vanité, par le mesquin désir d'embellir d'une façon originale leurs petites chambres à coucher, leurs petits salons, leurs petits boudoirs, indignes mille fois de ces saintes et divines reliques. Parlez-leur d'un morceau curieux qui se puisse placer sur une cheminée ou sur une console, les antiquaires de la Chaussée-d'Antin sont tout feu et tout flamme, ils vont payer au poids de l'or ce moyen-âge d'un facile transport. Indiquez-leur, à vingt lieues de la rue du Mont-Blanc, ou tout au moins de l'autre côté de la Seine, une vraiment belle chose à sauver, vous parlez à des sourds, vous interrogez des muets, vous vous adressez à des aveugles. Les vrais antiquaires sont très-rares dans cette ville des colifichets, des vanités, des caprices; ville sans recueillement, sans vénération, sans respect! Elle n'a pas d'aïeux, elle n'aura pas de petits-fils. Elle a fait du temps passé un divertissement, une déclamation; elle sera le jouet, ou, pour mieux dire, elle sera le premier oubli de l'avenir. Les quelques antiquaires qui restaient encore à Paris, les amis passionnés des grands artistes français dont ils ont appris le nom à leur siècle : Jean Goujon, Jean Cousin, Germain Pilon, Philibert Delorme, Jean Bullan, Paris les a perdus dans la même année : c'était M. du Sommerard, le maître de l'hôtel Cluny; c'était M. Lenoir. Deux destinées bien différentes! M. du Sommerard, c'est l'antiquaire riche qui obéit à une passion vive et vraie et qui la peut satisfaire jusqu'à la fin. M. Lenoir, c'est l'antiquaire pauvre, obstiné, mécontent, malheureux, bien à plaindre, à qui sa passion manque deux fois, qui meurt seul, et privé des plus belles choses, non pas achetées à prix d'argent, mais qu'il a sauvées au péril de sa vie.

La mort de M. Alexandre Lenoir a été une grande perte, car, ce jour-là, les arts ont perdu, sinon leur plus illustre, du moins leur plus courageux défenseur. Dans ces temps de honteuse mémoire, à l'instant fatal où toute la société française était égorgée sur l'échafaud, ces misérables, qui regrettaient que la France n'eût pas une seule tête afin de la couper d'un seul coup, se mirent à attaquer les plus vieux monuments de cette grande et vivante histoire. Ils se mirent en route contre les chefs-d'œuvre, la hache à la main, brisant sans pitié l'autel de Dieu, le trône du roi, le tombeau des morts; et, cependant, au milieu de la stupeur générale, pas une voix ne s'élevait contre ces profanateurs avides de sang. Ceci soit dit au déshonneur de ce siècle et à la honte de ce pays : on laissait mutiler les statues, comme s'il n'eût été question que de couper des têtes vivantes; on dispersait les musées, comme s'il ne se fût agi que des reliques des saints; on arrachait aux livres de la Bibliothèque Royale leurs couvertures fleurdelisées; trop heureux encore qu'on n'en fît pas un vaste incendie. Seul, dans cette foule de trembleurs, un pauvre homme, qui n'était rien qu'un antiquaire, suivait à la trace ces horribles profanations. Hélas! il ne pouvait rien empêcher; il ne pouvait pas préserver de la destruction un seul de ces chefs-d'œuvre indignement tranchés dans le vif; mais il pouvait gémir tout bas, mais il pouvait suivre au pas de course les démolisseurs, et de cette France en lambeaux il pouvait ramasser quelques débris avec un pieux respect. Voilà justement ce qu'il a fait, cet homme qui s'est montré plus courageux que madame Roland elle-même; il a disputé pièce à pièce, morceau par morceau, toutes ces démolitions brutales; il a recueilli dans sa maison tous ces tristes lambeaux des grands siècles, ces pierres condamnées à mort, ces marbres massacrés, ces emblèmes, ces christs, ces saintes vierges, ces rois et ces reines, l'antique honneur de l'histoire; ces connétables, ces amiraux, ces chefs de la magistrature; épées ébréchées, sceptres brisés, hermines déchirées, affreux pêle-mêle de mutilations et d'outrages. Oui, il a osé ramasser toutes ces poussières dans cette boue sanglante, en présence même de la multitude, en présence des bourreaux eux-mêmes. C'est lui, lui tout seul, qui a osé défendre en pleine Sorbonne le tombeau du cardinal de Richelieu. Le tombeau du cardinal, c'était le chef-d'œuvre de Girardon, le sculpteur bien-aimé de Louis XIV. Au pied du tombeau de Richelieu, un coup de baïonnette jeta M. Lenoir; mais lui, en tombant, il remerciait ses bourreaux, car le beau marbre était sauvé. Il assistait, vous n'en doutez pas, le seul entre les honnêtes gens de la France, à l'ouverture insolente de cette grande fosse royale qu'on appelait l'*Abbaye de Saint-Denis*. Il fut le témoin de ces horribles réactions de la populace contre les rois, à commencer par Dagobert, à finir par Louis XV. Et vous pouvez juger de son épouvante quand toutes ces races royales, retirées de la nuit funèbre, jonchèrent de leurs débris les dalles sépulcrales. Eh bien! dans cette affreuse circonstance de l'histoire moderne, le courage ne manqua pas à M. Lenoir; il ramassa ces ossements épars, et comme la foule s'arrêtait respectueuse en présence d'un soldat dont elle croyait reconnaître la moustache grise, M. Lenoir prononça le nom de Henri IV; à ce grand nom, tous ces bonnets rouges s'inclinèrent. De l'abbaye de Saint-Denis, les égorgeurs se portèrent dans toutes les églises de Paris, à Notre-Dame, à Saint-Germain-l'Auxerrois, à Saint-Eustache, à Saint-Germain-des-Prés, renversant et brisant toutes choses sur leur passage. Mais toujours, après ces bandes, arrivait le digne antiquaire, ramassant, sauvant, protégeant toutes ces dépouilles; et quand il ne pouvait rien sauver, il rentrait chez lui les mains vides, le cœur gonflé : il avait perdu sa journée. Pauvre homme ! personne ne lui a su gré de son dévouement, de son courage ; personne, pas même le roi légitime, ne l'a remercié de tant de débris qu'il avait sauvés ; et pourtant le peu que savait la France des faits et de la monarchie d'autrefois, la France le devait en partie à M. Lenoir.

L'autre antiquaire que la France a perdu, peu de temps après avoir perdu M. Lenoir, c'est M. du Sommerard. Tous ceux qui s'occupent, dans toute l'Europe intelligente, de l'ancienne poésie, des vieilles mœurs, des usages, des meubles, des costumes d'autrefois, savent le nom de M. du Sommerard. Il avait, un des premiers, remis en honneur l'étude approfondie et minutieuse de l'histoire de France. De ces lambeaux sans nom, de ces débris vermoulus, de cette poussière des âges ramassée à si grands frais, M. du Sommerard avait composé tout à la fois un poëme et une histoire ; un poëme tout rempli de fictions ingénieuses, une histoire toute en preuves palpables. M. du Sommerard a été franchement l'homme de sa passion favorite. Bien qu'à cette heure, par une loi récente, la Chambre des Députés de la France ait adopté ce noble musée dont elle a fait une gloire nationale, M. du Sommerard n'avait jamais eu l'ambition de créer un musée, mais tout au moins un admirable pêle-mêle de toutes sortes de formes, de débris, de lambeaux, dans lesquels il pouvait seul se reconnaître. Avant d'être un musée, sa maison avait été d'abord un immense entassement de toutes choses dont il savait la valeur pour l'avenir.

L'histoire dira, sans nul doute, et avec beaucoup plus de colère et d'indignation que nous ne saurions vous le dire, par quelle suite de profanations infinies fut brisé en quatre-vingt-treize tout le vieux passé de la France. Sans nul doute aussi, arrivée à ce triste chapitre de meurtres et de ravages, l'histoire consultera les notes que M. du Sommerard a ramassées : les statues et les bronzes vendus à l'encan, les populations ameutées autour des cathédrales, et faisant un feu d'horrible joie avec les tableaux, les statues, les images; l'église de Sens privée de ses statues; Saint-Étienne-du-Mont dépouillé des bas-reliefs de Germain Pilon; à Mayenne, *la Descente de croix*, du même artiste, brisée en morceaux; à Gisors, les vitraux de l'église réduits en poussière à coups de pierre; à Strasbourg, les statues de la cathédrale tombant par milliers; partout enfin, partout où l'art et la civilisation avaient passé, à Meudon, à Soissons, à Morfontaine, à Port-Malo, à Saint-Lô, à Coutances, à Port-Brieuc, la mutilation, le ravage, les plus stupides et les plus tristes fureurs. « Les Vandales du cinquième siècle n'ont jamais brisé tant de chefs-d'œuvre, » disait souvent M. du Sommerard.

Or, vous pouvez croire que ce fut d'abord un grand acte de courage en ces affreux jours, d'oser seulement ramasser dans ces mutilations le plus petit fragment échappé à la rage des Vandales, des Visigoths et des Ostrogoths de la Terreur.

A propos de M. Lenoir et de M. du Sommerard, j'ai entendu raconter à un savant évêque, l'honneur de l'épiscopat français, qu'un jour, en pleine Terreur, il se promenait dans le jardin de Versailles. Que ces jardins étaient changés! Ces beaux gazons, que foulaient à peine d'un pied charmant les plus belles personnes de cette cour, avaient été flétris par les trépignements d'une vile et furieuse populace; ces allées solitaires où se promenaient Bossuet et le grand Condé, avaient été dévastées et déchirées par le Briarée aux cent bras; dans ces bassins, les eaux clapotaient tristement autour des naïades, dont l'urne était brisée; à cette fenêtre entr'ouverte encore, l'œil épouvanté pouvait entrevoir les mutilations violentes des coupe-têtes. — Au jardin, tout faisait silence. La foule était partie avec le roi et la reine de France, emportés dans le même tourbillon. Notre saint évêque, jeune alors, se promenait mélancoliquement dans ce désert, lorsque, au milieu de tous les débris dont la terre était jonchée, il vint à découvrir une tête coupée.... Rassurez-vous, la tête était en marbre; c'était quelque beau visage d'une chaste et sévère statue antique, Minerve,

Junon, Proserpine, ou bien la mère des Gracques, Cornélie. La noble tête ainsi tranchée conservait toutes les apparences de la vie éternelle. Elle était si belle ainsi, que notre jeune homme ne put résister à l'envie d'emporter dans sa maison ce noble marbre. Du jardin et du palais de Versailles, passer dans une mansarde de la rue Saint-Jacques; après avoir été l'hôte du roi Louis XIV et l'hôte du roi Louis XV, ne plus habiter que la chambre d'un proscrit, d'un prêtre, d'un condamné à l'avance: telle était l'histoire de ce beau marbre; mais, en ce temps-là, heureux qui savait où trouver une cachette pour la nuit, sauf à redevenir un vagabond le lendemain!

A la fin, après avoir bien hésité, notre jeune lévite s'empare de la tête brisée, et, la cachant sous son manteau, il l'emportait, plus heureux et plus fier que le chevalier Desgrieux lorsque la belle Manon l'enlève aux murs de Saint-Sulpice. Arrivé à la porte du jardin, voici que notre jeune antiquaire est arrêté par un terroriste de l'endroit. « Que portes-tu sous ton manteau, brigand? » Et voyant cette noble tête venue de si loin, de Rome ou de la Grèce peut-être, pour être ainsi mutilée à deux mille ans de distance : « Ah! s'écria le bandit, voilà la tête de la reine, c'est la tienne qu'il me faut en retour. »

En même temps, l'abbé, tout tremblant, est conduit au district. « C'est fait de moi, se disait-il; on va savoir que je suis un gentilhomme et un prêtre... » Il entre. Le président l'interroge. Le président cachait sous sa carmagnole un noble cœur, et une bonne tête sous son bonnet rouge. — « Qu'a fait ce citoyen? demanda-t-il à l'accusateur. — Il a volé une statue, répondit l'autre. — Une statue? répliqua le président, c'est impossible. Est-ce que tu porterais une statue, toi qui parles? Il n'a pris qu'un morceau de marbre du tyran : laisse-le partir, et rends-lui son marbre. »

Revenons à M. du Sommerard. A force de soins et de recherches tout empreintes de piété et de respect, s'était formée, dans la tête de cet excellent homme, une espèce d'histoire toute en exemples, en modèles, en reliques, à laquelle on ne saurait rien comparer. Il avait réalisé, grâce à ces riches débris, l'histoire tout entière de la France, mais de la France étudiée en détail dans les chapelles, dans les manoirs, dans les palais de ses rois, dans les cimetières de ses églises, dans les maisons de ses bourgeois. Ce peuple de France que l'historien vous montre dans l'action, dans la bataille, dans la croyance, M. du Sommerard le voyait, non pas au combat, non pas à l'action, mais il savait, une heure avant et après l'action, comment le soldat était vêtu, et quelle cuirasse portait le capitaine, et comment était tissue l'écharpe que la belle dame agitait au sommet de la tour, et par qui donc avait été bâtie cette tour, et de quel instrument jouait le page favori, et quel sculpteur avait façonné le haut portail. Ainsi appuyé sur ces exemples incontestables, il réduisait toute l'histoire à mille petits détails d'un agrément infini : tapis, rubans, vêtements, vitraux, hallebardes, dentelles, ajustements pour les femmes, cuirasses pour les héros, livres pour les savants; il savait où en était le peuple de Charlemagne, à ses bahuts; il savait où en était la cour du roi François Ier, à sa vaisselle. Singulière histoire et bien rare, dont il avait supprimé tous les bruits, tous les mouvements, tous les faits, toutes les clameurs, pour ne laisser subsister que l'apparence extérieure. Cet hôtel Cluny, ainsi meublé par trois siècles historiques, était, à proprement dire, le palais de la Belle-au-Bois-Dormant. Tout dort, tout a passé, tout a vieilli. Nos grand'mères n'oseraient pas porter les ajustements de la jeune femme couchée là; mais vienne le son du cor, soudain tout ce passé évanoui revient à la vie, et, avec la vie, la grâce, la force, la jeunesse; cette femme endormie n'était guère à la mode tout à l'heure, mais une fois réveillée, elle est jeune, souriante et fraîche, elle a deux grands yeux bleus étonnés et charmants... C'en est fait de tout le sommeil d'un siècle; tout reparait aux premiers sons du cor, dans ce palais du sommeil, la jeunesse, la fraîcheur, la beauté.

Ce son du cor qui réveille, vous l'avez entendu dans les histoires de M. de Barante, et de M. Guizot, et de M. Thierry; eux aussi ils ont rendu la vie et le mouvement à ces formes inertes, ils ont jeté la lumière dans cette nuit profonde; mais cependant, tout en rendant justice à l'historien qui anime et qui crée, n'oublions pas ces patients, ces habiles, ces dévoués, qui sauvent les palais, les châteaux, les sceptres, les épées, les vieux meubles, toute la décoration nécessaire, tout le matériel de l'histoire.

L'hôtel de Cluny, grâce à M. du Sommerard, est assez connu pour qu'il soit inutile d'en faire une description faite si souvent. Le savant et bienveillant antiquaire n'avait pas voulu garder pour lui seul toutes ces richesses; mais au contraire en faisait-il les honneurs très-volontiers. Chaque semaine il avait un jour où tous les amis des belles reliques historiques étaient les bienvenus dans le vieux manoir. Vous entriez d'abord dans la chapelle (1490), qui était admirablement conservée; et là soudain, au milieu de ces dais, de ces guirlandes, de ces grappes, de ces pampres, de ces blasons aux armes de Charles VIII et de Louis XII, vous vous trouviez en plein Moyen-Age. Ici le rétable de l'abbaye d'Everborn, orné des plus belles figures flamandes; plus loin les belles croix portatives, l'ostensoir en cuivre doré (1304), la crosse d'ivoire en vermeil, le bâton du chantre, et plus loin encore l'attirail brodé des chapes, des chasubles, des étoles, des tuniques, et les émaux de Limoges, les peintures grecques à l'encaustique, le lutrin, et sur le lutrin de beaux manuscrits aux armes de Henri III. L'illusion est telle, que vous respirez le vieil encens de cet oratoire, encens évanoui, encens obéissant et fidèle qui est revenu à la suite de tout cet art chrétien. Prenez garde seulement au plus dévot, c'est-à-dire au mieux baissé de ces capuchons; sous ce capuchon M. du Sommerard avait caché la tête de Voltaire, et il riait de ce bon rire des facéties d'autrefois, au temps des *adveniaux amoureux* ou des *facéties d'Eutrapel*.

De la chapelle vous passiez dans la *chambre de François Ier*, ou plutôt *de la reine Blanche*, et vous aviez sous les yeux l'ensemble complet de toutes les magnificences royales ou populaires des siècles passés. La porte de cette chambre de François I*er* avait été la porte même du château d'Anet; porte discrète et galante au seuil d'ivoire et d'or, elle se souvenait de Diane de Poitiers et de Henri II. L'échiquier était le propre échiquier du roi saint Louis. Une ville de France avait offert ce rare trésor au roi Louis XVIII; le roi Louis XVIII, qui ne tenait à rien qu'à son trône et à son repos, avait donné l'échiquier du saint roi à un homme de sa maison, et cet homme l'avait vendu à M. du Sommerard. Vanité des souvenirs et du respect!

Le lit de cette chambre de François I*er* était en effet le lit du roi-chevalier. Sur le matelas de l'hermaphrodite antique, Jean Goujon a posé la maîtresse du duc de Guise; le dessus de porte a été peint par le Primatice; le Christ est d'Albert Durer; voici les étriers et l'éperon du roi de France; voici l'armure complète, le bouclier, le casque, le masque d'armes, la dague espagnole, *la bonne lame de Tolède,* comme a dit depuis le drame moderne, et les heaumes, morions, salades, fauchards, pertuisanes, lames, arquebuses, gantelets, genouillères, tout l'attirail du soldat et du chevalier.

Arrive à son tour l'attirail de la coquette : les miroirs, les tabliers ouvrés, la quenouille en bois avec ses fuseaux, le médaillon de François I*er*, les escarcelles, les aumônières, l'horloge à quatre cadrans, jusqu'à ce qu'enfin, dans le grand salon, vous rencontriez la collection complète des ébènes, images, cristaux, cuivres dorés, figurines, ivoires italiens, flamands et français; mosaïques en pierre dure, oiseaux, paysages, cornalines, marqueterie, écailles, miniatures, bahuts, faïence, bas-reliefs, aiguières, coffres dont il est parlé dans Brantôme, buffets, crédence, tout l'appareil de la goinfrerie; les vases brillants comme l'or, les coupes, les bassins, les verres, les vitraux, l'élégant dressoir des buffets flamands, tout ce qu'ont jamais produit en invention ingénieuse les fabriques de Faenza, de Montpellier, de Limoges, de Flandres et de la France, en un mot, les plus belles œuvres de Bernard Palissy et de ses élèves. Que ces festins devaient être joyeux ! que de bons mots ! que de plaisanteries grivoises ! que de bon sel gaulois !

Telle était cette admirable collection dont l'étranger savait le chemin, dont le Parisien était fier, comme il est fier de son Louvre et de son Jardin-des-Plantes. Par sa bienveillance tout hospitalière, M. du Sommerard augmentait encore l'intérêt de son musée. Il en faisait les honneurs avec une exquise politesse, expliquant toutes choses à la façon d'un homme très-savant, qui n'a pas renoncé à son droit d'imagination et d'invention. M. du Sommerard est mort à Meudon, parlant encore de la passion heureuse qui a été sa vie. Il est mort cependant, — car Dieu est bon jusqu'à la fin pour les honnêtes cœurs, —non pas en antiquaire au milieu des ténèbres de l'hôtel de Cluny, dans ces vieux murs suintants, sous ces corniches vermoulues, sous ces poutres vieilles comme la maison de Valois ; non, il a eu mieux que cela sous son dernier regard, il a vu enfin des arbres chargés de fruits, des feuilles vertes encore, une eau limpide, un ciel pur. Ainsi se sont évanouies, sous un éclatant rayon de soleil, tous les nuages, tous les mystères, toutes les poussières, qui avaient été la joie de ce digne homme. Voilà comment il faut vivre dans la science ; mais aussi voilà comment il faut mourir sous les arbres et sous le soleil.

Mais cependant que faisons-nous ? et quelle rage nous prend d'attrister à tout propos ces pages heureuses d'un livre splendide, par ces souvenirs de morts et de funérailles ? Allons çà, qu'il ne soit plus question de ces misères ! secouons ces crêpes funèbres, soyons calmes, soyons heureux ! Tout là-bas, le Champ-de-Mars est rempli de la plus brillante foule ; les plus beaux jeunes gens et les plus belles personnes, et, ce qui n'est pas moins rare à Paris, les plus beaux coursiers, l'honneur de l'hippodrome, se sont réunis dans cette immense enceinte : c'est fête au Champ-de-Mars; c'est la course à disputer, c'est le prix du *prince royal* qu'il s'agit de gagner; ce sont les plus hardis et les plus légers lutteurs. Fête brillante! le soleil flamboie, la terre poudroie, les paris sont ouverts, l'arène est libre. Cette allée des Champs-Élysées est vraiment le Carrousel des fêtes du printemps, des plaisirs de l'été. Par exemple, la promenade de *Longchamp*, quel spectacle plus animé! C'était aux derniers jours de la semaine-sainte; Pâques jetait déjà dans la forêt ses verts rameaux; le vendredi de la Passion n'était pas loin, et pourtant, tout d'un coup, c'est à qui pourra montrer les plus riches parures, les robes les plus nouvelles, les plus magnifiques attelages, les voitures les plus modernes. Ce jour-là on fait assaut d'élégance, de luxe, de toilette, d'éclat; la promenade prend tout à coup un air grave et imposant. On n'est plus là pour se montrer, mais bien pour être jugé. A ce moment, chaque femme tremble pour son empire, chaque cavalier pour son cheval. Elle voudrait être si belle! il voudrait tant paraître bien monté! Les uns et les autres, pour qu'on les voie mieux, ils vont au pas, ils traversent la foule qui les regarde; et dans la foule se tiennent attentifs, car ils jouent les uns et les autres une grosse partie, la marchande de modes qui a chiffonné ces chapeaux, la couturière qui a taillé ces étoffes, le carrossier qui a disposé ces voitures, le marchand qui a vendu ces chevaux à crédit. Ils se regardent passer eux-mêmes, dans toute leur gloire; ils s'applaudissent, ils s'admirent dans leurs propres œuvres. Pour eux, cette journée va décider du succès de la saison prochaine; c'est une question de popularité ou de mort. En effet, réussir, voilà toute l'histoire des femmes et des hommes, des poëtes et des artistes, des orateurs et des soldats, des marchands et des coquettes de la ville de Paris.

Eug.ⁿᵉ Lami.   J.T.Willmore A.R.A.

Le Rendezvous de Chasse.

Imp. Fie à Paris

CHAPITRE V

L'AN DEUX MIL QUATRE CENT QUARANTE

Cette bonne ville de Paris a nourri, tant bien que mal, dans tous les temps, quelques-uns de ces rêveurs originaux, de ces esprits singuliers qui ont l'art d'arriver, très-souvent, à la vérité même, par toutes sortes de plaisanteries ingénieuses et charmantes. Tels ont été les auteurs de la satire Ménippée, tel a été Rabelais et tel d'Aubigné, le célèbre auteur d'un livre dont les Français ne font pas assez de cas, *le baron de Phœneste*; tel a été Sainte-Foy, l'un des plus aimables écrivains de son temps; Duclos, cet homme droit et adroit, comme disait J.-J. Rousseau; et l'auteur important des *Caractères de ce siècle*, La Bruyère; et enfin Molière, sans oublier le charmant railleur d'un si sérieux génie à qui la France doit les *Lettres persanes*, cette histoire vivante des mœurs parisiennes. En tout temps la ville de Paris a aimé qu'on lui parlât, à elle-même, d'elle-même; tous les écrivains qui se sont occupés de ses mœurs et de son histoire ont été assurés de sa bienveillance, de son indulgence. Elle ressemble en ceci aux coquettes, qui aiment à se regarder dans leur miroir. Aussi, après avoir lu les grands moralistes, les historiens excellents du monde parisien, je me suis attaché aux observateurs moins célèbres, je me suis mis à la suite des observateurs de la rue, des moralistes du carrefour, des légendaires du Pont-Neuf. A Paris surtout, ces beaux esprits qui parlent un peu au hasard, ces frondeurs bons enfants, ces mécontents qui rient de tout, sont nombreux et se retrouvent en tout lieu : dans les cafés, dans les jardins, au Palais-Royal, sur les boulevards, partout où l'on cause, et surtout partout où l'on écoute. Eh bien! de tous ces parleurs, de tous ces écrivains de la race éloquente et sans façon de Diogène, celui que je préfère à tous, est un nommé Mercier. Ce Mercier, entre autres paradoxes très-curieux qu'il a jetés là par la fenêtre, comme le prodigue jette son or, a écrit un livre intitulé *L'an deux mil quatre cent quarante*. J'ai lu ce livre, et, chose étrange, et qui prouvera plus que nous ne le saurions dire tous les progrès du monde parisien, c'est que le rêve de Mercier, cette fantaisie fabuleuse, et qui passait à coup sûr de son temps pour le rêve d'un fou, s'est accompli, non pas comme il l'espérait, à peine dans l'espace de six cent soixante-douze ans, mais en moins de soixante années tout au plus. Quelle ville, dans laquelle Épiménide n'aurait pas besoin de dormir plus de vingt ans, pour ne plus reconnaître les mêmes lieux dans lesquels il s'est endormi!

Donc, Mercier suppose qu'il s'est endormi en 1768, et qu'il se réveille au milieu de Paris après avoir dormi six cent soixante-douze années. Vous pensez si la surprise de notre dormeur est complète; il peut voir d'un coup d'œil toutes ces rues bien percées, toutes ces maisons élégantes dans lesquelles pénètrent l'air et la lumière. A peine réveillé, son vieil habit le gêne, il trouve que la broderie en est fanée et ridicule; il laisse là l'épée et le chapeau à trois cornes, il prend un chapeau rond, une redingote et une canne. Il secoue la poudre qui était sur ses cheveux, et ses cheveux reprennent leur couleur naturelle. Son cou est chaudement enfermé dans une bonne cravate, son pied est contenu dans une bonne chaussure; il ne ressemble plus à un marquis, mais en revanche il a l'air d'un homme. Ainsi vêtu, il remarque que les rues sont propres et bien lavées, que les voitures sont conduites avec soin et n'écrasent plus personne. Les mêmes rues qui portaient des noms obscènes ont reçu le nom des plus grands hommes de la France. Le Pont-au-Change est délivré des hideuses maisons qui le chargeaient. Il rêve aussi, quel beau rêve! que la Bastille est démolie, et que ces affreuses pierres sont éparses çà et là dans tout l'univers. Cependant le jardin des Tuileries est ouvert à tous les promeneurs; l'Hôtel-Dieu est délivré des immondices qui l'encombrent. Dans la maison purifiée de Bicêtre, il n'y a plus de cabanons au fond desquels on enferme les fous comme des bêtes féroces; le magasin à poudre est placé bien loin, hors de la ville. Chacun dans toute la France a la liberté de parler et d'écrire; un monument est élevé à Corneille, à Molière, à La Fontaine. Dans les colléges on apprend encore le latin et le grec, mais on enseigne aussi l'histoire et la langue française. Arrivé sur l'emplacement de la Sorbonne, notre homme se demande où est la Sorbonne. Il n'y a plus de Sorbonne, c'est-à-dire plus de théologiens qui brûlent les gens, plus de philosophes qui les condamnent. On rêvait aussi en ce temps-là que l'Océan et la Méditerranée, que l'Angleterre et l'Italie, que la Prusse et l'Espagne, étaient aux portes de Paris; le rêve est cent fois dépassé, le rêve est accompli : la vapeur et les chemins de fer ont donné à l'Europe l'unité qui lui manquait. Mercier reviendrait au monde aujourd'hui, qu'il reculerait, épouvanté et joyeux de se voir dépassé par la réalité.

Cependant la nuit tombe sur la ville de l'an **2440**, et aussitôt, grâce à mille feux brillants, il fait clair comme en plein jour. Or, la clarté qui inonde les rues chaque soir, ce gaz flamboyant qui circule dans les airs comme l'eau dans le fleuve, voilà ce que Mercier n'avait pas osé rêver. Il rêvait aussi, chose accomplie, que la ville était gardée par une milice bourgeoise, que les fils du roi étaient élevés avec les enfants du peuple, que l'homme mort n'était enlevé de sa maison qu'après vingt-quatre heures d'attente et de respect, que les cimetières abandonnaient l'enceinte habitée pour se réfugier sur les hauteurs. Déjà, même en ce temps-là, Mercier rêvait que dans les *OEuvres de Voltaire*, le roi tout-puissant, on pouvait retrancher bien des tomes inutiles. On fait mieux que cela en France, on ne lit plus que les honnêtes passages des œuvres complètes, on ne joue plus ni *Mahomet*, ni *Rome sauvée*, ni l'Américaine *Alzire*; à peine si la *Henriade* a laissé son nom sur la liste des poëmes épiques. Il rêvait aussi, le bon homme (je parle de Mercier), que les écrivains du royaume de l'esprit mettaient enfin un terme à leurs calomnies et à leurs injures; la prédiction s'accomplira, mais bien plus tard et quand il ne sera plus question de l'an deux mil quatre cent quarante. Dans un jour de désœuvrement, notre homme de l'an *deux mil quatre cent quarante* allait à l'Académie Française, *elle avait conservé son nom*; mais le nombre des académiciens n'était plus limité. En ce temps-là, pour entrer dans la docte enceinte, il ne suffisait pas d'être évêque, duc et pair, ou maréchal de France. Le proverbe qui disait *On ne peut pas entrer à l'Académie sans équipage*, avait été aboli.

Quel malheur pour ce pauvre Mercier! il n'a pas pu assister à tant de révolutions qui ont dépassé toutes ses espérances. Il est mort sans avoir entendu parler de la marmite autoclave, des cannes à fauteuil, du bateau à vapeur et des chemins de fer; il est mort sans avoir foulé d'un pied triomphant le bitume de Seyssel, le bitume Polonceau et le pavé en bois de chêne; il est mort sans que la clarté du gaz ou de la bougie de l'Étoile ait éclairé ses derniers jours, sans qu'il ait pu lire les *Mémoires de la Contemporaine* ou les *Mémoires de Vidocq*, sans avoir assisté à une représentation de la *Tour de Nesle* et des *Saltimbanques*; il est mort, le malheureux! avant que M. Gannal ait pu l'embaumer à l'essence de térébenthine; à l'heure où M. Daguerre était loin du daguerréotype; à l'heure où le procédé Ruolz n'était pas inventé; à l'heure où l'on cherchait encore dans ce grand royaume de France le grand art de faire du café avec de la chicorée, du sucre avec la betterave, du papier avec le bois de hêtre, du thé avec des feuilles de roses; il est mort, ô douleur! avant même que l'on eût posé la première pierre du palais du quai d'Orsay.

Aujourd'hui enfin, depuis si longtemps que le peuple de Paris y avait renoncé, comme il renonce à tous les monuments qu'il voit commencer, le palais du quai d'Orsay, tout à fait dégagé des ignobles palissades qui l'ont entouré pendant trente ans, montre aux passants étonnés ses blanches murailles et ses fenêtres garnies de glaces. De ce monument, qui a changé tant de fois de destination, M. Thiers, qui ne doute jamais de rien — et voilà justement pourquoi il est M. Thiers, — s'était dit à lui-même, un jour qu'il était ministre de l'Intérieur, qu'il arrangerait ce palais à son usage; et, en effet, il avait déjà disposé les appartements du ministre comme il voulait que le ministre fût logé; peintures, statues, bas-reliefs, plafonds dorés, rien n'y manquait. Une fois installé dans cette magnificence, le jeune ministre aurait prouvé que le gouvernement d'un pays comme la France pouvait convenir, à merveille même, à la plus riche maison de Paris. En fin de compte, en tout ceci M. Thiers avait plus songé aux ministres à venir qu'il ne pensait à lui-même. Mais le temps des longs ministères est passé pour la France, comme aussi il est passé, le temps des ministres assez désintéressés pour poser la première pierre d'un hôtel destiné aux successeurs de leurs successeurs. Au contraire, les uns et les autres, ces agents passagers d'une révolution, tant qu'ils auront le sentiment de cette position précaire, ils se contenteront fort bien, et sans y rien changer, de ces grands hôtels garnis de la rue de Grenelle, où ils foulent les vieux tapis tout usés des ministres de l'Empereur. Il arrive bien parfois, et pour n'être pas écrasé sous les débris, que l'on répare ces maisons croulantes; mais si l'on y ajoute des pavillons et des escaliers, on en conserve précieusement les vieux meubles : ce sont les mêmes fauteuils, autrefois dorés, les mêmes tableaux représentant des Grecs et des Romains du temps de M. David. On couche dans les mêmes lits et dans les mêmes draps, tristes témoins de tant d'insomnies. Mauvais meubles, fenêtres mal fermées, cheminées qui fument, pendules qui avancent — image trop fidèle de l'ambition — des domestiques inféodés à cette antichambre banale, qui sourient de pitié en comptant sur leurs doigts le nombre de leurs maitres et en songeant que le nouveau ministre est cent fois moins sûr de sa place que l'huissier qui le sert. Que vous dirai-je? des caves mal garnies d'un vin acheté la veille, des salons sans intimité, des chambres à coucher sans amour, un cabinet rempli de chagrin et de mauvaises affaires, un vestibule inondé de journaux, et, par conséquent, gorgé d'insultes; un vieux carrosse vermoulu et tout infecté d'odeurs étrangères, des chevaux éreintés et poussifs qui savent par cœur le chemin des Tuileries, un cocher sale et mal vêtu ; rien du chez soi, rien de la famille, rien qui ressemble au bien-être de chaque jour : voilà ce qu'on appelle l'hôtel d'un ministre! Passons notre chemin, et prenons en pitié les tristes habitants de ces bouges dans lesquels ont passé tant d'hommes d'un rare talent, d'une rare prudence, — pauvres êtres enviés, insultés, calomniés dans ces masures ouvertes à toutes les injures et à tous les vents du midi et du nord!

Mais que parlons-nous de vents du nord? Le mois de juin éclate et brille de toutes parts. A l'heure où nous sommes, nul ne sait plus ce que c'est que l'hiver. Le pauvre, heureux de vivre, se chauffe au soleil; il réunit sur sa tête heureuse toutes les joies ineffables du pauvre : un beau ciel, des arbres, un riche feuillage, des chevaux qui courent, des livrées qui passent, des chansons chantées au bruit de l'orgue de Barbarie, chansons dont le refrain célèbre la gloire ou l'amour, l'Empereur ou Lisette; petits poëmes populaires écrits tout exprès pour le pauvre, dans lesquels on célèbre surtout le grenier où l'on est si bien à vingt ans. Le riche, de son côté, n'est pas moins heureux que le pauvre diable qui le regarde passer avec curiosité et sans envie. Le riche quitte avec joie cette ville dans laquelle il reviendra avec bonheur; il dit adieu aux paysages que copient les peintres, pour le vrai paysage du bon Dieu, le paysage éternel qui reparaît chaque année, toujours plus riant et plus jeune, avec les roses printanières. Pour les doux aspects de la colline chargée de palais et d'ombrages, de la forêt immense remplie d'ombre et de mystère, pour les joies du matin qui s'éveille au chant du coq, pour la fête du midi qui apporte à la campagne tous les feux du soleil, pour la calme et souriante méditation du soir, quand retentissent au loin, mêlés aux tintements argentins de l'angélus, le chant du rossignol, le mugissement des troupeaux, les mille bruits divins de la plaine et de la montagne, rien ne vaut, non, rien ne vaut la campagne parisienne! Et notez bien qu'elle est aux portes de la ville, qu'elle est ouverte et accessible à tous, aux plus pauvres et aux plus riches ; — les uns et les autres ils sont les maîtres également de ces plaines verdoyantes. Pour la jeune fille parisienne, l'égalité commence devant le gazon touffu, devant l'églantier chargé de roses, devant le bluet campagnard qui balance sa jolie tête dans les blés. C'est surtout le dimanche et le jour des belles fêtes que le Parisien s'abandonne à son amour, que dis-je? à sa passion pour la campagne. On a travaillé toute la semaine; mais, en revanche, quelle joie quand paraît le soleil du dimanche! Certes, on est debout de bonne

heure; le jeune homme se fait beau, la jeune fille se fait belle; le père et la mère sont un peu moins empressés à partir, et pourtant ils se hâtent; ce jour-là leur rappelle leurs beaux jours. Cependant on déjeune en toute hâte; les dames vont entendre la messe à leur paroisse, et la messe est écoutée avec ferveur. Oui, mais à peine sorti de l'église, on se retrouve, on se réunit, on monte les uns et les autres au hasard, — vous savez bien, ce hasard qui fait les cœurs satisfaits et les mariages heureux, — dans une grande voiture appelée une *tapissière*. Cette voiture est tout un monde : la mère, le père, les enfants, les jeunes gens, le vieux chien et le jeune chien, trouvent place sur ces bancs suspendus à des courroies; le tout est tiré par un honnête cheval bien nourri et bien battu, qui se repose, en traînant tout ce monde, de ses rudes travaux de la semaine. On part au petit trot pour arriver au pas. Quelle fête! quelle joie! On se salue, on se dit bonjour, on se raconte les histoires des vieux journaux; un peu de médisance saupoudre la conversation joyeuse. Dans chaque bande est invité de droit un bel esprit patenté pour son esprit, un gracioso qui fait la parade, un de ces dignes convives toujours affamés, toujours prêts à rire de tout et à amuser l'amphytrion où l'on dîne. On l'écoute plus qu'on ne l'aime. On l'invite, parce que d'ordinaire il s'invite lui-même. — En avant donc! — En quel lieu se dirige l'heureuse caravane? On n'en sait rien; on va toujours, on verra plus tard. Ainsi l'on va tantôt dans le bois de Boulogne, un peu gêné par les fortifications qui ont abattu tant de vieux chênes; — tantôt dans le bois de Vincennes, — que domine le donjon menaçant; Vincennes! la prison d'État plus terrible que la Bastille! Le chêne sous lequel s'asseyait le roi saint Louis pour rendre la justice à tous, ce chêne séculaire et respecté, ne jette pas encore une ombre assez épaisse pour couvrir toutes les lamentations et toutes les misères qui ont été renfermées dans ces murailles. Là s'agitait Mirabeau l'indompté, frénésie délirante, éloquence, passion, jeunesse, violentes amours, — et quelle vengeance il devait tirer plus tard de cette captivité abominable! — Penchez la tête, et tout au fond du fossé vous pourrez voir encore la place où le dernier Condé, le duc d'Enghien, fut

assassiné, dans l'ombre, à coups de fusil. — Non, le chêne royal de Vincennes n'a pas la puissance de faire oublier cette tache de sang! Depuis ce jour, le Parisien va moins souvent dans le bois de Vincennes. Parlez-lui de la vallée de Montmorenci, verte et touffue. — Beaux ombrages, — vallons retentissants, — maison habitée par l'auteur de l'*Héloïse*, — cheval blanc peint par Gérard, la plus riche enseigne qui se soit jamais balancée à la porte d'une hôtellerie. — Mais dans le temps des lilas et de la verdure naissante, non, pour rien au monde, le Parisien ne consentirait à se promener autre part que dans les bois de Romainville. Romainville, c'est le *sibolet* de la joie parisienne, c'est le pays des guirlandes et des écharpes roses, des buissons discrets et des danses joyeuses; à Romainville, le Parisien est chez lui, — il y règne, — il y respire, — ce sont là ses domaines, — *Mea regna videns!* Et faut-il les voir fouler d'un pied joyeux cette mousse brillante! Ils regardent, ils contemplent, ils admirent! A peine savent-ils distinguer le peuplier du chêne, l'orge du blé, le pommier du poirier; mais c'est justement grâce à cette heureuse ignorance de tout ce qui est la campagne, que le Parisien s'amuse si fort de la campagne. Ainsi l'on va. Puis, à une certaine heure, quand un peu d'ombre s'est faite autour de l'arbre, soudain tout un festin est tiré de l'immense voiture. O bonheur! tout ce que l'art culinaire peut préparer dans un ménage bourgeois se retrouve dans ce véhicule de l'abondance : des pâtés, des poulets froids, des jambons, de la salade, des biscuits, un bon petit vin de Mâcon *pelure d'oignon*, des cerises, des bouquets pour ces dames, et même du foin et de l'avoine pour le cheval. Rien n'est oublié, ni personne. A bas les écharpes! suspendons aux branches du frêne hospitalier nos frais chapeaux! Avez-vous faim? avez-vous soif? Eh bien! dressez les mets! La table est toute trouvée, — au pied de l'arbre; — ce tapis de verdure nous servira de nappe; — les oiseaux qui chantent se chargent de la musique du festin; ils seront payés avec les miettes du repas! — En un clin d'œil tout est prêt; on prend place, la même place que dans la voiture, et, chose étrange! les convives sont aussi pressés que les voyageurs. En moins d'une heure ou deux de verve dévorante, deux heures de gaieté, de fol appétit, toute cette victuaille est dévorée, toutes ces bouteilles sont vidées, plus rien ne reste que la joie du festin. Alors la gaieté recommence de plus belle, l'entrain est le même, mais plus vif; on n'a plus besoin des bons mots du plaisant de profession, chacun fait soi-même ses propres bons mots. Que si, par hasard ou par bonheur, survient quelque bel orage, la fête n'en est que plus complète! « Sauvez les écharpes et les chapeaux! » — Les chapeaux se cachent au fond de la voiture, les écharpes se renferment dans quelque cachette prudente, et voilà nos jeunes filles qui rentrent la tête nue, et bien mouillées, et bien heureuses. Elles ont pris de l'air, de la santé et de l'espérance pour huit jours de travail.

Ainsi, pour la joie de l'esprit, pour la fête innocente des yeux et du cœur, les environs de Paris n'ont rien à envier à Paris même.

Si vous saviez tout le bonheur de ces heureuses campagnes! combien ces maisons blanches éclatent et brillent au mois de juin d'un nouvel éclat, sous les marronniers en fleurs! Que d'art, que de goût, que d'esprit dans l'arrangement de ces petits châteaux qu'on dirait peints, tout exprès, par quelque paysagiste flamand! Que d'intelligence employée à la disposition de ces parcs d'un arpent dans lesquels rien ne manque, ni les eaux jaillissantes, ni les statues, ni les gazons, ni les fleurs les plus rares, ni les orangers qui s'étalent au soleil, comme si c'était en effet le soleil de là-bas! Paris, l'été, c'est la fête au grand jour. Les plus beaux jardins tout remplis de feuillage abritent la ville de leur ombre bienfaisante. Les arbres du boulevard donnent à cette longue rue vivante, un aspect presque champêtre. Les Champs-Élysées ressemblent à un bosquet habité; l'eau est brillante, la rivière se précipite au loin en chantant; le cheval est plus vif, l'enfant plus joyeux; la Parisienne vous apparaît, encore plus leste et plus jeune que dans l'hiver. Sur ces hauteurs féeriques vous comprenez que la belle foule habite, car le Parisien n'aime guère à s'éloigner de sa ville adorée. A toute heure, le chemin de fer, ce nouveau serviteur de toutes les aimables passions, emporte çà et là de véritables cargaisons de poëtes, de rêveurs, d'amoureux, d'heureux oisifs, et il vous les jette tantôt au beau milieu de l'ancien Versailles, tantôt dans les doux villages qui bordent la Seine en remontant jusqu'à Fontainebleau; le plus souvent, et c'est là une promenade favorite, le but de tous les promeneurs, c'est la forêt de Saint-Germain. Saint-Germain! toute l'histoire du passé qui n'est plus. Cette vaste forêt toute remplie de gibier se souvient de Henri IV. Ce vieux château, immobile et sombre, tout rempli de malfaiteurs, — ô vanité des splendeurs humaines! — il a été le séjour des élégances et des chastes amours du roi Louis XIII. A peine arrivé, cette forêt séculaire vous salue, cette immense terrasse vous reçoit, et de ces hauteurs salutaires vous voyez encore le Paris des affaires et des ambitions qui s'agite à vos pieds. — Les beaux moments d'enthousiasme et de poésie! De tous côtés arrive, en poussant son cri de fête, la vapeur obéissante; — sur la rive du fleuve, vous voyez passer, rapides comme l'éclair, les nouveaux venus de la Normandie, de l'Angleterre, de l'Océan, le plus pacifique océan qui soit au monde; au beau milieu du fleuve, le bateau à vapeur, cette inestimable merveille devant laquelle tous les Parisiens s'agenouillaient il y a dix ans comme devant un miracle, sillonne lentement et d'un vol découragé les eaux à regret obéissantes; peu s'en faut même qu'on ne le regarde avec pitié, avec mépris, ce vaincu de la vitesse et de l'espace. Dans ces contemplations muettes et joyeuses, la nuit vient, elle se glisse doucement sous ce beau ciel; alors commencent d'autres fêtes : *le pavillon de Henri IV*, dans lequel vint au

monde le roi Louis le Grand, s'illumine du haut en bas en

l'honneur des affamés de la ville ; l'écho royal de la forêt, caché dans ses pittoresques profondeurs, répète le bruit du cor et l'aboiement de la meute que promène le piqueur. Cependant, dans chaque village d'alentour, le bal se prépare ; non pas le bal de l'hiver, étincelant sous l'éclat des diamants, tout chargé de rubis et de perles, le bal aux mélodies enivrantes, aux épaules nues, aux magnificences sans égales ; mais la fête champêtre à demi éclairée par des clartés jalouses ; le gazon foulé d'un pas moins léger que le parquet ; l'orchestre criard, qui ne ressemble que par l'entrain aux harmonies dansantes de Strauss ou de Musard. Non, ce n'est pas la même fête, mais au fond c'est la même joie ; ce ne sont pas les mêmes danseurs, ce sont les mêmes transports. Regardez avec soin ces jolies filles en robes blanches, les duchesses du hameau voisin, les comtesses des campagnes environnantes, l'escadron volant des beaux jours du mois de juin, et vous reconnaîtrez, même dans cette élégance villageoise, la Parisienne de Paris : c'est elle-même ; elle se cache encore, mais elle se révèle à ce je ne sais quoi de gracieux et de gentil que pas un philosophe ne saurait expliquer. Vous parliez de révolutions tout à l'heure ; eh ! qui vous empêche de croire que toute cette fête se passe à cent ans de distance ? Demandez à ces heureux qui dansent : quel est le roi régnant ?—à peine sauront-ils vous le dire. La majesté souveraine de ces jeunes gens et de ces belles filles, c'est l'heure présente ! Demandez au vieux ménétrier qui fait jurer son violon sous l'archet, s'il a entendu jamais parler de Rossini ou de Meyerbeer ? Lui aussi, ce digne artiste en plein vent, il n'a rien appris, il n'a rien oublié. La ronde qu'il joue à cette heure, elle lui a été laissée en héritage par son père, qui la tenait de son grand-père ; c'est une vraie chaconne que M. de Lully avait composée pour le jeune roi Louis XIV, et que le roi Louis XIV dansait si bien ! Même de cette chaconne les paroles se sont conservées ; je les tiens d'un gentilhomme, charmant poëte, imagination fleurie, bel esprit, qui pourrait être redoutable s'il n'était pas naturellement plein d'urbanité et de bienveillance; un de ces grands seigneurs qui passent leur vie à attendre, à se rappeler les vieux serments, les vieilles fidélités, les vieilles chansons :

>La jeune Iris aimait Cléandre.
>De tous les bergers du hameau,
>Cléandre eût été le plus beau,
>Mais il n'était pas le plus tendre.
>>Ohé! oh là!
>>Voici, voilà
>Comment l'amour vient et s'en va.

>Cléandre se montra rebelle
>Aux doux regards, aux tendres soins;
>Iris, qu'on eût aimée à moins,
>Se mourait d'attente cruelle.
>>Ohé! oh là!
>>Voici, voilà
>Comment l'amour vient et s'en va.

>Mais quand une fille est jolie,
>Toujours on vient à son secours.
>Le dieu qui préside aux amours
>D'Iris avisa la folie.
>>Ohé! oh là!
>>Voici, voilà
>Comment l'amour vient et s'en va.

>Il fit, auprès de la bergère,
>Apparaître un nouveau berger;
>Cléandre devint moins léger;
>Iris à son tour fut légère.
>>Ohé! oh là!
>>Voici, voilà
>Comment l'amour vient et s'en va.

>Cet exemple doit vous apprendre
>Que, dans les cœurs les plus constants,
>Si la tendresse n'a qu'un temps,
>Encor faut-il savoir le prendre.
>>Ohé! oh là!
>>Voici, voilà
>Comment l'amour vient et s'en va.

Eugène Lami — Courses de Chantilly.

J.G. Varrall — Un Été à Paris.

CHAPITRE VI

LES COURSES DE CHANTILLY

Par un beau jour du mois de mai, j'étais dans un des plus beaux lieux de la terre, si beau, que l'opéra de Cicéri n'a pas de décorations plus belles, de flots plus transparents et plus limpides, de gazon mieux naissant et plus vert ; j'étais sur l'immense pelouse de Chantilly. Tout au bout de cette plaine de verdure, et là-bas derrière cette rivière qui coule lentement, là-bas entre ces magnifiques jets d'eau de Bossuet et du grand Condé, qui ne se taisent ni jour ni nuit, voyez-vous cette modeste maison presque bourgeoise qui se cache à l'ombre naissante des peupliers et des saules? Et sur le devant du rivage, voyez-vous ce palais magnifique, ce dôme élevé, ces arcades toutes grandes ouvertes à travers lesquelles une armée passerait de front? Le palais domine tout cet ensemble de sa masse imposante; à ses pieds s'arrête le flot de la rivière en murmurant doucement sa complainte inarticulée; à ses pieds s'arrête, comme un flot d'azur, le duvet du gazon printanier. Le palais écrase de toute sa majesté l'humble maison, qui se fait petite devant lui, et qui cache de son mieux ses murailles dorées, ses plafonds peints par Watteau, ses trumeaux soutenus par des Amours, tout son luxe élégant et coquet du dernier siècle. Et plus la maison se fait petite, plus le palais devient superbe; plus la maison est silencieuse, plus le palais éclate et retentit de cris d'orgueil.

Eh bien! ce palais superbe, ce dôme élevé, ces hautes murailles, cette masse imposante qui attire à soi tout le soleil et toute la verdure, tous les bruits de la plaine et tous les arbres de la forêt, toute l'admiration des hommes et tout le coloris de l'artiste, toute la poésie du siècle passé, tous les souvenirs de l'histoire, ce n'est pourtant que l'écurie de cette petite maison que vous voyez là-bas, modestement couchée au pied de ces murailles que l'on dirait construites pour l'habitation des géants. Depuis le grand Condé, qui la bâtit dans un de ces moments de magnifiques loisirs qui étaient les loisirs du grand Condé, l'écurie royale de Chantilly a subi, comme toutes les grandes choses de ce monde, les vicissitudes de la fortune. Aujourd'hui encore, si le mouvement est rendu à ces gazons si frais, si le bruit est rentré dans cette forêt séculaire, si le château se renouvelle, étonné de ces jeunes et joyeux accents, si le cor éveille de nouveau le vieil écho, si le cerf se remet en route jusqu'à l'alali fatal, si les chiens reviennent à la curée, si ces beaux lieux ont revu la jeunesse parisienne et les jeunes femmes, l'honneur de l'élégance et de la mode, si tout est vie encore aujourd'hui sous ces arbres, rendez-en grâces à l'écurie, ce chef-d'œuvre de magnificence et de goût, que le grand Condé voulut élever en l'honneur de ses vieux et nobles compagnons, les coursiers de Rocroi et de Fribourg.

Mais, cependant, depuis la mort funeste, inexplicable, et dans tous les cas cruellement malheureuse du dernier Condé, qu'étaient devenues les écuries du grand Condé? Elles étaient silencieuses, elles étaient désertes, elles regrettaient leur ancienne gloire, quand le château magnifique, aujourd'hui démoli, servait d'asile à tant de rois, à tant de princes; quand, dans l'écurie même, les rois du Nord venaient dîner en grande cérémonie au milieu des chevaux du prince; quand ces portes immenses s'ouvraient à deux battants, chaque jour, pour laisser passer cette tempête à cheval, qui s'en allait dans la plaine au bruit des fanfares et à la suite du cerf.

Heureusement qu'il est des ruines presque éternelles. Si le château de Condé a été démoli et vendu pièce à pièce, les écuries sont restées debout pour attester la munificence de ces Bourbons que la victoire seule a rapprochés du trône de France.

Seulement, que faire désormais de ces écuries dévastées? comment leur rendre le bruit et le mouvement qu'elles avaient perdus? Il n'y a plus de prince en France qui puisse ou qui ose remplir, à lui seul, les écuries de Chantilly; et cependant, tant cette révolution de Juillet est habile, elle a trouvé le moyen de les remplir!

On a donc imaginé, et la pensée est ingénieuse, d'appeler, non pas la chasse, mais la course, à Chantilly. Les écuries ont été ouvertes, non pas seulement aux chevaux des jeunes princes, mais à tous les beaux coursiers de tous les heureux de ce monde qui sont assez riches pour aimer les beaux chevaux, pour les aimer avec cette passion généreuse qui ne connait pas de fatigues et pas de sacrifices. Voici donc que les nobles coursiers arrivent de toutes parts au premier signal; ils arrivent tous poussés par la gloire, et si beaux et si jeunes et si ardents! Laissez-les donc venir, ouvrez-leur les écuries de Chantilly à doubles battants, préparez-les pour la course; à eux tous les honneurs!

Et en effet, le jour dont je parle, Chantilly avait un air de fête inaccoutumé. Tout le riche Paris, le Paris des oisifs et des jeunes, qui sait rendre utiles même ses loisirs et ses folies, était accouru sur la vaste pelouse. La forêt était animée comme à ses plus belles fêtes de la Saint-Hubert; les écuries avaient repris toute leur importance et retrouvé tout leur orgueil. C'était le jour des grands prix et des grandes acclamations; une heure de triomphe complet pour les chevaux, pour les jeunes gens et pour les femmes, trois aristocraties qui s'entendent à merveille. L'arène, c'était le gazon de Chantilly, gazon chargé d'une gloire olympique, moins la poussière. Dès le matin, les tentes étaient dressées, le chemin était tracé, le but était désigné à l'avance. Dans les écuries, entre leurs magnifiques stalles, les ardents coursiers, impatients de gloire, frappaient du pied la terre, et, l'œil en feu, les narines ouvertes, la crinière au vent, ils disaient comme le cheval de Job : *Allons!*

Bientôt les fanfares commencent : il est temps d'arriver, car à l'instant l'arène va s'ouvrir. La hâte est grande, l'empressement est unanime, le pêle-mêle est complet. La brillante calèche arrive en poste, chargée de plumes et de fleurs et de doux sourires. Le paysan accourt au petit trot de son petit cheval, portant en croupe sa jeune fille, curieuse et animée comme pour un bal. De longues voitures d'osier arrivent au pas, chargées de familles entières, riches fermières qui, du haut de leur carriole, regardent sans envie ces belles dames dans la soie de leur calèche. Ici toutes les voitures sont égales, ici tous les chevaux sont égaux, le cheval du dragon et le cheval du laboureur ; mais enfin tout le monde est à sa place, on n'attend plus que les héros de la fête, les princes de la journée. Sonnez, trompettes ! et vous, héraut, ouvrez le champ !

Quel drame ! quels efforts ! que de beautés réunies ! quelle vigueur ! Avec quelle audace ces agiles coursiers s'élancent dans la prairie ! quelle puissance, quelle énergie ! Vous les voyez, vous ne les voyez plus ! Ils s'élancent, vous croyez que c'est pour la course ? Non, c'est un jeu ; ils ont une lieue pour prendre haleine. Ainsi ils essaient le champ, ils reconnaissent le terrain, ils regardent le ciel, ils regardent les hommes, ils se regardent entre eux et ils s'admirent entre eux, et ils pensent déjà que la palme sera difficile à gagner.

Au signal donné, voici que tout d'un coup ils partent. D'abord on croirait qu'ils marchent, puis qu'ils courent, puis enfin qu'ils volent. La fascination est à son comble, chacun retient son souffle pour les mieux voir : tant d'espérances sont placées sur ces nobles têtes ! Quel plaisir ! la pelouse de Chantilly ! le monde attentif ! les femmes qui oublient de se regarder entre elles pour regarder un cheval ! des paris où l'orgueil est engagé encore plus que la fortune ! Voilà le drame, voilà le théâtre ; et pour acteurs, les plus belles, les plus naïves, les plus charmantes, les plus modestes, les plus admirables créatures parmi celles qui n'ont pas été faites à l'image de Dieu.

Dire, victoire par victoire, le nom des athlètes; dire mot à mot les détails de la course, cela est impossible. Et, d'ailleurs, comment raconter une défaite qui se décide en un quart de seconde? Comment prendre sur soi de mettre à la première ou à la seconde place, les rivalités ardentes du champ de course? Laissons donc ces petits soins à messieurs les gentilshommes du sport, et, quant à nous, comme dit le fabuliste français : *Ne forçons point notre talent.*

Bientôt on annonce une autre course, la course de la coupe d'or. La coupe circule dans les rangs, et chacun peut la voir. Ce n'est pas, cette fois, un de ces gros morceaux d'or ou d'argent sans forme et sans style, c'est un élégant travail artistement ciselé par un de ces ingénieux sculpteurs que la France possède seule aujourd'hui, par Antonin Moyne, ou M. Triquety, ou bien encore M. Klagman, les enfants bien-aimés de Cellini. La coupe gagnée est emportée en grand triomphe par le propriétaire du cheval; et le soir même, sous la voûte de Chantilly, le cheval vainqueur, sans en être plus fier, mangeait son avoine dans la coupe d'or, à côté de ses émules vaincus.

Mais encore une autre course et la plus difficile de toutes. Cette fois il s'agit d'une lutte d'homme à homme et de cheval à cheval, entre les propriétaires de ces beaux chevaux. Cette fois l'intérêt augmente, la lutte qui était entre les chevaux va s'établir entre les hommes. Cette fois il s'agit en même temps d'une course et d'un péril. Il y a un champ à parcourir et une haie à franchir. Il faut arriver et sauter le premier.

Il y a un costume adopté tout exprès pour cette course; plus ce costume est simple et élégant, et mieux il est porté. De longues bottes à revers, un *indispensable* de peau de daim, une chemise de soie rouge, un riche jabot, d'élégantes manchettes, sur la tête une petite casquette de velours, et dans tout cela un beau jeune homme de vingt-cinq ans. Le jeune homme ainsi vêtu monte à cheval, et tout d'abord on voit qu'il est le maître de son cheval. Nos cavaliers sont donc partis au premier signal, franchissant les haies à se rompre la tête et à tuer leur cheval.

Telle est cette course. Elle a été brillante, animée, disputée, sans accident. Chacun a fait son devoir, les chevaux et les hommes. Quand tout a été fini, chacun s'est séparé. Les chevaux sont retournés dans cette noble écurie, qui avait assisté à leur triomphe; quant aux hommes, les uns ont repris la route de Paris, les autres sont retournés dans les joies de leur auberge. Même, un de ces gentilshommes que la Russie envoie çà et là dans les diverses cours de l'Europe, comme pour prouver qu'elle n'a de leçon à recevoir de personne, pour tout ce qui est la grâce, l'élégance, la politesse, voyant tant de jeunes gens bien dispos et tant de belles personnes désœuvrées, s'est mis à improviser une fête dans laquelle était le bienvenu ou la bienvenue, qui était jeune et qui était belle. On ne vous demandait pas votre nom quand vous entriez, on voulait savoir seulement si vous étiez élégante et jolie. J'ai vu encore, ce jour-là, jusqu'où peut aller l'urbanité de ce bon pays de France : dans ce bal improvisé, point de gêne, point de morgue ; les plus grandes dames de Paris dansaient à côté des plus jolies femmes sans nom et sans mari, que Notre-Dame-de-Lorette protége de son ombre tant soit peu profane ; en même temps, plus les honnêtes femmes y mettaient d'abandon et de comme il faut, plus les autres femmes y mettaient de réserve et de décence ; si bien que nous avons quitté Chantilly au milieu de la nuit. La route, le village, la pelouse, la forêt, étaient encombrés de chevaux, de voitures, de postillons, de cochers à demi ivres, de piétons joyeux, de maquignons goguenards ; sur la route il y avait un maître de poste qui vous offrait un lit quand vous lui demandiez des chevaux. Il y en avait un autre qui vous donnait une grosse fille de cuisine pour vous conduire, faute de postillon ; il y avait mille cris joyeux, mille chansons à boire, mille folies, et tout cela éclairé par la lune et accompagné des derniers chants du rossignol.

Tels sont les plaisirs de cette belle saison qui va si vite. Rien n'arrête ces passionnés, une fois qu'ils sont lancés dans leur passion favorite. Tout ce que je pouvais faire de temps à autre, c'était de les suivre à perdre haleine, sauf à me reposer plus tard au bord du chemin, car, je le sens, et j'ai beau faire, tous ces bruits, toutes ces grandes joies ne sont pas dans ma nature; j'aimerais une étude plus patiente, une contemplation plus calme; aller moins vite et mieux voir, serait ma joie; mais le moyen, quand on est pris par la furie parisienne?

De très-bonne heure, — de trop bonne heure, — j'étais de retour dans la ville que j'avais quittée la veille. La ville dormait encore comme si elle eût voulu se remettre de nos fatigues. Le campagnard revenait tranquillement après avoir déposé sur le pavé des Halles cet immense entassement de toutes les denrées que Paris dévore en un jour. — A cette heure du grand matin, la ville est triste à voir : chaque maison est muette, silencieuse, maussade; les rues, si nettes dans le jour, sont obstruées d'immondices; — une population lamentable, — oh! quelle misère! —des malheureux et des malheureuses en haillons parcourent, le balai à la main, toute cette ville des fêtes; — dans le lointain, d'abominables tombereaux passent avec le bruit d'une machine de guerre; — dans l'égout entr'ouvert se glissent de pauvres diables, qui vivent ou plutôt qui meurent lentement dans ces ténèbres infectes. Ah! la toilette de cette ville somptueuse est lamentable! Elle se fait au prix de la sueur des misérables, au prix de la vie des hommes, au prix des plus horribles labeurs.

Puisque j'étais en train de contempler des misères, j'ai obéi à ma destinée. Je suis allé tout droit devant moi par cette nébuleuse aurore parisienne. J'ai foulé d'un pas attristé les ruines sans espoir de l'archevêché, un des plus vieux monuments de la ville. Ces belles ruines d'un chef-d'œuvre que le peuple a brisé dans l'espace d'un jour d'orgie, nul ne peut plus dire déjà ce qu'elles sont devenues; elles ont disparu comme la paille que le vent emporte. Les révolutions sont plus destructives que le temps :

le temps efface, les révolutions renversent; le temps change, les révolutions détruisent; le temps laisse son empreinte et son respect partout où il passe, les révolutions ne laissent après elles que la tache du sang et la trace des flammes. Les révolutions font place nette, jamais ce qu'elles ont déraciné ne repousse; le temps, au contraire, divinité bienfaisante, cache tous ses ravages sous les moissons et sous les fleurs. Le temps, c'est la vieillesse, c'est encore la vie; la révolution, c'est la mort.

Et notez bien que le peuple de France tient presque autant à ses crimes qu'à ses belles actions. Bien plus, dans un moment de fureur insensée, il ne demandera pas mieux que de renverser le monument qu'il a élevé la veille à sa propre gloire; mais faites-lui rebâtir le monument qu'il a écrasé, il y a cent ans, de son pied stupide, il vous répondra que vous l'insultez. Après les ruines qu'il a faites, ce que le peuple français respecte le plus, ce sont les monuments qu'il n'a pas achevés, les choses qui n'ont pas vécu. Vous ne le verrez jamais, aux jours d'émeute, se porter contre les édifices à peine commencés. Non; mais, en revanche, plus vieux est le monument et plus il sera attaqué avec furie. J'imagine que c'est parce qu'il n'a jamais été achevé que le Louvre n'a jamais été mutilé, dans toutes ces insurrections qui l'ont envahi à tant de reprises différentes. On écrase le vieillard chargé d'années, on épargne l'enfant qu'il faut laisser grandir. Grande et fatale ruine, ce Louvre, qui devrait être la gloire de cette immense ville, auquel ont travaillé tant de grands rois et tant d'excellents artistes; le Louvre, qui est le centre de Paris et du monde, le lieu d'asile de l'autorité et des beaux-arts, la merveille nationale, est, à cette heure encore, plus délabré que le dernier hôtel de sous-préfecture dans une ville de quinze cents âmes. Dans ce palais, qu'on prendrait de loin pour le palais de cette princesse qui dort depuis cent ans, l'indigence et le luxe se livrent d'affreux assauts la nuit et le jour. Les plus belles colonnes, dont la tête est couronnée de l'acanthe et du lotus antiques, ont leur base recouverte d'un plâtre ignoble;

les pierres les plus magnifiques sont encadrées dans du bois pourri. Tout autour de cette masure royale, en face même du Musée, se sont abrités toutes sortes de cloaques impurs, où grouillent dans tous les sens le vol, le recel et la prostitution publique, abrités à cette ombre imposante. Incroyable, affreux pêle-mêle des éléments les plus opposés, l'ignoble et le sublime : Perrault l'architecte et le marchand de vin du coin, Catherine de Médicis et Margot ; le chiffonnier et le roi, Jean Goujon et le Jean-Jean accroupi honteusement contre ces murailles. Et quand on songe que l'empereur Napoléon lui-même, qui avait tant d'armées à son service et tant de millions dans les caves des Tuileries, n'a pas pu assainir ces étables d'Augias, on se prend à croire qu'il faut que cela soit impossible. Pourquoi donc impossible, cependant? L'emplacement est à vous, la pensée est toute trouvée, le monument est fait aux deux tiers ; vous avez à vos ordres tous les artistes de la France. A celui qui achèvera cet immense chef-d'œuvre une gloire est acquise, non moins grande qu'à celui qui l'a commencé. Qu'attendez-vous donc? — Mais, disent-ils, une fois terminé, comment remplir ce vaste espace? Comme s'ils n'avaient pas à loger les livres de la Bibliothèque Royale, les Expositions de l'industrie, les produits des beaux-arts modernes, toutes les intelligences, tous les chefs-d'œuvre! Mais ne soyons pas si exigeants, nous autres voyageurs. Nous n'en demandons pas tant pour l'heure présente ; nous laissons aux siècles à venir le soin d'achever ces demeures royales. Nous ne sommes pas ambitieux, nous donnerions toute la part de joie et de plaisir qui nous reviendrait dans l'achèvement du Louvre, pour quatre carrés de gazon et pour une fontaine jaillissante dans cette cour, où les plus mauvaises herbes soulèvent les plus hideux pavés.

Eugene Lami. Coteaux au Chartres. J.B. Allen.

Un Été à Paris.

CHAPITRE VII

LA COURSE AU CLOCHER

Je rentrais chez moi, lorsque j'entends le facteur de la poste aux lettres qui épelait mon nom avec un sang-froid imperturbable. Ces Français ont l'habitude de donner à tous les noms une désinence française. Vous porteriez un nom tudesque du temps de Frédéric Barberousse, un nom anglo-saxon du temps de *Guillaume le Conquérant*, que le facteur de la poste aux lettres ferait de vous, bel et bien, un habitant de la Chaussée-d'Antin ou du faubourg Saint-Honoré, à votre choix. Au reste, cet humble et très-spirituel employé du Gouvernement vaut bien la peine que nous fassions connaissance avec lui.

Le facteur est de sa nature un bon homme alerte et simple, dont la vie est réglée jour par jour, heure par heure; il se lève le matin à six heures, il n'est libre que le soir à six heures; le reste de sa vie appartient à l'administration qui lui cire son chapeau, qui fait ses habits, qui lui donne ses souliers, qui le traîne dans une belle voiture à deux chevaux, qui lui sert de père et de mère, qui lui confie ce qu'il y a de plus respectable dans le monde, les secrets des particuliers. Le facteur est l'homme de tous, il est aimé de tous, il est attendu de tous; c'est l'espérance en uniforme. Il va, il vient, il revient, il s'en va, et toujours sur sa route il ne trouve que des sourires. Messager de mort ou d'amour, d'ambition satisfaite ou d'ambition trompée, il est toujours le bienvenu, car sa présence, et quoi qu'il apporte, joie ou douleur, met un terme au plus cruel de tous les maux, l'incertitude. Le facteur est le lien vigilant et toujours tendu qui réunit le passé au présent et le présent à l'avenir; il est la voix mystérieuse qui parle tout bas à toutes les oreilles, qui se fait entendre à tous les cœurs. Comme la Fortune, il est aveugle, et comme elle, il distribue à tout venant ce qui revient à chacun de bonheur ou de peine; on l'attend, on l'appelle, toutes les portes lui sont ouvertes, toutes les mains lui sont tendues; l'émotion le précède et l'émotion le suit. Quand il paraît sur le seuil d'une maison, je ne sais quelle attente inquiète s'empare de cette maison: le coup du facteur, énergiquement accentué, fait cesser toute occupation domestique, chacun prêtant l'oreille pour savoir quel nom sera prononcé par cet ambassadeur de l'heure présente. Puis il s'en va pour revenir deux heures après; car il est l'homme de tous les instants, car s'il est le matin l'homme de la province, l'homme de toute l'Europe, espèce de plénipotentiaire redoutable et redouté, il n'est plus, le reste du jour, que l'envoyé des petites passions, des petites ambitions et des mille coquetteries parisiennes. Le facteur du matin, tout chargé des missions de l'Europe, de la correspondance du monde entier, décidait peut-être de la vie ou de la guerre, de la ruine ou de la fortune ; le facteur de midi n'a plus à colporter que les mille petits riens de la vie commune : invitations de repas ou de bal, rendez-vous d'amour, pétitions couleur de rose, infâmes billets anonymes, ou bien charmants billets anonymes, de petites lettres parfumées avec cachet à devises qui laissent voir tout ce qu'elles contiennent à travers la transparente enveloppe. Eh bien ! le messager du matin, qui est aussi le messager du soir, est aussi simple, aussi bon, aussi doux le matin que le soir. Rien ne pèse à sa main, pas plus la lettre du banquier remplie de valeurs, que la lettre de la jeune femme remplie d'amour. Il comprend tout et il ne dit rien. Il sait tous les mystères sans en révéler aucun. Il lit par instinct toutes les lettres sans jamais en ouvrir aucune. Il est l'homme qui sait toutes les intrigues, toutes les ambitions, toutes les passions de la vie ; il pourrait dire, mais il ne le dira jamais, quand ces passions commencent et quand elles finissent ; il ne vient pas à une porte sans qu'il sache pourquoi ; il n'y revient pas sans qu'il puisse dire ce qu'il apporte. Il est l'homme de la demande et l'homme de la réponse. Il est à la fois le blâme et la louange, la consolation et le désespoir. A travers tous ces papiers cachetés avec tant de soin, il entend toutes les plaintes qui s'exhalent ; à travers sa boîte de cuir méticuleusement fermée, s'élève pour lui seul un immense concert de clameurs de mille sortes qui l'accompagnent dans sa course, concert admirable de toutes les joies et de toutes les douleurs.

Or, savez-vous quelle invitation contenait cette lettre, — à moi qui revenais à peine des courses de Chantilly ? — On m'invitait à assister, — mais là, tout de suite, à partir à onze heures pour être arrivé trois heures plus tard, — au *steeple chase* de la Croix de Berny. La lettre était écrite d'une façon très-pressante et toute française. On me loue si j'arrive, on me raille si je ne viens pas. On me promet, pour la plupart, les belles dames que j'ai laissées cette nuit même au milieu de la valse et du bal. Par Washington ! souffrirai-je que l'Amérique, en ma personne, soit vaincue par ces frêles et fines créatures, flexibles, mais aussi, dures comme l'acier? Le moyen de refuser? Ainsi point de repos, point de retard, il faut marcher... Marchons donc! et nous voilà tout de suite en route; on eût cru, à nous voir passer au grand galop, que nous allions sauver la monarchie..... Nous allions tout simplement, après avoir vu des chevaux gagner le prix de la course à Chantilly, voir des hommes lutter de bonheur et d'adresse. Et notez bien qu'il fallait se hâter d'autant plus, que c'était là une passion nouvellement importée dans Paris. Aussi bien fallait-il les voir aussi fiers d'avoir conquis cette émotion nouvelle, que s'il se fût agi d'une bataille gagnée. On eût dit que Paris s'était donné rendez-vous sur ce grand chemin où ne passent guère d'ordinaire que les courriers, les ambassadeurs, les malles-postes et les longs troupeaux de bœufs qui se rendent chaque semaine au marché de Sceaux. Cette fois, la route avait pris un aspect inaccoutumé. Les plus beaux chevaux et les plus renommés de la ville, les plus élégants cavaliers et les plus jeunes et les plus jolies Parisiennes qui se soient jamais occupé de chevaux anglais, les amateurs émérites qui ne peuvent plus courir, les très-jeunes gens qui ne courent pas encore, les nobles duchesses de la Chaussée-d'Antin et les vives marquises de la rue du Helder; les Anglais, les maîtres de la France dans ces sortes de plaisirs, le *Jockey-Club* qui donne le signal de ces fêtes; les vieux chevaux élégants et poussifs des manéges, se dandinant au milieu des beaux coursiers du faubourg Saint-Honoré, ils étaient tous à ce rendez-vous rempli d'intérêt et d'émotion; sans compter ces calèches brillantes, ces coupés mystérieux, ces imprudents tilburys, ces berlines majestueuses, ces grands chars à bancs, les meneurs, les grooms, les courriers, les postillons à grandes guides, les quatre chevaux galopant à outrance; sans compter les lourdes diligences et les lourdes charrettes, et les innocents coucous et les fiacres émerveillés qui s'arrêtaient sur les bords du chemin, pour tout voir. Et les belles dames que nous ne comptons pas, moitié satin, moitié velours, moitié hiver, moitié printemps; sans compter tous ces bruits, tous ces mouvements, toutes ces clameurs. En avant donc, puisqu'il le faut, et marchons aussi vite que le soleil!

Ainsi on arrive tout d'une haleine, sur la route, entre deux fossés, entre deux ruisseaux qui coulent, entre deux prairies mouillées encore, sur la route du Bœuf-Couronné, près de la Croix de Berny. Chacun se place, comme il peut, sur la route, au bord du ruisseau, dans la prairie, dans le jardin de cette jolie petite maison à droite, jardin fertile ce jour-là, qui a rapporté à son maître autant qu'une terre de deux cents arpents dans la Normandie. Vous ne sauriez croire le drame qui se passe à cette heure sur cette grande route. L'émotion générale est au comble, les paris sont ouverts, les terribles paris : *Huit contre un!* Tous les chevaux qui sont attendus sont passés en revue; on leur dit leurs noms, leurs exploits, leurs revers, leur âge, leur allure, leurs anecdotes secrètes, leur généalogie; on n'agirait pas autrement pour un nouveau venu dans l'arène diplomatique. Dans cette foule si agitée, plus d'un cœur féminin palpite en secret, tant il s'agit cette fois d'un pari considérable, un pari que fait le cœur! — Pour cette course haletante le moment est bien choisi, le soleil est éclatant et modéré, l'air est transparent, limpide; à coup sûr, on verra de loin les cavaliers venir. Voilà pourquoi on les attend, pourquoi on les appelle, pourquoi l'anxiété est générale.

Après une heure de cette attente pleine de charme, enfin ne voyez-vous pas dans le lointain, à travers les saules du rivage, à travers les branches blanchissantes des peupliers de la prairie, ne voyez-vous pas accourir comme une légère vapeur rouge ou bleue?...

En effet, les voici, ce sont eux, ce sont les coureurs de la journée, tous *gentlemen riders;* ils ont déjà franchi en cinq minutes une lieue et demie d'un terrain glissant et difficile; deux fois ils ont traversé la Bièvre aux gracieux contours, ils ont franchi sans hésiter plus de vingt barrières; ils accourent, applaudissez!...

Et cependant leur tâche n'est pas finie; de toutes ces barrières qu'ils ont franchies, reste la plus difficile de toutes. Que dis-je, une barrière? un terrible fossé!

Ce fossé est au bout du chemin, sur la route du Bœuf-Couronné, il est plein d'eau; le fossé est à pic d'abord, puis, arrivé sur le haut de cette montée, il faut descendre dans un ravin formidable, d'autant plus dangereux ravin qu'il est impossible que les chevaux le puissent découvrir. Aussi bien tout l'intérêt est placé sur cette dernière épreuve; c'est là que sont fixés tous les regards, toutes les âmes; là est le péril, là est la gloire, là est le triomphe. Ne dirait-on pas que ces esprits avides, ces regards curieux, ces sortes d'épouvante, appartiennent à quelque grande catastrophe qui va venir? Peuple passionné qui porte aux choses les plus futiles toute l'énergie, tous les instincts, toute la vivacité dramatique de la passion!

Eugène Lami.

Intérieur de Évêque.

Un Été à Paris.

CHAPITRE VIII

LE CIRQUE DES CHAMPS-ÉLYSÉES

Mais si vous aimez les sauts périlleux, les tours de force, tous les périls de l'équitation, surtout si vous aimez, par une tiède soirée de l'été, un spectacle sans fatigue, allez au Cirque-Olympique. C'est le rendez-vous favori de tous les hommes pour qui l'Opéra n'a plus de mystères, de toutes les femmes à la mode, belles exilées du Théâtre-Italien, et qui vont voir sauter des chevaux en attendant que reviennent Lablache, Rubini, madame Persiani et les autres rossignols au gosier mélodieux. Le Cirque-Olympique est le plus vaste et le plus solide campement des Champs-Élysées. L'architecte a voulu tout simplement construire, non pas un théâtre, mais une tente. A peine entré, vous êtes frappé de ces proportions gigantesques. La peinture, le velours, les lustres allumés, éclatent de toutes parts. Figurez-vous, — mais où donc vais-je prendre mes comparaisons ? — les

Arènes de Nimes, exécutées sur une petite échelle, en bois doré et en carton peint, et transportées là comme une contrefaçon de ce cirque de géants, vous aurez le Cirque-Olympique des Champs-Élysées.

Rien n'a été oublié ni au dedans ni au dehors, pour la parure de ce monument fragile. Au dehors, M. Pradier a placé les plus charmants bas-reliefs; sur le fronton, une belle amazone à demi nue dompte en se jouant un cheval fougueux. D'habiles artistes, car c'est une des habitudes royales de la France d'appeler en toute occasion la peinture et la sculpture à son secours, ont chargé la coupole et les murailles de toutes sortes de fantaisies brillantes; vous entrez de plain-pied, et soudain se présentent à vous toutes sortes d'escaliers, de corridors, de passages, qui vous conduisent du haut en bas de l'édifice; un lustre immense domine de ses feux une trentaine de lustres plus petits. Il nous semble que l'arène est un peu resserrée pour cette imposante enceinte; mais qu'importe l'arène? Le vrai spectacle, c'est cette vaste salle toute garnie par des hommes et par des femmes de toutes couleurs, chatoyant pêle-mêle, entassé là par le seul grand artiste qui soit sûr de remplir une salle, par le seul comédien toujours fêté, toujours adoré du public, toujours en voix, toujours en haleine, toujours populaire : le bon marché.

Comme il a fallu tout voir, nous sommes entrés dans le foyer des acteurs. Voilà, cette fois, un lieu de délices. Ce foyer des acteurs est vaste, aéré, bien habité; vous entrez là sans que pas un des artistes s'aperçoive de votre présence, pas un salut, pas un sourire de l'ingénue, pas un regard du jeune-premier; ces bons et braves gens sont tout entiers à leur réplique. Quand leur tour est venu d'entrer en scène, ils y vont simplement, sans cris, sans gestes, sans même se regarder au miroir; leur tâche accomplie, ils reviennent à leur foyer sans s'enorgueillir des applaudissements arrachés à la foule. Ils n'ont jamais payé le plus petit claqueur pour les faire valoir, au détriment de leurs rivaux. — Ils ne se sont jamais insultés, calomniés les uns les autres pour un rôle à leur convenance. — Jamais vous n'avez vu, dans ce foyer modèle, la grande coquette venir étaler ses bijoux mal gagnés, le tyran faire teindre en noir son poil blanc, le raisonneur arriver chancelant sur ses jambes; ils sont tous sobres, sévères, sérieux; ils se contentent, pour tout appointement, de leur pain de chaque jour; ils n'ont pas une seule dispute avec l'habilleur du théâtre pour un morceau de bure ou de velours; ils obéissent au régisseur comme obéirait un seul homme. Le beau foyer! on n'y sent ni le musc, ni le patchouli, ni l'eau de Cologne, ni les roses fanées; on n'y voit ni faux toupets, ni poudre, ni rouge, ni blanc de céruse, ni mouches, ni fausses dents, ni faux mollets; là tout est vrai, la vieillesse, la jeunesse, la beauté, la laideur, la force et la grâce, l'intelligence et la passion. Le beau foyer! Et l'on s'obstine à appeler cela une écurie!

Que parlions-nous tout à l'heure de course au clocher? Était-il donc besoin d'aller si loin pour rencontrer toutes ces difficultés et tous ces périls? Le Cirque-Olympique ne suffit-il donc pas à toutes les émotions équestres du Parisien? Savent-ils donc un homme qui monte mieux à cheval que Baucher? Baucher, le vainqueur de *Neptune* et de *Partisan!*

Jamais arène plus glissante, jamais sentiers plus effrayants, jamais sauts de loup plus perfides, même sur le fossé du *Bœuf couronné*, ne se sont rencontrés plus nombreux qu'au Cirque-Olympique. Allez-y; peut-être serez-vous assez heureux pour qu'une jeune écuyère se casse les reins ce soir-là, sous vos yeux, et sans que le prix des places soit augmenté. Pas de jour ne se passe où l'équilibre ne leur manque : tantôt c'est le cheval qui va trop vite, tantôt elles vont trop vite pour le cheval.—Image trop réelle des passions. L'une s'est brisé le bras, et quand on l'a relevée, elle souriait à la foule ébahie, — l'autre s'est foulé la jambe, et elle s'est tenue debout sur l'autre jambe, — on croyait que cet exercice était dans son rôle. Il en est qui, furieuses de se voir désarçonnées en plein parterre, se mettent à courir après leur coursier tremblant, et alors ce sont des réactions incroyables de l'écuyère contre le cheval : le cheval se met à genoux et il demande grâce les deux mains jointes ! La dame lui pardonne et le prend en pitié... C'est un cheval !

J'ai eu la joie de voir M. Baucher monter son beau *Partisan*. Ce M. Baucher est un très-habile écuyer qui a forcé le plus terrible cheval qui soit venu d'Angleterre à exécuter même des quadrilles et des pas dont M. Vestris lui-même, le grand Vestris, mort cette année dans un incognito qui l'eût bien étonné, le malheureux homme ! eût été grandement jaloux. Dans le système de Baucher, le cheval n'a plus ni volonté, ni intelligence, ni souvenir. Il n'est plus qu'une machine, ou, si vous aimez mieux, une force obéissant aux moindres mouvements que lui transmet le cavalier, sans que la moindre résistance soit possible. Aussi *Partisan* fut-il dompté dès le premier jour. Dès le premier jour, ainsi monté, ce terrible cheval devint tout de suite un animal docile et calme. Tout ce qu'on lui demande il l'accorde sans peine, sans effort. Il va, il vient, il s'arrête, il se cabre, il saute, il vole, il marche, il tourne sur une jambe, sur l'autre jambe, il galope avec les jambes de derrière, il marque la mesure comme M. Habeneck ; vous n'avez aucune idée de cette facilité, de cette grâce, de cette élégance, de cette légèreté. Est-ce un homme ? est-ce un cheval ? D'où vient cela ? On n'en sait rien. Le cavalier est aussi calme que sa bête. Il est en selle, et malgré toute votre attention, vous ne sauriez dire comment donc s'exécutent, l'un portant l'autre, tous ces grands tours de force qui ne sont pas des tours de force ! En effet, vous ne voyez agir ni les mains ni la jambe du cavalier ; vous diriez que le cheval agit de lui-même, et parce que c'est là son bon plaisir. Quand *Partisan* reste les deux pieds de devant fixés sur le sol, et qu'il marque largement des *foulées* avec le pied de derrière, ou bien quand il se tient sur les pieds de derrière, et qu'il agite en cadence les pieds de devant, le vulgaire est tenté de crier : *C'est miracle !* Le miracle, c'est qu'il n'y a pas de miracle; c'est la chose la plus simple du monde; ce beau résultat est le résultat de l'équilibre, que le corps du cavalier soit porté d'arrière en avant, ou bien d'avant en arrière. Quelle précision cependant ne faut-il pas, quand par exemple le cheval doit ne remuer que les deux jambes diagonales ! Avec quelle justesse faut-il surcharger ou alléger telle ou telle partie de l'animal ! Mais aussi un cheval ainsi monté est le beau idéal du genre cheval et du genre cavalier. Jusqu'à présent en fait de chevaux montés en public, vous n'avez guère vu que des comédiens; *Partisan* est un véritable cheval !

Dans les plus beaux jours de l'été, au sortir du Cirque, si vous savez un peu votre Paris, vous vous garderez bien de rentrer tout de suite à votre hôtellerie. Abandonnez-vous, au contraire, à ce guide fidèle, à ce *cicerone* dévoué qu'on appelle le hasard. Dans ces Champs-Élysées, on y revient toujours; je ne sais quelle puissance attractive vous y ramène sans fin et sans cesse. On vient encore de les embellir : toutes sortes de jolies petites maisons riantes s'élèvent au milieu de petits jardins bien dessinés; de toutes parts les eaux jaillissantes font entendre leur doux murmure. Des chanteurs en plein vent s'attaquent hardiment aux mélodies rossiniennes. Dans l'*Allée des Veuves*, sur l'emplacement même de la maison de madame Tallien, cette reine si belle et si bienveillante d'une république à l'agonie; sous ces ombrages que le jeune Corse Bonaparte foulait d'un pied timide à la suite de Joséphine Beauharnais, la charmante créole, le Parisien a établi un bal champêtre; dans ce bal on danse tous les soirs, et pas un danseur ne se doute des histoires qui se sont passées dans ces allées foulées par tant de pieds charmants ou terribles.

Vous allez ainsi toujours en quête de ces magnificences si brillantes sous la nuit étoilée. L'*Allée des Veuves* vous ramène à la rivière calme et fière. Vous jetez un regard étonné sur une petite maison brodée à jour, une maison de la Renaissance; elle a été apportée de Fontainebleau pierre par pierre, et placée là sous ces arbres étonnés de cette exquise élégance. — Une longue suite de candélabres éclairés vous ramène jusqu'à la place Louis XV. — Tout au loin vous apparaissent le dôme et l'hôtel des Invalides, et le jardin de la Chambre des Députés, et cette longue suite de maisons charmantes qui bordent la rivière; — et l'Institut, — et encore et toujours le palais des Tuileries, — immobile, plein d'ombre, de calme, de repos, de majesté!

Belles heures des nuits étoilées! aurore boréale du ciel parisien! — Un soir, me promenant ainsi à travers ces fêtes du silence de la nuit, j'aperçus tout d'un coup, dans le ciel inondé de clartés divines, je ne sais quelle immense émotion qui ressemblait à la clarté d'un soleil inattendu. Jamais la ville n'a été plus brillante, jamais le ciel plus serein, jamais ces hauteurs plus grandioses. C'était la comète triomphante de 1843, qui s'en allait frapper, de sa main ornée d'étoiles, à la porte de l'Observatoire, en disant : *Tu dors, Arago!*

CHAPITRE IX

LES GALERIES DU LOUVRE

ENTRE autres grands plaisirs du beau Paris dans la belle saison, il faut placer l'exposition du Louvre.... Mais quoi! je m'aperçois, un peu tard, que je ne vous ai pas dit encore comment il se fait qu'après être parti pour tout de bon, après avoir dit adieu aux fêtes de l'hiver qui finissaient à peine, me voilà de nouveau plus Parisien que jamais et parcourant la ville entière d'un pas charmé, d'un regard enthousiaste, heureux et fier autant qu'un roi légitime qui vient de reconquérir sa capitale. Mon Dieu! rien n'est plus simple, et, pour peu que vous ayez pénétré dans les enchantements de notre ville bien-aimée, vous comprendrez, sans une explication plus longue, et mon départ et mon retour. Après quelques mois d'absence, la patrie vous appelle, les amis de là-bas vous tendent les bras, vous vous représentez vos intérêts et vos devoirs, et soudain vous partez en toute hâte. Oui, mais à peine avez-vous fait les premiers pas que vous vous dites à vous-même : — Qui sait si mes amis m'attendent si tôt? Quel besoin la patrie peut-elle avoir de mon oisiveté? Cette affaire qui me paraissait toute remplie de difficultés, à présent que j'y songe, je la trouve des plus simples. D'ailleurs, une fois que j'aurai quitté la ville de mon admiration et de mon étude, qui peut dire quand donc je reviendrai?—Tel était le raisonnement que je m'adressais sur la jetée du Havre, pendant que le paquebot du retour se balançait dans l'onde doucement agitée. Cependant le soleil se levait radieux; le ciel de la Normandie, calme et serein, prolongeait au loin ses limpides et fertiles clartés. Du Havre, et pour peu que vous prêtiez une oreille attentive, vous pouvez encore entendre les bruits sonores, les harmonies imposantes, les rêves de la grande ville ; et puis la patrie américaine est encore si loin de nous! Paris est si près! — Allons, que risquons-nous? Pourquoi partir si vite? Trois mois encore, seulement trois mois nouveaux d'observation, de causeries, de longues courses à travers ces rues, ces monuments, ces mœurs changeantes; trois mois pour qu'il me soit enfin permis de voir la verdure, les fleurs, les châteaux, les monuments, les vieilles ruines et les ruines modernes de la campagne parisienne; — le temps de parcourir les bois enchantés de Marly, le temps d'étudier les sept à huit châteaux de toutes les époques qui se sont donné rendez-vous dans les jardins de Fontainebleau; le temps d'admirer les paysages de Chantilly et de Compiègne. — Allons, c'en est fait, je reviens sur mes pas; transportez-moi dans le parc de Meudon si rempli de belles histoires; conduisez-moi dans ce palais de Versailles qui renferme tout le grand siècle, en sa muraille de marbre et d'or..... De grâce, un peu de répit, quelques jours encore! Songez donc que la forêt souriante de Montmorency, — ombrages profanes, bosquets jaseurs, — écho qui répète tant de paroles imprudentes, — frais sentiers que traça le premier, d'un pas poétique, J.-J. Rousseau lui-même; songez donc que toute cette ombre va disparaître, que la forêt tout entière a été vendue à l'encan par les héritiers de ce problème vicieux et sans cœur que l'on appelait naguère madame de Feuchères; — un beau nom que cette femme n'a pas pu souiller, tant le mari de cette femme s'est montré indigné, généreux, père des pauvres; — songez à tout cela, et vous, mes frères et mes amis les Américains, laissez partir et revenir deux ou trois paquebots encore, et puis je pars, je pars heureux, je pars content, je pars pour ne plus admirer que nous-mêmes, les enfants de Washington et de Francklin.

Ainsi fut dit, ainsi fut fait. Me voici de nouveau. Je reviens sur mes pas, après avoir écrit à la dernière page de mon livre [1] que j'étais arrivé sain et sauf à New-York; je reviens par la même route qui m'avait conduit sur les bords de l'Océan. Le flot de la mer vous pousse à l'embouchure de la Seine; un vaste bateau, qui s'appelle *la Normandie*, vous dépose sur les quais de la ville de Rouen, une sérieuse et grande capitale. Vous saluez de loin les monuments, les ruines, les beaux aspects de cette province, opulente entre toutes. Gothiques cathédrales, châteaux du onzième siècle, tombeaux des ducs normands, forteresses par lesquelles ont passé tour à tour les Guillaume et les Richard, Philippe-Auguste et le prince Noir... tout un poëme! Regardez avec attention, et dans ces plaines fertiles, sous la verdure naissante du blé qui recouvre la plaine, vous retrouverez à coup sûr un champ de bataille. Dans ces vastes espaces admirablement cultivés se sont rencontrées, armées jusqu'aux dents, la

Hiver à Paris, que l'on peut considérer comme le *Tome 1ᵉʳ* de ces *Esquisses*.

France et l'Angleterre; elles ont combattu l'une contre l'autre pendant trois cents ans, elles ont combattu jusqu'à la rage, jusqu'au blasphème; et cependant savez-vous quel admirable spectacle m'attendait aux portes mêmes de Rouen? Je vous jure que c'était à ne pas y croire. J'avais passé par ces mêmes sentiers il n'y avait pas huit jours; j'avais traversé en voiture cette même route pittoresque dont chaque ville porte un nom historique; et maintenant, quel est ce concours de tout un peuple? pourquoi toutes ces bannières déployées? pourquoi ce canon qui gronde joyeusement, ces cloches à toutes volées, ces musiques et ces joies qui se croisent? pourquoi tout ce clergé et ce vénérable archevêque qui traversent la ville, précédés des saintes bannières? quelle est la fête que l'on célèbre, et qui donc est attendu ainsi avec tant d'impatience, tout ce transport et tout cet orgueil? Voyez la chance heureuse! J'arrive justement à Rouen à l'instant même où le chemin de fer faisait son entrée triomphale dans l'admirable province. C'est que la ville de Rouen, ainsi parée de ses plus beaux atours, attendait une visite royale que lui faisait la ville de Paris, conduite par deux fils du Roi, deux jeunes gens dignes de leur fortune, M. le duc de Nemours, destiné, par la mort du duc d'Orléans son frère, à rendre à la France tant de bons et loyaux services, et son plus jeune frère, M. le duc de Montpensier, à peine échappé aux études du collége et si fier de porter l'uniforme des artilleurs. Ils arrivaient au milieu de la joie universelle, conduisant avec eux tout ce qui porte un grand nom dans la politique, dans les sciences, dans les belles-lettres, dans les beaux-arts de ce siècle. Avec la rapidité d'un cheval de course, ces trente-quatre lieues avaient été franchies, et maintenant le prince était reçu par une double foule anglaise et française à la fois; car, chose merveilleuse! ce beau sentier à travers les riches campagnes de la France, c'est l'œuvre commune des deux peuples. Ouvriers français, ouvriers anglais, — argent des deux pays, ingénieurs des deux nations; — sang-froid anglais, pétulance française; —

la solidité de celui-là, l'élégance de celui-ci. En deux années, jour pour jour, ils étaient venus à bout de cette vaste entreprise, ils avaient surmonté des obstacles qui paraissaient infranchissables; la gloire était commune, le triomphe était partagé. Du côté des Français, on criait : « Vive Locke, l'ingénieur anglais! » Du côté des Anglais, on criait : « Hurra pour Brunel le Normand! c'est le plus grand ingénieur du monde! — Vous nous avez donné le chemin de l'Océan, disaient les Français. — Nous vous devons le tunnel sous la Tamise, » disaient les autres. Ce jour-là, les uns et les autres, ils ont mangé à la même table, ils ont bu dans le même verre, ils ont fraternisé de la grande fraternité de la sueur et du travail. On leur servait un bœuf entier : repas homérique! Et, certes, il faut plus de patience et autant de courage pour aplanir toutes ces montagnes, pour combler toutes ces vallées en deux années, que pour prendre en dix ans la ville de Troie. — Voilà ce que j'ai vu. J'ai vu toute une population triomphante, sérieuse, convaincue de son œuvre; j'ai vu un vieil archevêque, naguère grand-aumônier de France, au temps de Sa Majesté le roi Charles X, un de ces hommes vaincus qui ont paru plus grands dans leur défaite qu'ils ne l'étaient dans leur triomphe, donner gravement la bénédiction de l'Église catholique à des machines à vapeur gouvernées par des huguenots, et ces huguenots courber la tête avec respect. Que nous étions loin, à ce moment, du jour funeste où les Anglais brûlaient comme sorcière, sur une des places de cette ville de Rouen, la plus chaste et la plus sainte héroïne de la France, la Pucelle d'Orléans!

Grâce à l'hospitalité de cette journée mémorable, je rentrai dans Paris d'un pas plus rapide que si j'eusse mis quatre chevaux de poste à ma voiture. Chemin faisant, j'entendis raconter que la veille même de ce jour, avait été inauguré le chemin de fer de Paris à Orléans. Ainsi ces trois grandes merveilles de l'art chrétien, de la croyance chrétienne : la cathédrale d'Orléans, Notre-Dame de Paris, Saint-Ouen de Rouen, ne sont plus qu'à dix lieues de distance l'une de l'autre, grâce à cette double révolution des deux chemins de fer.

Où en étais-je?.... Je vous disais qu'entre autres surprises, entre autres bonheurs de la belle saison à Paris, j'étais attendu par l'exposition du Louvre. Cette exposition de la peinture moderne est l'événement de chaque année; on en parle deux mois à l'avance; pendant deux mois, c'est une impatience fébrile, c'est un bruit à ne pas s'entendre :—Qui donc verra-t-on cette année? quels tableaux se cachent encore dans l'atelier? que fait M. Ingres? quelle bataille prépare M. Eugène Delacroix? M. Delaroche aura-t-il achevé son nouveau drame? Avez-vous entendu dire que M. Paul Flandrin avait eu deux portraits refusés? On raconte à l'avance des merveilles du paysage de Jules Dupré et des belles toiles de Marilhat. La marine de Morel Fatio est une belle œuvre; comme ces marchands de *bois d'ébène* sont horribles à voir et furieux! — Vous savez, et la nouvelle est sûre, que cet habile et ingénieux sculpteur, Antonin Moyne, s'est mis à dessiner au pastel, et que ses portraits sont pleins de grâce, pleins d'élégance et pleins d'esprit? Tant mieux pour les peintres si Antonin Moyne se fait peintre; tant pis pour les sculpteurs s'il renonce à la sculpture. — Moi, je sais le nom de la nouvelle statue de Pradier, elle s'appellera *Cassandre*. — Et moi j'ai vu hier (en risquant un œil) les deux tableaux d'Eugène Giraud. En voilà un qui sait à fond son Louis XV! Les jolies et les fraîches jeunes filles qu'il a faites! comme il sait les parer, les vêtir et les habiller sans qu'il y paraisse! —On dit des merveilles des miniatures de Maxime David, portraits si ressemblants et si ornés! — Ce qu'il y a de certain, c'est que Camille Roqueplan ne veut rien envoyer au Louvre; c'est que Tony Johannot est tout occupé à faire de belles images pour la librairie; Ary Scheffer, le peintre sérieux de *Faust* et de *Marguerite*, va briller cette fois par son absence; Decamps lui-même, qui soulevait tant d'émotions et tant de louanges, il ne veut pas que l'on entre dans son atelier. En voilà un singulier corps! Le ministre voulait lui donner la croix d'honneur : « J'aime mieux, dit-il, que l'on me donne une permission de chasse. » — N'avez-vous pas remarqué la belle esquisse de *Charles-Quint ramassant le pinceau du Titien*? Ce sera là, soyez-en sûrs, un des beaux tableaux de Robert Fleury. Léon Coignet vous fera peur avec le *Tintoret au lit de mort de sa fille bien-aimée*. — Pour ma part, depuis que Redouté est mort, emportant avec lui les dernières fleurs de son jardin, je n'ai rien vu de plus charmant que la *Guirlande* de M. Saint-Jean. — En fait de tableaux historiques destinés au musée de Versailles, vous aurez, à ce qu'on raconte, deux *Achille de Harlay*, l'un de M. Vinchon, l'autre de M. Abel de Pujol. — L'autre jour, j'ai suivi le général Beaume; il s'escrimait, le pinceau à la main, dans la plaine d'Oporto; il conduisait vaillamment le maréchal Soult à la victoire. — J'ai entendu dire que mademoiselle Journet avait pris en pitié le savant Lavoisier, et qu'elle faisait un tableau à la louange de ce savant chimiste égorgé par le bourreau! — Tels sont les discours, et bien d'autres, qui se tiennent à la porte du Louvre. A la fin, cependant, le Louvre est ouvert; la foule des artistes et des curieux les plus intrépides entre et se précipite; chacun cherche d'un œil inquiet son tableau d'abord, et ensuite le tableau de son voisin. — Pourvu que le jury de peinture n'ait pas chassé du Louvre l'œuvre qui a donné tant de peines et causé tant d'insomnies à son auteur! Pourvu que ces juges impitoyables n'aient pas éloigné des regards et de l'admiration du public cette belle toile, cette admirable statue! On va, on vient, on regarde, on se presse, on se pousse, on interroge le livret. Et d'ailleurs, aura-t-on une belle place sur les murailles du Louvre? Mais non, la place est mauvaise. — Trop de soleil! — Pas de soleil! — Une clarté qui offense! — Une nuit profonde! — J'aurais été si bien dans le salon carré! — On m'a hissé au-dessus d'une porte! — Et moi donc, on m'a placé à côté de la galerie des Flamands! — Ainsi, une fois le Louvre ouvert, les cris recommencent de plus belle. Nous, cependant, qui, Dieu merci, ne sommes que des spectateurs de sang-froid, parcourons d'un pas quelque peu solennel ce magnifique ensemble de tous les beaux-arts.

Le plus beau soleil resplendit dans ces galeries encombrées d'une foule immense. Dans cette foule d'admirables *rapins* (un mot énergique pour désigner les grands artistes inconnus) dominent les longues barbes, les longs cheveux, les longues dents, les longues mains qui sortent des habits trop courts. C'est une causerie brillante, animée, piquante surtout; les bons mots volent en éclats, et ils vont frapper juste au beau milieu de ces toiles inquiètes et tremblantes. Qui que vous soyez, prenez garde à cette première heure du Salon, elle est impitoyable; le sarcasme est dans tous les yeux, sur toutes les lèvres. Rien n'est épargné, ni le nom, ni le sexe, ni l'âge. Surtout quand par hasard l'Institut se permet d'envoyer en ce lieu ses rares chefs-d'œuvre, l'Institut, qui se compose des membres du jury qui ouvre ou qui ferme le Louvre, passe là un mauvais quart d'heure, et c'est bien le moins qu'on lui rende railleries pour cruautés.

— Oh! oh! dit l'un, voilà *les généraux* de Couderc, ils sont tout violets. — Non, dit l'autre, ils sont blancs. — Un troisième soutient qu'ils sont noirs. C'est qu'en effet pas un tableau n'a tout d'abord sa couleur naturelle; il faut qu'ils s'habituent au grand jour. — As-tu vu, s'écrie celui-ci, l'admirable tableau d'Eugène Delacroix? — As-tu vu, s'écrie celui-là, l'abominable tableau d'Eugène Delacroix? — Comme le *Trajan* est laid, dit le premier. — Comme les étoffes sont belles! dit le second.— Viens à gauche dans la grande galerie, je te montrerai le *Bosphore de Thrace*, de Gudin. — C'est *le phosphore de Thrace* que tu veux dire! — Mais nous n'en finirions pas si nous vous rapportions toutes ces innocentes méchancetés.

Nous, cependant, ce que nous cherchons tout d'abord dans ce pêle-mêle sans confusion, ce sont les portraits qui chaque année encombrent les salons du Louvre, tant sont nombreux les grands hommes et les belles personnes de la France. De toutes les œuvres de la peinture, la plus importante pour le voyageur qui veut connaître les hommes d'une nation, et surtout la plus difficile pour un peintre qui sait son art, celle qui parle le plus à l'imagination et au souvenir, c'est le portrait. Rien qu'à les voir, ces grands hommes de la paix et de la guerre, il vous semble que vous allez les reconnaître. Vous prêtez l'oreille comme si vous deviez les entendre. Plus les époques historiques ont été solennelles, et plus les portraits de ces mêmes époques ont été des chefs-d'œuvre. Le siècle de Léon X est fier à bon droit du portrait de Léon X par Raphaël; le roi Charles Stuart a pour son peintre ordinaire Van Dick en personne. Henri VIII le terrible posait devant Holbein; Louis XIV, qui avait Lesueur, se contentait de Mignard. Quant à l'empereur Napoléon, dont pas un bon portrait n'est resté digne d'un tel modèle, l'empereur Napoléon (mais il ne s'en est jamais douté) avait sous la main un artiste égal aux plus grands peintres de portraits : M. Ingres en personne.

Quand l'Empire en était encore à revêtir ses uniformes brodés, à se couvrir de ses étoiles d'or, à Rome, au milieu de tant de splendeurs divines qu'il adorait à genoux, vivait un artiste inconnu, M. Ingres. Cet homme, qui est le plus grand artiste ou tout au moins l'artiste le plus sérieux de son temps, par un certain pressentiment de la chute impériale et de la fin prochaine de cette monarchie militaire qui ne fournissait aux peintres de l'Empire que des épaulettes, des épées et des uniformes, car les héros qui les portaient n'avaient guère le temps de s'arrêter dans les ateliers des faiseurs de portraits, étudiait avec constance les grands maîtres de l'Italie. Par une étude sévère de chaque jour, et en copiant, pour un petit écu, toute figure qui posait devant lui, M. Ingres apprenait à se passer de tous les accessoires chatoyants et turbulents que Sa Majesté l'Empereur et Roi avait mis à la mode. Si bien que lorsque l'Empire fut tombé, et après l'Empire la Restauration, emportant avec elle le peu qui restait en France de la décoration extérieure; quand

M. Gérard, après avoir manqué tout à fait une des plus belles têtes, une des plus nobles de ce temps-ci, celle de M. de Lamartine, eut renoncé à peindre des hommes si mal vêtus; quand M. Gros, vaincu par l'uniforme grotesque de Clot-Bey, eut porté sur lui-même des mains injustes, insensées, criminelles, alors apparut M. Ingres; il venait à l'instant même où le portrait paraissait impossible. « Ah! dit-il à ces Parisiens stupéfaits, vous ne savez pas vous passer de toute cette défroque mal brodée de la Restauration et de l'Empire! Ah! pour que vous fassiez de beaux portraits, il vous faut absolument une cour militaire et des sénateurs empanachés! Allons, enfants, du courage! faites comme moi, passez-vous du clinquant extérieur. » Et, pour prouver ce qu'il avançait, M. Ingres s'en alla chercher, parmi les citoyens les moins décorés et les plus excellents de ce temps-ci, un homme qui n'a jamais voulu accepter ni place, ni dignité, ni aucun des signes extérieurs à quoi se font reconnaître tant d'hommes ordinaires dans la foule des gens médiocres. Véritablement, pour la réalisation du projet, ou plutôt de la révolution de M. Ingres, jamais modèle ne fut mieux choisi. Figurez-vous un homme des anciens jours, le plus beau et le plus jeune des vieillards, d'une taille élevée que l'âge n'a pu courber; un front vaste et intelligent, couvert de cheveux blancs; un œil fier et bon, rapide et sûr; le sourire plein de malice, d'esprit et de bienveillance; en un mot, la tête calme et intelligente d'un philosophe et d'un penseur. La taille, la démarche, le corps, les mains étaient à l'avenant. M. Ingres reproduisit, dans toute sa perfection, la beauté de son modèle, non pas sans l'avoir étudié avec une rare complaisance. Et quand enfin, au Salon de 1834, apparut ce chef-d'œuvre, digne du Titien lui-même (et notez bien que je sais toute la valeur du grand nom que je prononce), aussitôt voilà la foule qui se presse et qui s'étonne, et qui se demande : « Quel est celui-là? » Celui-là était vêtu comme tout le monde, d'une redingote en drap noir; il était assis dans un mauvais fauteuil d'acajou, qui est, comme vous savez, un bois proscrit; il ne portait pas à sa boutonnière le plus petit morceau de ruban rouge; il était assis dans l'attitude la plus naturelle, comme un honnête bourgeois qui, par un beau jour d'été, rêve aux embellissements à faire à sa maison des champs; et pourtant, — tel est le sûr instinct de la foule quand on lui dit vrai, — personne ne songea à comparer ce portrait-là avec les portraits de tous les bourgeois décorés ou non décorés, — niaise foule de faces banales et d'habits endimanchés, qui entouraient le chef-d'œuvre de M. Ingres. Du premier coup d'œil jeté sur la toile vivante, la foule eût reconnu le penseur, le philosophe, le sage et prudent politique, le citoyen vraiment courageux qui a préféré toute sa vie l'intérêt des masses à cette vaine popularité qui ne demandait pas mieux que d'être sa très-humble servante. Le triomphe de M. Ingres fut immense; et, certes, ce dut être là une belle heure dans sa vie, quand il eut réalisé enfin le grand rêve de sa vie : faire le portrait d'un bourgeois de Paris, et se montrer l'égal des plus grands maîtres de l'Espagne et de l'Italie. Le portrait de M. Bertin, par M. Ingres, fut donc tout à fait une révolution : par là il fut démontré, et la démonstration est restée sans réplique, qu'il n'était pas besoin, pour les grands peintres, de toutes ces décorations extérieures dont les anciens maîtres avaient été si jaloux... Exceptons Titien cependant, et Raphaël, qui sont toujours très-sobres d'ornements. A peine le portrait de M. Bertin l'aîné, cet homme excellent que ses amis pleurent encore, que ses disciples n'oublieront jamais, eut-il remporté cette victoire, qu'aussitôt M. Ingres, l'illustre peintre, vit entrer dans son atelier un des hommes de ce temps-ci qui tient le plus à sa dignité personnelle. Celui-là, non moins que M. Bertin l'aîné, est un grand et habile politique; seulement il a gouverné les affaires tout à la fois par le conseil et par l'action. Dans toute cette démocratie plus qu'américaine qui menace d'envahir toute la France, il est resté un gentilhomme qui comprend à merveille tous les engagements du grand nom que lui ont transmis ses pères. Donc, pour qu'un pareil homme se décidât à se faire peindre par un peintre comme M. Ingres, il fallait certainement qu'il eût trouvé qu'en effet M. Ingres était le premier peintre de l'aristocratie de cette époque. D'abord, M. Ingres hésita; il se retrancha modestement dans une fin de non-recevoir; mais telle était la passion de M. le comte Molé pour cette immortalité de première main, qu'il insista de toutes ses forces : il se prêta à toutes les exigences de cet austère et consciencieux artiste, qui n'est jamais content d'avoir bien fait toutes les fois qu'il peut faire mieux. De cet heureux concours de deux volontés pareilles, est résultée une œuvre égale peut-être au portrait de M. Bertin ; si ce n'est pas là tout à fait la grandeur plébéienne du premier modèle, c'est là, en revanche, quelque chose de plus fin peut-être; on devine, dans cette physionomie habilement étudiée, toutes les habitudes élégantes d'un homme de la vieille race, élevé sous les yeux de l'Empereur, et qui n'oublie jamais, quand il parle à un roi, comment on doit aborder ces majestés, périssables si l'on veut, mais royales toujours. Pour vous bien rendre compte de ce portrait de M. Molé, figurez-vous réunis sur la même toile et dans la même tête, le sourire de M. de Châteaubriand et le regard de Meyerbeer.

Tel est l'habile et savant artiste qui a été donné à la France pour représenter dignement ses grands hommes. Il faut le dire, les modèles ont encore plus manqué à M. Ingres que lui-même n'a manqué à ses modèles. Et qui donc aujourd'hui, dans cette France des beaux-esprits — par hasard, des grands orateurs — par accident, a osé rêver la postérité pour lui et pour ses œuvres? Non, non, les gens de la France ne songent pas à tant de gloire; un seul peintre suffit, et au delà, à représenter aujourd'hui ce qui est vraiment la gloire française. Pour les célébrités moins ornées, les Français ont d'autres artistes moins exigeants que M. Ingres. Ils ont M. Champmartin, habile artiste, d'un rare esprit, plein de verve et de gaieté, à qui l'on doit les très-beaux portraits de M. le duc de Fitz-James et de M. le duc de Crussol; ils ont, pour peindre leurs femmes les plus belles, les plus jeunes et les plus jolies, deux peintres qui peuvent à peine suffire à cette besogne charmante, M. Winterhalter, et surtout le maître de tous ces grands fabricants de velours et de sourires, de dentelles et de bonnes grâces, de perles et de cheveux blonds, M. Dubufe en personne.

Mais, cependant, que je vous dise une assez bonne histoire, qui vous fera juger de la main et de la rapidité fabuleuse de ce Winterhalter, l'auteur du *Décaméron*, cette esquisse brillante que l'on prendrait pour une œuvre posthume et exagérée de sir Lawrence en personne. Lorsque madame la duchesse de Nemours eut été présentée à la cour, à la France, à Paris enfin, ce fut dans le monde des beaux-arts une émulation singulière, à qui, parmi tous les peintres, tous les sculpteurs, tous les graveurs en médailles, ferait le portrait de la nouvelle duchesse. Sans compter le rang qu'elle occupe avec tant de bonne grâce, de simplicité et de modestie, la jeune princesse est si jeune et si belle, son teint est si vif et si fin, ses admirables cheveux blonds flottent au vent si soyeux et si épais, que pas un des peintres de portraits qui sont aujourd'hui les plus heureux parmi les plus habiles, n'eût refusé l'honneur de représenter quelque belle image fidèle de cette jeune femme, même sans autre éclat que l'éclat printanier de la beauté et de la jeunesse. Un jour enfin deux artistes furent introduits au palais de Neuilly, chez madame la duchesse de Nemours, l'un pour faire son portrait, l'autre pour faire sa médaille. Ils arrivent, ils entrent; déjà le peintre est à l'œuvre, et pendant que le graveur, d'un œil attentif, étudie son royal modèle, notre peintre jette sur la toile cette tête charmante; il va, il va comme un homme qui improvise avec un sans-gêne merveilleux. Le graveur, cependant, dispose lentement toutes choses; il dessine d'une main légère, sur la cire complaisante, les traits qu'il faut reproduire; il est grave, il est lent, il est solennel. Notre homme donc avait à peine commencé sa médaille que le peintre avait déjà fini, tout à fait fini son tableau. — Madame, disait-il, Votre Altesse royale est débarrassée de moi; j'ai fini. Mais c'est impossible! s'écriait Barre. — Voyez plutôt, répondait Winterhalter. Et, en effet, c'était là l'image ressemblante de la duchesse de Nemours; c'était son coloris si fin, sa tête mignonne, sa grâce enfantine, une tête que Greuse lui-même, à ses plus beaux jours de poésie et d'élégance, ne désavouerait pas. — Que Votre Altesse royale ne soit pas en peine, disait Winterhalter à madame la duchesse de Nemours, j'emporte le portrait; je ferai les ajustements chez moi; et il l'a fait comme il l'a dit. Et ce qu'il y a de plus incroyable, c'est que c'était là une œuvre pleine d'esprit, de verve et de talent.

Quant à cet autre improvisateur qu'on appelle M. Dubufe, celui-là est, dans son genre, comme qui dirait M. Ingres, mais M. Ingres improvisant et prêt à tout. Tout comme M. Ingres, M. Dubufe a sa façon de voir, d'étudier et d'imiter la nature, dont il ne sortirait à aucun prix. Dans la foule des plus beaux êtres de la création, dans tout ce qui porte une robe, un corset, une collerette brodée, des mains blanches et un visage féminin, M. Dubufe ne voit que ce qui est poli, lisse, éclatant; il a supprimé tout d'un coup les rides, les verrues, les moindres disgrâces de la figure; il a dit au temps : « Tu n'iras pas plus loin; tu ne franchiras pas la vingtième année! » et le temps lui-même, qu'on disait inflexible, a obéi à M. Dubufe. — Le temps a reculé devant ce frais pinceau chargé de roses, de satin, de dentelles, de carmin, de fraîcheur, de cheveux noirs. Si parfois M. Dubufe consent à peindre des cheveux blancs, c'est encore par un raffinement de coquetterie. Il faut qu'à toute force les heureux modèles qu'il adopte pour leur donner cette immortalité viagère, soient tous doués des mêmes avantages. Il les traite moins à la façon d'un peintre impartial, qu'à la façon toute paternelle d'un bon père de famille qui veut que tous ses enfants soient également jeunes, également beaux, également riches. Point de jaloux, point de mécontents! M. Dubufe leur donne à tous la même beauté, la même élégance, la même jeunesse, la même taille élancée et svelte. Depuis tantôt quinze ans qu'il est le roi populaire du portrait, M. Dubufe ne s'adresse plus guère qu'à la plus belle moitié du genre humain ; mais aussi comme il les entoure d'attentions, de flatteries, ses charmants modèles! Que de soie, que de velours, que de riches dentelles il a dépensés pour les bien vêtir! A l'entendre, elles n'ont jamais assez de perles sur la tête, de diamants à leur cou, de fleurs assez fraîches à leur corsage. Qu'est-ce, je vous prie, que ce pied-là? qu'est-ce que ce bras rebondi? qu'est-ce que cette épaule amaigrie? Je veux que votre bras soit effilé, que votre épaule soit fraiche et rosée; je veux que votre pied soit grand comme ça. Et comme il le dit, il le fait; et soudain, plongées dans cette fontaine de Jouvence, les femmes de M. Dubufe n'ont plus que vingt ans, leur teint est de lis et de rose, leurs doigts sont de la même matière que leur teint; d'ailleurs elles sont toujours vêtues à la dernière mode. Comme rien ne manque à leur parure, comme le peintre a l'habitude de les asseoir dans de magnifiques fauteuils dorés, comme il vous les représente tantôt appuyées sur de belles colonnes de marbre, bien rares dans ces contrées peu italiennes, tantôt au milieu de jardins remplis de fleurs, ou tout au moins dans quelques riches salons remplis de merveilles, les femmes, qui tiennent avant tout à être belles, parées et à paraître riches, n'ont rien à refuser à M. Dubufe. Elles l'ont nommé leur peintre ordinaire, en récompense de sa galanterie; elles ont fait sa fortune et sa gloire. — Imprudentes et coquettes! Eh! d'ailleurs, que leur importe l'avenir? que leur fait demain, pourvu qu'aujourd'hui elles soient très-belles? Vous aurez beau leur dire que les images passent vite, que le velours d'un tableau se fane comme tout autre velours, que dans un portrait le visage seul est durable, qu'il est seul éternel; que ces ajustements et ces parures, qui leur semblent de si bon goût, parce que c'est la mode aujourd'hui, seront ridicules dans vingt ans; il s'agit bien de vingt ans; il s'agit qu'elles veulent être belles tout de suite, ici même, à l'instant; qu'elles veulent se sourire tendrement à elles-mêmes, et contempler tout à l'aise, jusqu'à la fin, jusqu'à la mort, cette beauté qui leur est si chère : après quoi viennent le déluge et le jour du dernier jugement, elles sont contentes; au moins, elles ont été belles une heure; tout au rebours des grands hommes de M. Ingres, qui veulent être grands toujours.

Entre autres portraits dignes d'attention, le portrait de M. Guizot, que l'Amérique tout entière a demandé à M. Paul Delaroche (honneur bien mérité), a mérité toutes les sympathies. La gravure que M. Calamatta a faite de ce portrait de M. Guizot, est belle et grande, et digne tout à fait du modèle.

C'est bien là la figure puritaine de cet écrivain convaincu, qui a passé par des fortunes si diverses. Pauvre, sans nom, poussé en avant par le sentiment intérieur qui lui promettait de si grandes choses, c'est à peine si d'abord il put trouver un journal qui consentit à imprimer les plus belles pages de ce beau talent d'écrivain. M. Guizot n'a pas eu de jeunesse : son père, mort sur l'échafaud des révolutions, lui avait légué le deuil éternel de sa mère. Dans cette misère, le jeune homme ne sait plus de quel côté la liberté doit venir : la liberté lui a tué son père. — Mais cette monarchie qui revient de si loin, faut-il l'abandonner toute seule dans cet abîme où elle se jette tête baissée? On sait qu'à cet instant de l'histoire de France, plus d'une conscience honnête s'est sentie inquiète et troublée. Ces inquiétudes, ce trouble, c'étaient les pressentiments des révolutions à venir. Ce qui a décidé du dévouement de M. Guizot à la maison de Bourbon, c'est la fuite même du roi Louis XVIII, forcé de quitter son trône au milieu de la nuit, pendant que Bonaparte s'avance à la tête des légions qu'il a ramassées en son chemin. Ce qui l'a éloigné de cette Restauration qu'il avait si bien défendue, c'est l'orgueil, c'est l'insolence, c'est l'ingratitude de cette Restauration arrivée à son plus haut degré de toute-puissance et de splendeur. La fierté de M. Guizot a été pour lui comme une force irrésistible dans les mauvais jours. Quand il s'est vu renvoyé de ses places, chassé de sa chaire, odieux à cette monarchie qu'il avait fidèlement servie, non pas comme un courtisan, mais comme un bon citoyen, M. Guizot s'est retiré sans se plaindre, et alors on l'a pu voir tel qu'il est en effet, indomptable et passionné. La pauvreté, si redoutée de tous les hommes qui gouvernent la France aujourd'hui, n'a jamais fait peur à M. Guizot, et c'est justement parce qu'il a su être pauvre, qu'il est arrivé à cette haute et incontestable renommée de probité. A son talent d'écrivain, sa femme était associée pour une bonne part, sa femme honnête et dévouée, rare et ferme esprit, calme bon sens, admirable courage, résignation profonde aux décrets de la Providence. — Pauvre femme qui mourut heureuse, car, avant de mourir, elle avait pu entrevoir les destinées nouvelles de son mari, et qu'un jour, qui n'était pas loin, dans une grande tempête qui allait venir, la France n'invoquerait pas en vain le génie, le courage, la sagesse, la prévoyance, de cet homme qui en était réduit, pour vivre, à se faire le traducteur du Shakspere de Letourneur !

N'oublions pas cependant, puisque nous parlons des plus habiles et des plus heureux faiseurs de portraits, le nom d'un aimable artiste qui en a fait de charmants : Isabey, le peintre favori de la cour impériale. Pour les représenter au naturel, ces beaux modèles qui ont vieilli si vite parce que les femmes de ce temps-ci les ont trouvés mal vêtus, et n'ont plus voulu s'habiller à aucun prix comme s'habillaient leurs grand'mères les femmes des généraux et des maréchaux de l'Empire, Isabey avait une raison sans réplique : il a aimé toutes les femmes ; il les a aimées d'abord comme un amoureux, et maintenant il les aime comme un père : tant il est vrai que, même au fond de la tendresse paternelle, il y a de l'amour. Homme heureux, celui-là, qui a vu, qui a étudié l'histoire contemporaine sous son plus doux aspect ! De cette époque si remplie de guerres, de révolutions et de tempêtes, il n'a rien su, sinon les histoires d'amour.

Pourtant en voici une qui m'a été racontée l'autre jour, et que sans doute Isabey ne sait pas.

J'étais assis chez une vieille dame qui était belle entre toutes les belles au commencement de l'Empire. Depuis longtemps elle s'est résignée à n'être plus qu'une excellente personne de beaucoup d'esprit et de tact, et elle vous parle de sa jeunesse comme d'une chose dont elle se souvient à peine. De toute sa beauté d'autrefois, cette aimable personne n'a rien gardé qu'un portrait d'Isabey, qui est un chef-d'œuvre. Il est impossible de réunir sur un plus petit espace un plus rare ensemble de tout ce qui compose la grâce, l'esprit et la beauté. L'autre soir donc, je regardais avec une admiration toujours nouvelle ce printemps féminin fixé là, lorsque la dame, après un gros soupir, me dit : « Si vous saviez l'histoire de ce portrait ! » Or, cette histoire, la voici :

C'était au commencement de l'Empire ; parmi les plus belles personnes de la nouvelle cour se distinguait madame de V..., nouvellement mariée à un jeune magistrat, que sa famille avait forcé de renoncer au métier des armes. En ce temps-là, l'insolence des capitaines du nouvel Empereur était égale à leur courage. Revenaient-ils d'une bataille, il fallait que toute la ville leur fût soumise ; tous les regards leur appartenaient de droit, tous les sourires, et malheur à qui voulait défendre sa maîtresse ou sa femme contre ces rapides conquérants ! Cependant le jeune magistrait eut cette audace. A un bal que donnait l'Impératrice, sa femme fut remarquée d'une façon qui déplut au mari, par un capitaine nouvellement arrivé d'Allemagne. Le lendemain, les deux rivaux se battirent ; le magistrat fut blessé à mort, le capitaine essuya son épée, et tout fut dit. Chacun trouva que la chose était la plus naturelle du monde ; et comme c'était là un brave soldat, et qu'il avait plus besoin de soldats que de magistrats, l'Empereur lui-même ferma les yeux.

Voilà donc madame de V... restée veuve et sans vengeance !

En vain sa voix demande justice; sa voix se perd dans ces bruits de victoire. Elle aimait son mari : elle voulait le venger; mais comment faire? hélas! Ce fut alors que, pour obéir à un désir de sa grand'mère, madame de V... demanda son portrait à Isabey, le peintre à la mode. Son mari était mort depuis trois ans, et cependant elle portait encore le deuil! C'est que, il faut tout dire, ces dentelles noires encadraient à merveille sa tête blanche et fière, et, encore une fois, elle aimait et elle pleurait sincèrement son mari.

En ce temps-là, vous le savez, chaque mois de l'année amenait une victoire, et à chaque bataille nouvelle, quand le jour du repos était venu, les officiers de l'Empereur accouraient à Paris pour s'y voir passer eux-mêmes en grand uniforme. Dans ce Paris de rafraîchissement et de repos, ces jeunes et pétulants officiers, destinés à la mort, avaient une douzaine de jours tout remplis de délire et de joie : c'était un *sauve qui peut* général. Notre capitaine était devenu colonel, il avait tout oublié, même la femme qu'il avait insultée, même le mari qu'il avait tué. Il avait vu tant d'autres femmes et tant d'autres morts! En ce temps-là aussi, l'Empereur, qui s'inquiétait de toutes choses, ouvrait le Louvre aux artistes modernes; il avait été le premier à s'occuper de cette fête qu'il donnait aux beaux-arts, et naturellement chacun avait imité le maître. Dans cette exposition, ce qu'on remarquait surtout, c'étaient les batailles que Gros livrait à la suite de l'Empereur, c'étaient les jolies têtes que copiait Isabey à la suite de l'Impératrice. L'armée s'inquiétait fort peu des batailles de Gros, car dans tout cet Empire turbulent, la vie n'était qu'une longue bataille; mais, en revanche, les jeunes officiers se préoccupaient jusqu'au délire des portraits d'Isabey; ils se disaient entre eux le nom de toutes ces femmes; ils en savaient tous les amours; ils auraient pu dire à l'avance à quels heureux mortels ces portraits étaient réservés. C'était, parmi ces enfants de la bataille, à qui proclamerait le plus haut son admiration et ses éloges. On a vu de ces garnements se battre pour soutenir la prééminence, non pas de la femme qu'ils ne connaissaient pas, mais seulement du portrait qu'ils avaient sous les yeux. Surtout, cette année-là, on s'arrêtait devant le portrait de cette personne en deuil qui avait tant de tristesse dans le sourire, tant de passion dans le regard. Chacun alors de s'écrier sur la beauté de cette étrange beauté, dont nul ne savait le nom. Seulement, notre colonel avait une vague idée de l'avoir vue quelque part. Il la contemplait avec une émotion indéfinissable; puis enfin, après un long silence, regardant tous ses camarades ébahis : « Messieurs, dit-il, si cette femme veut me donner une heure de sa vie, je prends l'engagement d'honneur de me faire tuer à la tête de mon régiment dans un mois. »

Il dit cela assez haut pour qu'une femme l'entendît dans la foule; elle sortit lentement de cette foule qui lui fit place, poussée par une secrète horreur; elle s'avança d'un pas ferme vers le colonel qui avait parlé ainsi, elle toucha la croix d'honneur de l'officier d'une main pâle comme son visage; puis enfin, se plaçant devant le portrait, de façon à ne tromper personne : « Messieurs, dit-elle, vous êtes tous témoins de son serment. *J'accepte* votre condition, Monsieur. » Il leva la main comme pour renouveler son serment, car il venait de reconnaître cette femme! Et ils sortirent lentement du Louvre, elle et lui, chaque officier portant la main à son chapeau, comme s'il voyait passer un mort.

« Ah! mon Dieu! » m'écriai-je, épouvanté de la façon dont madame de V... me racontait cette histoire.

Alors, de sa main amaigrie par l'âge et le chagrin, elle détacha le portrait d'Isabey. Derrière ce portrait, il y avait écrit avec du sang : « *Tant tenu, tant payé.* » Le colonel s'était fait tuer à la tête de son régiment, jour pour jour, un mois après la scène du Louvre.

Ainsi la mort de M. V... avait été vengée. — Mais depuis ce temps-là, ce n'est plus lui que je pleure, s'écria madame de V... en baisant les traces sanglantes du portrait d'Isabey.

Eugène Lami.

Condolences

Un Été à Paris.   Ch.ᵉˡ Rolls.

CHAPITRE X

LA CONVERSATION PARISIENNE

Ma première visite était due naturellement à cette belle et charmante madame de R..., dont l'hospitalité avait été si franche et si complète. C'est la même femme bienveillante qui me disait à chaque instant, l'hiver passé : « Mais vous travaillez trop ; mais vous poussez trop loin votre observation et votre étude ; mais si, comme on dit, *Paris n'a pas été fait en un jour,* il serait impossible de deviner Paris en moins d'un siècle ; ainsi donc, soyez calme, ne cherchez pas l'impossible, et profitez tout simplement de ce que vous avez sous les yeux. » Ainsi elle me parlait avec le plus affable sourire, avec le regard le plus bienveillant. C'est chez madame de R..., s'il vous en souvient, que j'ai assisté, l'hiver passé, au bal de ces beaux enfants qui tourbillonnaient devant moi avec tant de grâce, de gaieté et d'abandon. Ce que j'ai appris de la conversation parisienne, je l'ai appris chez cette aimable femme ; car, dans ce salon, à l'abri de toutes les disputes de la littérature et de la politique, la causerie s'est réfugiée dans ce qu'elle a de plus intime et de plus charmant. Hélas! depuis mon départ, cette femme tant aimée de ses amis avait été bien malade. La fièvre l'avait prise sans qu'on pût savoir d'où pouvait venir ce frisson invisible; mais la femme parisienne est un petit être si frêle! Santé chancelante, beauté qui languit, de grands yeux pleins de feu, dont le feu tout à coup disparaît et s'efface; de belles joues pâles, un sourire triste et doux. Qu'un éclair brille dans le ciel, qu'un peu de vent gronde dans l'air, qu'un chien aboie la nuit, qu'une porte se ferme bruyamment, et voilà notre Parisienne tremblante, énervée, n'en pouvant plus. Un rien suffit pour la faire passer de la joie à la douleur, du rire aux larmes; un froncement de sourcil, une épingle mal attachée, un geste, un regard qui va déplaire, que sait-on, et qu'en savent-elles, les infortunées? Toujours est-il que madame de R... avait été bien souffrante, pas assez cependant pour qu'elle n'eût pas trouvé la force de se parer, le moment de se faire belle; pas assez pour que son salon n'eût pas un air de fête. Oh! ces femmes, l'honneur de l'élégance, je ne sais pas, Dieu merci, comment elles meurent; mais, à coup sûr, elles ne doivent pas mourir comme les autres êtres de la création. A leur dernier soupir, elles doivent songer encore qu'il faut rester belles même dans la mort. Plus d'une, j'imagine, pense à l'avance aux broderies de son linceul. Pauvres êtres souffreteux et braves, dévoués à leur beauté comme Caton était dévoué à la vertu! Au reste, il y a un vers français qui exprime très-bien ce que je veux dire :

Elle tombe, et, tombant, range ses vêtements.

Les Parisiennes ont encore cela de bon, que rien ne les étonne. Celle-ci m'avait dit adieu comme on dit adieu à un homme qu'on ne doit pas revoir. Elle avait eu même la bonté de me tendre une joue déjà brûlante; elle me croyait bien loin à cette heure, et maintenant : — C'est vous ! me dit-elle en me donnant la main, du même air que si elle m'eût vu la veille. J'avais un pressentiment que vous n'étiez pas parti : vous teniez à Paris par une curiosité et par une admiration trop grandes; et d'ailleurs, qui vous presse? Vous nous revenez, c'est très-bien fait. — Mais aussi, répondis-je à madame de R..., vous voyez bien qu'une fois qu'on est à Paris, il est impossible de le quitter. Là-dessus la conversation devint générale. Il y avait là un vieux gentilhomme d'un grand nom, d'une vie élégante, d'une pensée nette et vive, un ami du général Lafayette, un frère d'armes de Washington, qui, par esprit et par désœuvrement, a joué un grand rôle dans la première révolution. La conversation tomba naturellement sur le siècle passé, que cet homme regrettait tout haut, comme on regrette toujours les beaux instants et les chers égarements de la jeunesse; alors il se mit à parler de tous les hommes d'autrefois et aussi de toutes les femmes, de M. de Richelieu et de M. de Voltaire, de Greuze le peintre et de Sophie Arnould, dont Greuze a fait un si beau portrait. A entendre le bon gentilhomme, cette fameuse Sophie Arnould à qui le dix-huitième siècle a prêté tous ses bons mots, par la grande raison qu'on ne prête qu'aux riches, n'était pas la femme dévergondée qu'on nous représente dans tous les mémoires. — Du moins, disait-il, elle n'était pas née, la pauvre enfant, pour ce triste métier d'épigrammes, de sarcasmes et de licences de tous genres. La jeune Sophie, orpheline et pauvre, était enfermée dans un cloître, où elle passait sa vie à chanter des cantiques. La princesse de Modène, séduite par cette voix si belle, l'arracha au Val-de-Grâce pour la jeter à l'Opéra. Sophie Arnould avait une voix très-douce et la figure d'une vierge. Madame de Pompadour s'écria en la voyant : *Il y a là de quoi faire une princesse!* Eh bien, non ! le dix-huitième siècle s'attroupe autour de Sophie, et la première chose qu'il lui enseigne, c'est son argot cynique et spirituel. Sophie devient pour ces gens-là ce qu'était Diogène pour les Athéniens, un sarcasme impitoyable et de la nudité la plus entière. La ville et la cour entourent Sophie et applaudissent à ses bons mots, quels qu'ils soient; plus ils sont graveleux, mieux ils sont écoutés. Il est impossible de plus abuser d'une jeune femme qui était née décente et qui avait commencé sa vie dans un cloître. Du reste, il faut dire aussi que jamais femme n'obéit plus volontiers aux licences et à l'esprit de son époque. Sophie jeta, tant qu'on voulut, son esprit, ses larmes, sa fortune et sa gorge aux vents. Elle sema le ridicule à pleines mains. Elle fit autant d'opposition à elle seule que ses amis d'Alembert, Diderot, Helvétius, Duclos, J.-J. Rousseau lui-même, ces terribles opposants. Elle fut chantée par Marmontel et Favart, et Rulhière, et Bernard, et Dorat surtout, cet homme d'esprit qui en eut trop pour en avoir assez. Son cynisme profita à Sophie Arnould sous madame de Pompadour, comme la piété lui eût profité, cent ans plus tôt, sous madame de Maintenon. Elle dépensa tant qu'elle le put, son esprit, son amour et l'argent de ses amants. Enfin, pour finir comme elle avait commencé, elle se retira dans le presbytère de Luzarches, qu'elle acheta des deniers de l'Opéra; elle est morte en 1802, dans la même chambre où Coligny fut assassiné, pleine d'espoir d'aller à côté de Madeleine; car, disait-elle : *comme Madeleine, j'ai beaucoup aimé.*

Surtout on parla beaucoup de madame Dubarry; on l'accusait, cette pauvre courtisane royale, de toutes sortes de crimes dont elle était bien innocente; on disait qu'elle avait corrompu la France, et peu s'en fallait que nos moralistes à la suite ne se voilassent la face rien qu'à prononcer le nom profane de madame Dubarry. Notre gentilhomme prit encore la défense de celle-là, et il la défendit comme un homme convaincu; il l'avait admirée dans tout l'éclat de sa beauté et de sa fortune. En homme indulgent, il lui avait pardonné beaucoup de folies en faveur même de son bon cœur. Pauvre femme! elle n'avait cherché ni cet éclat ni cette misère.

Elle était jeune et belle, elle avait les plus beaux yeux du monde, la taille d'une abeille, le sourire d'une duchesse; elle avait pris naturellement sa place parmi les licences de ce dix-huitième siècle de tant de vices et de tant d'esprit, et elle faisait tranquillement son métier de femme jeune et belle et facile, quand un beau jour on vint lui dire : Quittez vos amours commencés; renoncez aux hasards charmants de cette vie d'aventures; prenez les habits, l'air et la démarche d'une princesse, ma jolie fille; dites adieu à vos fantaisies galantes de chaque jour, et à ces belles nuits d'intrigues et de faciles amours; nous allons de ce pas dans une autre région où le plaisir ressemble à l'ennui, où l'amour n'est plus que de la fatigue. Jeanne, (elle s'appelait Jeanne et elle était née à Vaucouleurs!) brise ton verre rempli du vin d'Aï, qui pétille contre ta lèvre rose et rebondie; il faut maintenant que tu portes à tes lèvres une coupe d'or remplie d'absinthe et de fiel; Jeanne, quitte là les mousquetaires qui t'embrassent et qui te battent, il faut que tu te laisses aimer d'un vieux roi égoïste qui n'a vu de l'amour que le côté sensuel, comme il n'a pris de la royauté que la richesse et la toute-puissance; allons, ma jolie fille, tenez-vous droite, retenez ce franc sourire, baissez-nous ces jolis yeux, resserrez cette ceinture relâchée, rattachez ces beaux cheveux épars; il nous faut une comtesse : Madame, soyez comtesse! Et, sans lui donner le temps de se reconnaître, ils l'ont entraînée vers le roi du Parc-aux-Cerfs; et elle, la pauvre femme, d'abord elle a eu peur de cet homme ennuyé et blasé sur toutes choses; elle a reculé d'effroi devant cette triste figure d'un roi de France naguère si brillant et si beau; elle n'a pas voulu reconnaître, dans ce vieillard cassé avant le temps, le superbe amant de madame de Pompadour et des plus belles personnes du siècle de Voltaire; elle a pensé qu'on la jetait ainsi dans les bras de quelque faux Louis XV, et elle a voulu s'enfuir. Et qu'elle eût bien mieux fait de s'enfuir, juste ciel! car, sans tant de dangers, tant de contrainte et tant d'ennuis, les amants ne lui manquaient pas, les plus beaux et les plus jeunes! Mais, hélas! elle finit par prendre en pitié ce roi perdu d'ennui et de débauche. Elle consentit, horrible tâche! à être la dernière maîtresse du *Bien-Aimé* de la France. Que pouvait-elle faire de plus pour le roi, sinon lui donner en toute propriété ses grâces, sa beauté, sa jeunesse, cette gaieté vive et facile, cet esprit simple et borné, ce vice si admirablement naturel qui était venu au monde avec elle et qui devait mourir avec elle? Vous autres, grands moralistes, qui reprochez à la comtesse Dubarry d'être une courtisane, avez-vous jamais entendu dire qu'elle se soit montrée autre chose qu'une courtisane? Elle n'a trompé personne, elle n'est venue au-devant de personne; elle est venue quand on l'a appelée; et le moyen de ne pas obéir? Elle a été la maîtresse effrontée et vicieuse du roi Louis XV, comme madame de Maintenon a été la maîtresse pédante et chrétienne du roi Louis XIV. Vice ou vertu, la dernière maîtresse des deux rois n'est guère que l'exagération de sa première maîtresse; mais, vice ou vertu, il fallait à l'un comme à l'autre Louis, une femme dont il fût l'esclave. Cet esclavage était dans leur nature; cette misère tant déplorée était la conséquence de toutes les faiblesses de leur vie. Où est donc la justice, je vous prie, d'accuser madame de Maintenon des faiblesses de Louis XIV, et de faire retomber sur madame Dubarry les premiers vices de Louis XV? Madame Dubarry n'a eu d'autre tort, en toute cette affaire, que d'avoir perdu sa vie avec cet égoïste couronné. Elle a subi le reste affreux de ces tristes amours; elle a supporté tous les caprices de ce libertin sans cœur qui eût voulu que la France ne fût qu'une seule femme pour en faire sa maîtresse d'une nuit de débauche et d'orgie. Pauvre fille! elle était faite pour vivre et pour mourir dans l'insouciant désordre de cette société qui allait à sa perte par un sentier de fleurs; et cependant elle a assisté, témoin inoffensif et sans intelligence, à toute cette décadence qui se pressait autour d'elle; elle a joué, sans le savoir et sans le vouloir, son rôle dans toutes les intrigues misérables de la fin de ce règne, dont elle n'a connu que les élégances, les misères, les insomnies cruelles, les lâches remords, les pressentiments terribles, les profonds ennuis, tous les défauts, toutes les hontes. Elle qui autrefois regardait la cour avec tant d'admiration et de si loin, qu'elle a dû être épouvantée quand tout à coup elle s'est trouvée la reine de cette cour, et qu'elle a touché de sa main tous ces ulcères, et quand elle a compris que d'épines cruelles cachaient ces roses, et quand elle a su par elle-même combien était rare et entrecoupé de songes terribles le sommeil sous le dais royal ! Malheureuse et imprudente créature, les plus grands étaient à ses pieds, et leurs flatteries lui faisaient horreur ! Elle était exploitée par un homme infâme, Jean Dubarry, et ce Jean Dubarry lui faisait horreur ! Elle avait épousé un honnête homme dont elle portait le nom, et cet honnête homme s'était enfui loin d'elle, le jour même de leurs noces. Elle marchait de déceptions en déceptions, d'intrigues en intrigues. Le peuple la sifflait comme si elle eût été heureuse ; pourtant, au sommet souillé de cette haute fortune, elle comprenait confusément combien toute cette prospérité était mensongère, et combien elle était la dupe misérable de cet amour royal qui allait s'éteindre comme s'éteint une lampe, faute d'aliments. Je vous dis donc que cette femme a été la plus misérable des femmes ; je n'en sais pas de plus à plaindre, non pas même madame de Maintenon ; car madame de Maintenon était née pour la domination ; à défaut d'amour, cela lui plaisait de commander au roi. Madame Dubarry n'était née que pour l'amour, elle n'était faite que pour le plaisir. Hélas ! la pauvre femme ! elle se perdit dans la vieillesse de Louis XV, comme dans un abîme ; elle était venue à Versailles vingt ans trop tard.

Dans cette grande et triste position où l'avait jetée le dernier caprice du roi, madame Dubarry fut ce qu'elle devait être, une bonne et aimable personne, sans vanité, sans prétentions et sans orgueil. Si elle servit bien des haines sans le vouloir, elle ne fut l'ennemie de personne. Elle jetait l'argent autour d'elle avec la même facilité que l'argent lui venait. Entourée de courtisans et de flatteurs, elle eut le bon esprit de ne rien croire de ces flatteries.

Sa seule préoccupation, ce fut l'amour ; sa seule ambition, ce fut l'amour. J'ai à moi, comme un souvenir parfumé du passé, une lettre de cette aimable femme, et quelle lettre ! écrite en tremblant sous les regards de Louis XV et de Jean Dubarry ; lettre d'amour et d'amour bien senti ; elle envoyait à son amant une mèche de ses beaux cheveux longs et fins comme la soie, et recouverts de cette belle couleur cendrée qui est la couleur blonde des têtes brunes. « Adieu ! dit-elle ; on vient, mille baisers ! » *On vient !* Pauvre femme, si bien faite pour aimer en toute liberté ! Ne lui reprochez donc pas son château de Luciennes, son luxe royal, son velours et ses dentelles : tout cela, c'est le roi qui l'a usé ; autant vaudrait reprocher au palais de Versailles les plafonds de Vandermeulen ! Non, cette femme n'a rien pris à la France, elle n'a pas ruiné la France ; tout au plus doit-on la mettre en ligne de compte dans les profusions de Louis XV. La belle colère à se permettre, la colère contre madame Dubarry !

Et quand enfin la mort de son amant l'eût délivrée de cet esclavage affreux, le premier qui pardonna à madame Dubarry toute sa vie passée, ce fut l'homme le plus indulgent et le plus vertueux de son royaume, sa majesté le roi Louis XVI. Comme chacun, parmi les vils flatteurs de cette femme, se mettait à lui jeter l'injure à la face, le roi défendit toutes ces lâchetés, il permit à madame Dubarry de se retirer dans son pavillon de Luciennes, et vous pensez si elle s'estima heureuse de se voir libre enfin et délivrée de tant de grandeurs. De sa royauté passée elle avait conservé une vive passion pour les beaux-arts, et elle obéissait à cette noble passion avec l'imprévoyance et la générosité d'une femme qui un instant avait été reine de France. Du reste, pas de regrets pour ces grandeurs passées ; mais, au contraire, un bonheur sans égal d'en être délivrée, et la plus respectueuse reconnaissance pour le roi et pour la reine. Elle eut aussi le bon goût de défendre le feu roi, quand de toutes parts on jetait l'insulte et l'ironie à sa mémoire. Ainsi cette vie, dont les commencements avaient été remplis de désordres, se termina presque dans la dignité. D'ailleurs, le moyen d'être cruel envers madame Dubarry quand on songe à sa mort! Quelles faiblesses féminines ne seraient pas oubliées sur l'échafaud où montèrent Louis XVI, Marie-Antoinette, madame Élisabeth, tous les maîtres légitimes de la société française! Jusqu'à la fin, madame Dubarry fut fidèle à sa nature; elle mourut une des dernières victimes de la Terreur; autour d'elle chacun était mort sans se plaindre; les plus grands et les plus nobles, les femmes les plus belles et les plus timides, étaient montés sur l'échafaud sans pousser une plainte; toutes ces têtes si hautes et si fières ne s'étaient courbées que sous la hache du bourreau. Le peuple terrible de 93, éperdu et indigné de cet insultant courage, n'attendait peut-être qu'une plainte, peut-être qu'une larme, pour renverser ces horribles échafauds; pas une plainte ne fut poussée, pas une larme ne fut répandue en public. Seule, quand le tombereau fatal la vint chercher dans sa prison, madame Dubarry appela à son aide; seule, en marchant à la mort, elle poussa des cris lugubres; seule, elle leva au peuple ses mains suppliantes; elle pleurait, elle se démenait, elle menaçait, elle priait, elle criait: *Monsieur le bourreau! Monsieur le bourreau!* Aussi, à ses cris, à ses larmes, à l'aspect de cette tête, belle encore, et qui allait tomber, au mouvement convulsif de ces deux bras charmants, à toute l'angoisse de cette délicate personne qui, au milieu de cette foule de morts, tués ou à tuer encore, s'écriait d'une voix tremblante : *Pitié! pardon! je ne veux pas mourir!* ce peuple de cannibales qui entourait l'échafaud se sentit ému et attendri jusqu'au fond de l'âme, si l'on peut appeler cela une âme. Madame Dubarry mourut lâchement, et en ceci elle était dans son droit. En effet, elle était une fille du peuple; sa place était plutôt parmi les bourreaux que parmi les victimes; elle avait été le jouet de la royauté, rien de plus; et c'est parce qu'elle comprenait confusément toutes ces choses, qu'elle appelait à son aide, afin qu'on ne la confondît pas dans les hécatombes d'une société à laquelle elle n'avait appartenu qu'un jour.

On parla aussi des poëtes du siècle passé. Le vieux gentilhomme les avait lus tous, mais de préférence il avait lu les petits poëtes, les bons enfants, les rieurs, les philosophes qui, comprenant confusément que le monde allait crouler, se tenaient au cabaret pour se trouver au rez-de-chaussée quand arriverait la fin du monde. Le siècle passé est rempli de ces heureux amants du gros rire et de la bonne chère, insouciants esprits dont la gaieté se répand çà et là en mille éclats pétillants comme fait le vin d'Aï. De ces poëtes chanteurs, qui célébraient à outrance l'amour, le vin, le plaisir, toutes les délices fermentées du cabaret, il en est un surtout qui est devenu populaire à force de mots grivois, d'esprit bachique, de pétulance amoureuse; cet homme-là, c'est Vadé le chansonnier, poëte quelquefois, par hasard, quand il n'a pas trop bu. Il appartenait à cette race d'esprits bons enfants et sans façon, vivant de peu et au jour le jour, et ne quittant le cabaret que lorsque la maîtresse du bouchon ne voulait plus leur faire crédit. Ces gens-là, qu'ils fussent peintres ou poëtes, ou musiciens ou comédiens, vendaient pour rien leur esprit ou leurs chefs-d'œuvre de chaque jour. Les plus heureux, ceux qui faisaient des dettes chez leurs blanchisseuses, épousaient leurs blanchisseuses pour être blanchis gratis, quand celle-ci y consentait. Ainsi fit le poëte Dufrény, qui avait pourtant du sang royal dans les veines. Le poëte Vadé, le digne ami de Piron, le digne collaborateur de Gallet l'épicier, n'eut pas le bonheur de Dufrény, il ne trouva pas une blanchisseuse qui voulût l'épouser, et, par ma foi, il s'en passa très-bien, et il s'en consola en improvisant toutes sortes de chansons qui sentaient le vin et le tabac. Ce fut lui qui imagina le premier de soumettre au joug de la rime cette espèce de patois admirable tout rempli d'images et de mouvement, d'amour brutal et ingénu, le patois qui se parle à la halle. Il s'était fait ainsi un véritable poëte poissard. Les dames et les forts de la halle le saluaient quand il traversait la place Maubert. Son nom passait de cabaret en cabaret. A force d'en entendre parler dans l'antichambre et dans l'écurie, les duchesses voulurent voir à leur tour ce poëte crotté, qui plus d'une fois avait dormi sur la paille de leurs chevaux. Elles trouvèrent notre homme ce qu'il était en effet, physionomie ouverte et franche, gai sourire, humeur parfaite, estomac excellent, ne demandant pas mieux que de faire rire, pourvu qu'il en eût sa part; si bien que le pauvre diable devint sans le vouloir une espèce de bouffon de société, dont on payait les saillies par un dîner. Triste métier, direz-vous, et vous avez raison, le métier est triste. Mais que pouvait donc faire, dans cette société où chacun était à sa place, un esprit indépendant, qui ne déclarait pas la guerre au roi ni au pape, et qui laissait en repos Notre-Seigneur Jésus-Christ? Ainsi s'est dépensée, à produire toutes sortes de petits couplets, de petits vaudevilles, de petits opéras-comiques, la courte vie de ce poëte, mort à trente-sept ans pour avoir trop bu et trop mangé. — On parla encore, mais de quoi ne parla-t-on pas? de la vie privée du roi Louis XV, du Grand et du Petit-Trianon, des prisonniers du château de Pignerole, et du château de Vincennes. M. le duc de Richelieu ne fut pas oublié dans ces histoires dont il était le point de mire comme amoureux, comme soldat, comme grand seigneur. La soirée tout entière se passa dans cette intime et charmante causerie, dont la France seule encore, parmi les nations policées, a gardé le secret. Après quoi, comme il était près de minuit, ce qui était bien tard pour notre malade : « Allons, dit madame de R., il est temps qu'on se retire; séparons-nous. Et vous, monsieur le comte, ajouta-t-elle en regardant le vieux gentilhomme, demandez pardon à ces dames pour vous et pour moi, qui les avons ramenés involontairement à toute cette histoire qui n'est déjà que trop loin de nous. — Hélas! »

Encore une fois, rien ne vaut la causerie parisienne dans ce qu'elle a de grâce, de verve et d'esprit. L'étincelle est vive, le trait est acéré, la bonhomie même est piquante. Personne plus que le Parisien, et surtout personne plus que la Parisienne, n'est au courant des anecdotes et des idées, des passions et des faits, des poëmes et des récits qui agitent le monde. Sous ce rapport, l'Europe est comme un vaste salon dont tous les membres se connaissent pour s'être rencontrés au milieu des mêmes élégances. Londres, Saint-Pétersbourg, Paris, Naples, Florence, ces nobles villes de l'intelligence et de l'esprit, s'occupent, à peu près le même jour, à la même heure, des mêmes poëmes, des mêmes livres, que dis-je? de la même robe et du même chapeau de gaze. Qui fait l'histoire d'un salon de Saint-Pétersbourg, fait, à peu de chose près, l'histoire d'un salon de Paris; et voilà pourquoi, malgré la vérité de mes émotions, je ne suis pas sans inquiétude pour ce livre que j'écris là au milieu des fleurs et des ombrages parisiens, tant je me souviens que partout ce sont les mêmes fleurs, c'est le même esprit, le même printemps.

CHAPITRE XI

VERSAILLES

Le dimanche qui suivit la fête de l'*Assomption*, j'étais à Versailles pour voir jouer les grandes eaux.

Dès le matin et de très-bonne heure (le soleil se voilait encore), le bon peuple parisien s'était porté aux abords du chemin de fer. Déjà toutes les voitures du royal voyageur étaient prêtes, le cheval de feu hennissait de toutes ses forces, jetant l'eau et la flamme par ses narines entr'ouvertes; la raie de fer s'étendait brûlante, des rues de Paris aux jardins de Louis XIV.

Versailles, quelle ville immense et dépeuplée! Quel était donc ce roi qui remplissait toute cette immensité à lui seul? Quel était donc ce siècle, que ce vaste palais suffisait à peine à contenir? Quelle était cette cour si nombreuse? Lorsqu'elle se mettait en marche sur ces gazons, les derniers seigneurs du cortége n'avaient pas descendu les premiers gradins, que déjà le roi était au bout du tapis vert!

Ceci est un des miracles de l'histoire, et dans ce monde tout se comprend, excepté les miracles. Un abîme, que dis-je? deux révolutions séparent le Versailles de 1830 du Versailles de 1681! Que ces vastes demeures seraient étonnées si elles pouvaient se reporter par la pensée et par le souvenir à leurs premiers jours de grandeur, quand il n'y avait à cette place chargée de pierres et de marbres, que des chênes séculaires! Henri IV y venait relancer le cerf, Louis XIII quittait les chênes de Saint-Germain pour les bois de Versailles, et quand la nuit le surprenait, le roi couchait dans un cabaret sur la route, ne se doutant guère que non loin de ce modeste abri s'élèverait une maison assez vaste pour contenir le plus grand roi et le plus grand siècle de la France. Enfin, en 1660, le véritable roi du palais de Versailles, celui qui devait élever ces murailles et les peupler d'hôtes de génie, Louis XIV paraît, et à sa voix cet immense chaos fut remplacé par une magnificence pleine d'art et de goût. En vain la nature, et la disposition des lieux et l'aridité du terrain semblent mettre autant d'obstacles invincibles aux volontés du jeune monarque; présidé par Louis XIV, un conseil d'hommes de génie se réunit pour élever ces superbes demeures. Mansard élevait les plafonds que Lebrun chargeait de chefs-d'œuvre; Le Nôtre disposait les jardins et répandait dans ces terrains arides des fleuves entiers détournés de leur cours naturel par une armée de travailleurs; Girardon et le Puget peuplaient ces rivages, ces bosquets, ces grottes humides, d'une armée de nymphes, de tritons, de satyres, de tous les dieux de la gracieuse mythologie; et quand enfin le palais fut bâti et digne du roi Louis XIV, Colbert, le grand Condé, tous les maîtres du dix-septième siècle, en prirent possession comme de leur demeure naturelle, et avec eux tous les grands esprits de cette belle époque, les rois de la pensée et de la poésie. Et n'oublions pas d'autres puissances qui voyaient à leurs pieds les rois aussi bien que les poëtes : Henriette d'Angleterre et mademoiselle de La Vallière, madame de Montespan et Anne d'Autriche. La poésie et la gloire militaire inaugurèrent le château de Versailles ; Louis XIV, le roi de toutes les grâces et de toutes les élégances, le tout-puissant qui avait en lui-même le sentiment de toutes les grandeurs, avait fait de ce palais le seul asile qui fût digne de sa gloire, de ses amours, le seul abri de ses travaux et des sévères préoccupations de sa vieillesse, si chargée de majesté, de tristesse et de résignation. Toute sa vie, sa florissante jeunesse, son âge mûr respecté, son déclin, derniers rayons du soleil, elle s'est écoulée dans ces murs.

Beaux jardins, eaux jaillissantes, marbres, bronzes, vieux orangers chargés de fleurs, vaste pelouse foulée par tant de rois, tant de reines, tant d'ambassadeurs, tant de saints évêques, tant de beautés profanes, royauté d'autrefois qui se peut suivre à la trace dans ces magnifiques jardins, il est impossible de vous saluer de sang-froid ! Chaque pas que l'on fait dans ces sombres allées est un souvenir, chaque pas que l'on fait dans ce château funèbre est une élégie. En vain ces murs sont recouverts de toiles nouvelles ; en vain sont-ils chargés de bas-reliefs et d'emblèmes ; en vain toutes sortes de statues se tiennent debout dans ces galeries splendides... on respire en ces lieux magnifiques je ne sais quelle senteur de mort qui épouvante. Voici la chambre solennelle dans laquelle devait mourir le roi du grand siècle ; rien n'est changé, ou plutôt chaque chose a été remise à sa place : le lit est orné de la draperie brodée par madame de Maintenon ; le portrait de *Madame*, cette noble Henriette d'Angleterre tant pleurée, sourit comme autrefois de son sourire calme et tendre. La balustrade d'or est fermée ; sur le prie-Dieu sont les *Heures* du roi ; le couvre-pied, coupé en deux morceaux, a été retrouvé, une moitié en Allemagne, l'autre moitié en Italie ; les deux tableaux, de chaque côté du lit, représentent une *sainte Famille* de Raphaël, une *sainte Cécile* du Dominiquin ; le plafond est de Paul Véronèse, il a été pris par l'empereur Napoléon dans la galerie du conseil des Dix. Les portraits au-dessus des portes sont de Van Dick. Jamais la chambre royale ne fut plus splendide et plus brillante. Si plus loin vous entr'ouvrez cette porte, quelle austère retraite ! Là s'agenouillait Louis XIV aux pieds de son confesseur. Quelle vie bien remplie ! quelle vieillesse abreuvée de chagrins ! quelle mort ferme et chrétienne ! Dans cet autre appartement, qui a conservé je ne sais quel aspect funèbre malgré ses peintures riantes, expira, non pas sans peine ni sans regrets, le roi du dix-huitième siècle, le roi de Voltaire et de Diderot, le roi Louis XV. Tournez la tête, vous êtes au milieu de ses amours : que de beautés, que de grâces, que d'esprit, que de sourires ! et au bout de ces fêtes, de ces délires, de ces amours... quel abîme, quel gouffre immense dans lequel il faut tomber !

Ainsi dans ce long voyage à travers les magnificences du vieux palais de Versailles, vous passez du triomphe à la défaite, de la royauté au néant. Ce roi si jeune, si brillant, — adoré plus qu'un Dieu, — le même tout-puissant qui se promenait dans ces jardins magnifiques, au bruit de tant de jets d'eau jaseurs, vous allez le voir étendu sur son lit de mort. De tous ces rois, le dernier, le plus honnête et le meilleur, où le retrouvez-vous? juste ciel! sous la main du bourreau! — Vanité, vanité!... la ruine est là; on peut remplir de tableaux le palais de Versailles, mais pour lui rendre la vie, c'est impossible. Regardez, regardez! on dit que cela est l'*OEil-de-bœuf*, l'OEil-de-bœuf, ce salon dans lequel se tenaient respectueux et attentifs tous les hommes du grand siècle. Quel silence funeste après tant de bruits magnifiques! Où êtes-vous, vous les rois de l'esprit et du génie français, Bossuet, Corneille, La Fontaine, Molière, Despréaux? Partout des emblèmes, des chiffres, des bustes, des tableaux, des ombres, des rêves! Je suis dans la chapelle, et je demande si le père Bourdaloue, si Massillon, ne vont pas venir, si le roi et si madame de Maintenon se feront attendre longtemps. Le père Bourdaloue ne viendra pas, Massillon ne viendra pas; le roi Louis XIV n'est plus, même dans son cercueil de plomb à Saint-Denis; madame de Maintenon dort du sommeil éternel! Et pourtant tout est prêt pour les recevoir. Toutes les magnificences de la chapelle sont rendues à leur éclat primitif. Là brillent encore, comme dans leur nouveauté, les vingt-huit statues de pierre; le maître-autel est de marbre et de bronze, les murs sont chargés de bas-reliefs; la tribune du roi et la tribune de madame de Maintenon ont conservé leurs vitraux entourés de peintures; la voûte porte encore le beau tableau de Coypel; enfin sont agenouillés encore aux deux côtés de l'autel, après en avoir été arrachés violemment, Louis XIII et Louis XIV, plaçant la France sous l'invocation de la sainte Vierge. Ah! comme un seul homme du grand siècle remplirait ce silence, animerait ces solitudes! comme on croirait alors à cette résurrection!

Mais non, le mouvement, l'éclat, la vie de ces royales demeures ont été remplacés par des statues immobiles, par des tableaux sans nom, par un pêle-mêle brillant de toutes sortes de récits également en deçà et en delà du palais de Louis XIV. C'est que dans ce palais qu'il avait élevé à sa grandeur personnelle, Louis XIV n'avait jamais songé que ce lieu pût jamais abriter une autre majesté que le roi de France. Il avait en lui-même le sentiment des grandeurs de la maison de Bourbon, et il serait mort de douleur s'il eût pu prévoir qu'un jour cette maison royale qui était une des belles œuvres de sa jeunesse — le berceau de ses enfants — serait renversée de fond en comble par un peuple en délire. Non, certes, ce château de Versailles n'était pas destiné à ces ravages; ces gazons n'avaient pas été semés autour de ces eaux brillantes, pour être foulés par le trépignement populaire; ces statues n'étaient pas faites pour être brisées sans pitié; ces vieux arbres dont l'ombre déjà séculaire remplissait le jardin, celui qui les avait plantés de ses mains royales ne se doutait guère qu'ils seraient arrachés comme autant de frêles roseaux. Une fois que la royauté de la France eut été chassée de ces demeures, quand le roi, la reine et M. le dauphin eurent été traînés à Paris pour y mourir, le palais de Versailles aurait dû s'écrouler comme inutile et sans valeur.

Magnifique entre toutes les demeures royales, le château de Versailles avait été disposé tout exprès pour abriter convenablement la royauté française comme la comprenait le roi Louis XIV. De même qu'il disait, *l'État, c'est moi*, le maître souverain de tant de millions d'hommes aurait pu dire : Versailles, *c'est tout mon règne*. Tout son règne, en effet, car la vie du roi et la fortune de la France ont été employées à dresser ces murailles, à planter ces jardins, à conduire violemment à cette place stérile ces eaux jaillissantes. Au beau milieu de cette longue suite de pierres taillées avec un ciseau d'or, entouré de tous ses enfants, de tous ses gentilshommes, de tous ses poëtes, de tous ses capitaines, de toutes les beautés de sa cour, le roi menait une vie vraiment royale — représentation infinie de tous les jours, de toutes les heures. A ce lieu, dont la grandeur vous étonne, venaient aboutir tous les bruits du siècle, toutes les émotions des rois, toutes les espérances des peuples. Là était le centre de toutes choses, de là partaient tous les mouvements de ce grand royaume. Un si long règne dans une si longue suite de bâtiments royaux!

— De si belles amours dans ces riches salons étincelant sous les feux charmants de l'esprit et du génie! — De si belles promenades sous ces arbres pour lesquels Molière composait les plus charmantes scènes de ses comédies! — de si longues chasses dans ces bois que la grande et la petite Écurie remplissaient de leurs magnificences! — *Le tapis vert!* — et les bosquets qui l'entourent — et l'Orangerie tout au pied du château — et la pièce d'eau des Suisses! — et la cour de marbre! — Qui oserait tout décrire? — Qui voudrait tout raconter? Eh! justement ce serait toute l'histoire d'un siècle, toute l'histoire d'une monarchie qui se termine comme commencent les anciens contes de fées : *Il y avait une fois un roi et une reine!*

A cette heure, le palais de Versailles n'est plus qu'un musée.

Le roi Louis XIV a été relégué dans quelques-uns de ses salons, dans sa chambre à coucher; ce n'est plus lui seul qui remplit de sa majesté les demeures qu'il s'était faites. Il n'est plus seul : il est entouré de toutes les dynasties, de toutes les royautés, et enfin de toutes les révolutions de la France. Autre part que dans le palais de Versailles, c'est là un pêle-mêle qui ne serait pas sans grandeur. Toutes les époques de la France sont représentées dans cette suite de tableaux dont quelques-uns sont dignes des peintres qui les ont signés, dont le plus grand nombre se ressentent de la hâte et des médiocrités du moment. Les temps fabuleux n'y sont pas oubliés. La France, les Gaulois, les Romains eux-mêmes ont leur place dans cette mêlée ; Charlemagne y paraît avec sa dynastie de faibles monarques; tous les commencements, toutes les origines, tous les peuples, on les a peints sur ces murailles étonnées de tant d'anachronismes. Les barons féodaux, les chevaliers des croisades, les pontifes, les ministres, les abbés, tous ont leur place dans cette page immense d'un livre unique sur lequel était écrite la louange unique du roi Louis XIV. — Plus loin, François Ier vous apparaît entouré de son escorte brillante et conduisant par la main ce beau seizième siècle qui n'a pu être vaincu et surpassé que par le siècle suivant. A peine êtes-vous entrés dans la cour d'honneur, que déjà votre attention est excitée. Les premiers qui vous font cortége ce sont les grands hommes de la France, c'est Bayard, c'est Du Guesclin, c'est Turenne, c'est Condé, c'est Louis XIV sur son cheval. Arrivés à la cour de marbre, vous saluez de votre premier regard, de vos premiers respects, les rois et les guerriers de la première race, des épitaphes, des cris de guerre, des tombes, des galeries auxquelles le temps n'a pas encore donné cette teinte funèbre que seul le temps peut trouver sur sa palette de cendre et de poussière. Arrêtez-vous, non pas sans l'admirer, devant cette fille des champs : Jeanne d'Arc, guerrière et bergère à la fois, le visage d'une femme, le cœur et le bras d'un héros. C'est le chef-d'œuvre peut-être du Musée de Versailles, marbre doublement populaire par le nom de l'héroïne et par le nom du sculpteur.

Une fois que vous avez pris votre parti de tous ces brillants anachronismes, vous n'avez plus qu'à choisir, parmi toutes ces gloires amoncelées à la même place, la gloire qui vous conviendra le plus. Pour peu que vous ayez adopté en fanatique S. M. l'empereur Napoléon, vous pouvez le suivre dans ses appareils si divers, dans ses fortunes si différentes; aujourd'hui couronné par le pape, le lendemain épousant la petite-fille des Césars, puis vaincu et captif, puis sortant de son île et rentrant comme un triomphateur dans son royaume des Cent-Jours, puis abattu une dernière fois et se perdant dans l'infinité de son malheur et de sa gloire. Ce qui devait être beau à voir le jour de l'inauguration du Musée, c'était de voir marchant gravement, témoins muets, mais non pas impassibles, ces vieux soldats, ces maréchaux invalides, blessés sur tous les champ de bataille, parcourant d'un pas lassé tout ce Musée ou plutôt ce champ de guerre, émus jusqu'aux larmes à l'aspect de leurs anciens triomphes, se cherchant eux-mêmes dans la mêlée, à l'ombre de leurs aigles et de leur Empereur; si fiers et si heureux de se retrouver, tenant leur place d'il y a vingt ans dans cette mêlée sans égale de toutes les royautés, de tous les peuples et de tous les principes! Il y en avait, parmi ces vieux héros, qui n'avaient pas marché depuis dix ans et qui se redressaient à cette odeur de poudre à canon, comme fait le Paralytique de l'Évangile. Ils revenaient à leurs beaux jours de misère et de bivouac; ils revoyaient Toulon se rendant sous le canon dressé par ce petit jeune homme au teint pâle et à l'œil de feu; ils gravissaient les hauteurs du mont Saint-Bernard en traînant les canons; ils descendaient en Italie au milieu de la douce vapeur des orangers et des roses; ils arrivaient en Égypte et dans ces plaines chargées de sable, au pied des Pyramides; ils regardaient en riant ces trois mille années qui les contemplaient avec effroi!

Que de petits drames imperceptibles ont dû se passer ce premier jour, dans le palais de Versailles! Pendant que l'antiquaire déchiffrait avec délices les vieilles inscriptions des vieilles statues, pendant que le soldat de l'Empereur marchait au pas de course, à la suite de son Empereur, pendant que les hommes politiques se faisaient expliquer les scènes diverses de l'histoire parlementaire, toute remplie de scènes imprévues, d'épouvantes, de meurtres, de résistances, les esprits les plus calmes, ces heureux égoïstes pour qui la gloire des armes n'est qu'un vain bruit, la puissance une force inutile, le courage un glorieux péril, la victoire une folle parure, se perdaient en leurs méditations, à la suite des beaux esprits de la France. Ceux-là disaient tout bas que la plus belle victoire ne vaut pas un beau poëme, qu'ils donneraient Charlemagne pour Régnier, et les *Capitulaires* pour l'ode à *Du Périer*, de Malherbe. Ils s'arrêtaient de préférence devant les grands maîtres : Rabelais, Montaigne, Corneille, ou bien, plus avancés, ils regardaient avec amour Boileau, Fénelon, Bossuet, Racine; ou bien ils saluaient Montesquieu, Voltaire, Le Sage, J.-J. Rousseau. — Noble palais, l'asile de toutes les gloires et de toutes les poésies! Les jeunes gens, dans la première ardeur des belles passions de la jeunesse, ne voyaient dans le palais de Louis XIV que le roi Louis XV, ce beau roi de tant d'esprit, d'insouciance, de sang-froid et de courage! Ils suivaient les traces parfumées du royal amant de madame de Pompadour; ils ne reculaient même pas devant madame Dubarry, cette puissance effrontée et charmante; ils s'extasiaient devant toutes ces beautés efféminées, devant toutes ces grâces un peu apprêtées, devant ces jeunes héros de Fontenoi qui portaient si bien les manchettes et l'épée. Les uns s'étaient faits les partisans de la reine de France, Marie-Antoinette, cette admirable fille de l'Allemagne, reine de tant de courage et de résignation; les autres, franchissant le dix-septième siècle, proclamaient Diane de Poitiers la belle des belles; il y en avait qui se mettaient à adorer la reine de Navarre; quelques-uns, parmi les historiens goguenards qui composent une école à part, soutenaient que la reine Catherine de Médicis était une reine calomniée, et ils estimaient très-haut l'escadron volant de la reine; chacun choisissait son roi parmi tant de monarques : celui-ci François Ier, le roi de Bayard; celui-là Louis XI, l'ami du peuple; cet autre le roi Louis XII, qui en était *le père;* il y en avait qui trouvaient des grâces à ce roi nonchalant et fantasque, Louis XIII; d'autres se passionnaient pour Henri IV, et ils lui disaient : *Sire, votre maîtresse est ma reine!* Et enfin, car toutes les royautés de la France sont permises et reconnues avec la plus courageuse loyauté dans le Musée de Versailles, quelques-uns, dans leur respectueuse émotion, s'arrêtaient devant le *Retour de Louis XVIII,* devant le *Sacre de Charles X,* devant le portrait de madame la Dauphine, et il y avait dans leurs regards moins de reproches que de pitié, de respect et d'intérêt.

Voyez-vous cependant — là-bas sous cet horizon verdoyant des grands arbres — tout au bout du tapis vert, plus loin que le canal qui sert de miroir à toutes ces magnificences royales, voyez-vous cette maison d'un si riant aspect? Certes, à côté du Versailles de Louis XIV, le *Petit-Trianon* ne saurait guère attirer l'attention et le respect des hommes... Et pourtant que de charmants souvenirs nous rappellent ce parc si étroit, ces murailles d'une simplicité si charmante! Sur ces gazons qu'elle foulait d'un pied si léger, la reine de France venait oublier les ennuis et l'étiquette de la majesté royale. Une fois au *Petit-Trianon*, cette belle reine se sentait plus heureuse. Elle avait pour tout diadème les fleurs de ses jardins; elle tenait d'une main joyeuse la houlette légère; elle-même, dans cette laiterie de marbre blanc, elle préparait — avec tant de maladresse adorable — le lait de ses vaches! Pauvre reine! et combien elle a dû regretter — le soleil, les eaux, les fleurs, la crème et les fraises, les moutons et les génisses du *Petit-Trianon!*

Pour moi, il me semble que je la vois encore dans ces beaux

lieux doucement éclairés de sa royale beauté; les oiseaux de la charmille chantent encore la reine de France; les cygnes du bassin la cherchent, effleurant d'une aile timide ces beaux rivages; à son balcon, le soir, quand la lune est voilée par quelque nuage venu de Paris, c'est au balcon du Petit-Trianon

que se penche de préférence cette ombre blanche et sacrée! Trianon à côté de Versailles, c'est la guirlande de fleurs déposée sur l'escalier des géants.

Je ne saurais vous dire toute la beauté de cette journée passée au milieu de tant de splendeurs et de ces imposants souvenirs. Je voyais à la fois toutes ces choses, le passé et le temps présent, le palais et les jardins, l'histoire et la poésie, les saintes gloires de l'éloquence chrétienne et les profanes amours; palais, bosquets, fleurs, jardins, bassins de marbre, statues de pierre et de bronze, jets d'eau fantastiques, gerbes brillantes, Apollon et les Muses, toutes les divinités de la fable, le Satyre qui danse, la Bacchante avinée, la Danaé avide, la Junon superbe et la Latone éplorée, tout passe autour de vous au son d'une musique aérienne ; poésie, souvenirs, histoires, le présent et le passé, toutes les choses et surtout tous les hommes qui ont été, immense tourbillon de toutes les choses sublimes et divines.... et vous restez comme écrasé dans une muette contemplation.

Versailles ! Versailles ! devenu un faubourg de Paris grâce à ces chemins de fer !... Pourquoi la ville est-elle restée déserte? Pourquoi dans ces rues ce profond silence? Pourquoi ces maisons qu'on dirait habitées par des fantômes, ces jardins dans lesquels vous ne retrouvez ni le pas de l'enfant, ni le pas du vieillard? Ah! ces ruines font peur au vulgaire; ces longs souvenirs de l'ancienne monarchie épouvantent même le philosophe. Versailles n'est plus qu'un lieu de passage. — Chacun y veut venir, personne n'y veut rester ! Moi-même j'ai été témoin de cette hâte du peuple de Paris à s'enfuir devant tous ces fantômes.

La nuit était loin encore, c'était l'heure où toutes les eaux du jardin étaient lâchées; le soleil était moins ardent, l'arbre plus frais, le gazon plus vert, l'eau plus limpide. Là-bas, tout au bout du lac, où recommencent les murmures mélodieux du rossignol attristé par la foule, par ces allées sablées, dans lesquelles, avec un peu de respect et de pitié, il serait facile de retrouver tant de nobles traces, il me semblait voir toute l'ancienne cour se promener dans son plus magnifique appareil. Ce n'était pas une vision ! ils étaient tous là-bas, les uns et les autres, ces rois, ces princes, ces Condé, ces Turenne, ces Bossuet. Oui, c'était bien la cour du plus grand roi de l'univers. Je voyais tout au loin resplendir l'or des broderies, les couleurs du velours, l'acier des épées; les pierreries des femmes ajoutaient à la blancheur de leurs épaules nues, — les plumes flottaient sur ces brunes chevelures agitées par le vent du soir ! O mon Dieu ! faites que je voie l'œil bleu de Mlle de La Vallière, ou le regard altier de madame de Maintenon ; que je sache enfin comment madame de Sévigné était faite... Apparition éblouissante! Il me semblait que tous les hommes qui se promenaient dans le palais de Versailles étaient fascinés comme moi, quand tout d'un coup j'ai vu toute cette foule se précipiter, comme fait l'avalanche, hors des jardins. Peuple singulier! il ne veut obéir à personne, et pourtant il a été dompté par cette nécessité d'arriver en toute hâte à l'heure du départ. A chaque instant d'immenses convois partaient, pour revenir et pour repartir avec une charge nouvelle. Plusieurs voyageurs se dirigeaient à pied vers ce bois charmant qui sépare Ville-d'Avray de Saint-Cloud, parcourant du regard toutes les hauteurs voisines chargées de leurs blanches maisons. Par ce beau temps, par cette belle nuit, par ces frais sentiers qui chantent, la route n'est pas longue; et enfin, si la poussière vous prend, si la soif vous arrête, n'avez-vous pas pour vous reposer, tout au bout du chemin, les deux fontaines jaillissantes de la place Louis XV? C'est tout un fleuve qui tombe et se précipite dans ces bassins de marbre et d'or. Ne dirait-on pas encore les jets d'eau de Versailles? Quel plus merveilleux fouillis de naïades au sein nu, de monstres marins aux gueules béantes et jaillissantes, de caprices de bronze et de marbre! Du haut de ces bassins renversés, glisse en silence l'ombre effilée de l'Obélisque; l'eau claire jaillit comme une rosée bienfaisante en gouttelettes sonores; le bitume aux deux couleurs étend sous vos pieds son fin tapis; les lustres jettent au loin les clartés d'une fête. L'arbre se perd dans l'ombre, ombre lui-même; le soleil se couche entre les deux bras de l'Arc-de-Triomphe, qui l'endort comme la nourrice endort son enfant. Quelle belle journée bien remplie! quel beau domaine! quelle promenade! — On va par le chemin de fer; on fait une halte sur les marches du palais de Versailles, et, le soir même, on peut laver son front brûlant dans le bassin de cette fontaine bruyante et vive que l'Arc-de-Triomphe protége de son ombre et de sa majesté.

T. Allom, the figures by Eugène Lami

Intérieurs du Palais de Fontainebleau.

C. Mottram

The Blé à Paris

CHAPITRE XII

FONTAINEBLEAU

Après Versailles, le premier pèlerinage de *l'Été à Paris*, c'est Fontainebleau. A coup sûr, il s'agit cette fois d'une grandeur moins imposante; mais quels plus charmants, quels plus ingénieux chefs-d'œuvre ! Là, non plus, les souvenirs ne manquent guère; mais il semble que ces souvenirs sont moins qu'à Versailles, empreints de la mélancolie et de la tristesse que portent avec elles les choses vaincues. Partez donc; la route est si belle ! La pluie qui tombait par torrents s'est arrêtée; le soleil nous jette franchement ses chauds rayons; on voit se relever, comme par enchantement, la moisson prochaine, qui, la veille encore, jonchait tristement la terre.

Que les jardins de Fontainebleau sont magnifiques! Des chênes contemporains de François Ier et de Henri IV, de vieilles charmilles qui ont prêté leur ombre aux jeunes amours de Louis XIV, avant même que le jeune roi n'eût tracé le plan de Versailles; des eaux si abondantes et si limpides qu'elles ont donné leur nom à ces beaux lieux; partout dans le château, hors du château, dans ces mille enroulements de la pierre et du gazon, du marbre et des fleurs, un aspect naturel de majesté et de grandeur. L'eau circule dans les fossés comme ferait un fleuve dans son lit; l'étang brille au loin comme un vaste miroir, le seul qui soit digne de refléter ces magnificences de la nature et de l'art. Remarquez, au milieu de cet étang, un pavillon bâti par l'empereur Napoléon. Durant l'été, Sa Majesté très-victorieuse y tenait son conseil. N'oubliez pas de donner la bienvenue à ces carpes blanchies par le temps, qui n'étaient déjà plus jeunes au seizième siècle de l'histoire de France, témoins muets et tranquilles de tant de révolutions qui ont glissé sur ces ondes sans y laisser une trace de leur passage; ces beaux poissons font la joie du visiteur; ils courent à lui pour lui demander leur pitance. L'une d'elles porte un anneau, un anneau d'or que lui a donné le roi François Ier. A quiconque le veut visiter le jardin est ouvert; nulle barrière, nulle entrave; vous pouvez fouler le gazon de tous les parterres. Regardez cependant le château :

c'est l'œuvre du Primatice, cet Italien qui a passé près de Dante sans toucher même le bord de son manteau; près de Raphaël sans l'apercevoir, sinon de loin, de si loin que l'artiste n'a pas même songé à le suivre. Cela est magnifique, ingénieux, abondant, facile comme le génie français. Heureux et singulier mélange de toutes choses, des ornements sans fin, des sculptures sans motifs, des caprices, des hasards, des rêves, — des tourelles, des tours, des flèches, des chefs-d'œuvre! Là aussi, que de fêtes brillantes! que d'amoureuses cachettes sous ces ombrages! que de beaux jeunes gens glissant sur ces flots enivrés d'art et de poésie, accompagnant de leurs doux murmures le son des violons et des hautbois! C'était l'heure adorable et charmante où la France revenait de l'Italie, où elle avait été chercher — science apprise si vite — le grand art des ornements et des parures, — les belles perles — les riches bijoux — les armures magnifiques — les longs poëmes, les enchantements de la poésie et de l'art. C'est déjà une autre France qui se révèle, c'est la France féodale qui s'en va, c'est Louis XIV qui se fait pressentir! — Encore une fois, marchez lentement sur le bord de ces eaux limpides; les cygnes du bassin vous saluent en battant de l'aile; couchez-vous sur l'herbe, répétez les vers de Virgile à l'ombre des rives fleuries; dormez si vous voulez dormir, vous êtes le maître de ces beaux lieux. Mais pourquoi dormir? Cette fois encore toute une histoire nous appelle, tout un poëme : nous nous reposerons plus tard, quand nous aurons parcouru tout cet ensemble magnifique, quand nous aurons étudié tous ces chefs-d'œuvre, quand nous aurons deviné quelques-uns des mystères du château de Fontainebleau : — Ici Biron arrêté par ordre de Henri IV; — plus loin, la reine Christine de Suède, reine insultée, femme jalouse, assassinant Monaldeschi, son grand-écuyer, au grand scandale de la cour de France épouvantée et indignée de ces amoureuses fureurs. — Et enfin regardez cette pierre au sommet de ces escaliers : — sur cette dalle superbe fut dénoué le plus grand drame de l'histoire.

Il y a de cela trente ans à peine, — déjà deux siècles! —

dans cette même cour du palais de Fontainebleau, d'un aspect si calme aujourd'hui, se tenait immobile, muette, désolée, cachant ses larmes, la vieille garde de la grande armée impériale. Cette vieille garde, dont le nom seul renversait les capitales, s'était battue sur tous les champs de bataille de l'univers. Ils étaient à Arcole, à Aboukir, à Marengo; ils étaient les soldats d'Austerlitz, d'Iéna, de Friedland, de Madrid, de Wagram; et maintenant, après avoir traversé tant de gloire et tant de périls, ils se trouvaient vaincus et décimés dans cet étroit espace, qui était leur dernier royaume, leur dernier champ de bataille; encore il faudra le quitter demain, pour ne plus le revoir, ce coin de terre désolé ! Dans ce palais de Fontainebleau, dont chaque porte, dont chaque fenêtre est ouverte au soleil de mai et aux fleurs du jardin, se cachait, dans sa douleur et dans ses angoisses, l'empereur Napoléon : en vain il avait tenu tête à l'Europe coalisée, le génie avait cédé à la fortune ; l'aigle impériale, blessée à mort dans les cieux de Moscou, avait eu à peine assez de force pour venir expirer ici même, sous le ciel de Fontainebleau. A la fin, l'heure était venue où l'Empereur lui-même devait déposer cette épée qui avait tant pesé dans la balance du monde : son sacrifice était accompli, comme sa gloire. Alors s'ouvrit la porte du palais; la vieille garde était en bas qui présentait les armes; — les cœurs battaient si vite ! les larmes étaient dans tous les yeux ! On attendait. A la fin, cette armée, ou pour mieux dire cette poignée de braves gens, vit descendre dans cette cour épouvantée, et qui semblait reculer devant lui, un homme seul, le regard fier, la démarche hardie, triste, non pas abattu; il était enveloppé dans la redingote grise; il portait à la main le chapeau du Petit-Caporal; un seul mois de ces misères l'avait vieilli plus que n'eussent fait dix batailles. Ses vieux soldats, le retrouvant si grand dans l'infortune, se sentaient émus jusqu'au fond des entrailles, et ils ne comprenaient pas, les pauvres héros, comment et pourquoi ils se séparaient ainsi eux et l'Empereur, eux qui étaient toujours la grande armée, lui qui était toujours l'Empereur. Une voix bien connue les vint tirer de leur stupeur :

« Soldats! leur disait-il, je vous fais mes adieux. Depuis vingt ans que nous sommes ensemble, je suis content de vous, je vous ai toujours trouvés au chemin de l'honneur! » Après quoi il embrassa les aigles et il remonta d'un pas ferme et tranquille ce même escalier de Fontainebleau, aujourd'hui chargé de fleurs.

Ainsi se séparèrent, — à cette même place, — l'Empereur et la grande armée, pour aller mourir çà et là les uns et les autres, dans la même tristesse, dans la même gloire, dans le même abandon.

Cependant pénétrons dans le palais de tant de monarques absolus, et prenons garde d'avoir en nos mains le fil d'Ariane, car une fois entré là on se perd : c'est le plus merveilleux dédale qui ait jamais étonné l'imagination humaine. Ce ne sont que vastes galeries, salles immenses, amphithéâtres, escaliers de géants, mystérieux couloirs, douces retraites cachées dans le mur, balcons de marbre et de bronze. Tous les temps, tous les lieux, tous les arts, tous les monarques, sont représentés dans ces murailles. Le seizième siècle y a jeté tous ses caprices et toute sa poésie; Louis XIII et Henri IV ont laissé sur ces murailles leur empreinte italienne et française à la fois; Louis XIV porta dans ces murailles sa royale et naissante grandeur; l'empereur Napoléon y vint attendre cette impératrice Marie-Louise d'Autriche, qui l'alliait aux rois de l'Europe en le séparant du peuple de France. Or, telle était la majesté de ces murailles, que chacun des pouvoirs qui ont passé par là, — ne fût-ce qu'un jour, — s'est vu forcé d'ajouter une magnificence nouvelle à ces magnificences. Tel roi, pour signaler son passage à Fontainebleau, a bâti tout un palais pour faire suite aux palais primitifs; tel autre a construit une église; le troisième un théâtre, ou tout au moins une galerie; ce dernier enfin eut à peine le temps d'y graver son nom et son chiffre, après quoi il a été emporté par la tempête; son nom a été effacé par le badigeonneur.

Vous avez beau dire, et le roi Louis-Philippe aura beau faire, il n'y a dans Versailles qu'un seul maître, j'ai presque dit qu'un seul Dieu, le roi Louis XIV. Au contraire, dans le palais de Fontainebleau, tous les souvenirs se mêlent et se confondent. Non loin de l'appartement du souverain pontife, entraîné là du milieu de la Rome pontificale par le plus indigne abus de la force, sur l'emplacement de la galerie des Cerfs où fut assassiné Monaldeschi, dans un coin retiré où elle fuyait même la clarté du ciel, madame de Maintenon s'était creusé une retraite qu'on peut voir complétement meublée et restaurée. Il y a du sang dans ces murs, il y a de l'amour, il y a de la poésie, il y a surtout des mariages. On chercherait en vain dans tout ce palais un petit coin qui n'ait pas abrité une tête couronnée ou décoronnée, un lit qui ne soit pas un lit nuptial ou un lit de mort. Dans l'appartement du roi, les plus indifférents s'arrêtent devant un méchant guéridon en acajou, qui vaudrait bien quinze francs si on l'achetait à crédit chez un marchand de meubles d'occasion; pourtant on n'approche de ce guéridon qu'avec respect : c'est sur cette table que fut signée l'abdication de l'Empereur. L'acajou conserve encore le dernier coup de canif que l'ex-maître du monde y laissa, comme fait le lion mourant, de sa griffe défaillante. Cette table est placée tout près d'une croisée dont les ferrures brillantes ont été forgées par le roi Louis XVI. Cette chambre même, qui ressemble à un herbier, tant les murs sont chargés de toutes les plantes de la *Flore française*, fut habitée par Catherine de Médicis. A côté de cette chambre, Napoléon a fait construire une galerie en l'honneur de Marie-Louise. Ainsi sont confondus tant de souvenirs divers, tant de grandeurs et tant de misères. Dans cet admirable pêle-mêle de toutes sortes de royautés et de toutes sortes de grandeurs, le philosophe se prend à rêver; il se demande si c'est bien la peine de dépenser tant d'agitations, et souvent tant de génie, pour ajouter à peine une poussière à toutes ces poussières, une vanité à ces vanités lamentables. Le poëte, de son côté, ranime par l'imagination et par la pensée, qui sont les deux plus grands architectes de ce monde, toutes ces pierres délabrées ; il ramène le bruit dans ce silence, la foule dans ces solitudes. A sa parole, soudain s'illuminent peu à peu ces vastes galeries, sortent de leur néant tous les siècles qui ont prié, qui ont aimé, qui ont souffert, qui sont morts dans ces murailles. Silence! les voici! Ils reparaissent dans leurs plus beaux atours, dans leur plus glorieux appareil; ils viennent passer dans ces lieux chéris encore une nuit de fête et de gloire, de plaisir et d'amour. Quoi de plus facile, avec un peu d'enthousiasme dans la tête et de jeunesse dans le cœur, que de ranimer toute cette histoire éteinte? Ne voyez-vous pas déjà, à travers les vitraux gothiques de la galerie de François Ier, le roi-chevalier présidant aux fêtes brillantes, et tout au sommet de l'escalier la sombre figure de Napoléon partant pour son exil de l'île d'Elbe? François Ier et Napoléon Bonaparte, voilà en effet les deux maîtres du palais de Fontainebleau, voilà les deux fantômes qui reviennent le plus souvent dans ces murs, dans ces galeries, dans ces mille chambres muettes;—et alors, qu'ils doivent être étonnés, le roi et l'Empereur, de retrouver debout tout leur ouvrage! Depuis si longtemps leur palais était en ruine! les murs s'affaissaient sur eux-mêmes, les plafonds s'en allaient en lambeaux; les armoiries de tant de rois avaient été si souvent grattées, replacées et regrattées sur la pierre, que la pierre était percée à jour; on avait fait une si rude chasse aux aigles, on avait arraché tant de fleurs de lis, on avait brisé tant d'emblèmes, on avait effacé tant de chiffres d'amour, que, parmi toutes ces destructions impitoyables, il était impossible de rien retrouver, — tout au plus des murs sans nom, des autels sans encens, des boudoirs sans parfums, des salons sans honneurs, des cadres vides, des trônes brisés, toutes sortes de choses royales indignement saccagées, gaspillées, souillées, anéanties. L'ombre des anciens maîtres de Fontainebleau se promenait tristement parmi ces ruines lamentables, et plus les années s'amoncelaient sur les années, plus les ruines s'entassaient sur les ruines. Mais aujourd'hui, grâce à la même pensée prévoyante qui a relevé le palais de Versailles, dans Fontainebleau réparé et sauvé, tout se relève : les fondements ébranlés se rassurent, les escaliers écrasés par tant de grandeurs passagères se raffermissent dans leurs bases, les statues couchées par terre remontent sur leur piédestal, les portraits rentrent dans leur cadre, le vieux plâtre des salons est chassé, comme la poussière, et derrière cette couche immonde reparaissent dans leur éclat tout nouveau des chefs-d'œuvre de trois siècles. C'en est fait, la restauration du monument est complète au dedans et au dehors : les plafonds s'animent comme les murailles, les portes de sapin ont fait place aux portes de chêne, le papier peint s'en va et cède la place au tableau d'histoire; l'écho répète de nouveau les noms sonores d'autrefois; les caves se remplissent et aussi les bûchers; les meubles sont rendus au velours et à la dorure; les vers regrettent leur proie; on remet aux fenêtres leurs vitraux gothiques, on relève les cheminées abattues; on retrouve, avec le soin minutieux et la patience exacte de l'antiquaire, les moindres détails de cette fine sculpture qui changeait le bois en chef-d'œuvre, la pierre en dentelles, le marbre en belles femmes et en héros. La mosaïque reparaît éternellement jeune et brillante, et elle sort plus fraîche que jamais du parquet de chêne qui la recouvrait comme un cercueil. Partout, du haut en bas de ces immenses murailles, s'est portée la même main réparatrice et attentive; partout ont reparu l'or, la couleur, l'émail, le marbre, la pierre, l'écaille, l'ivoire, l'argent, la laine, le bronze. Ce palais de Fontainebleau était, il n'y a pas dix années, une demeure désolée et livrée à tous les vents du nord; aujourd'hui c'est un palais magnifique, digne des plus grands rois. Aussi l'étonnement est immense parmi les ombres royales. « Qui donc a réparé mes galeries? s'écrie François Ier; gloire à lui! il a replacé sur les murs mes armoiries et le chiffre de ma belle maîtresse. — Qui donc a relevé l'escalier de Fontainebleau et sauvé les moindres vestiges de mon passage? s'écrie l'Empereur ; gloire à lui! il n'a pas eu peur des aigles, des souvenirs, non plus que des couleurs de la grande armée. » Ainsi parlent entre elles ces ombres consolées. En même temps, à l'heure de minuit, reparaissent, légères comme des ombres heureuses, toutes les femmes qui régnèrent un jour dans ces royales demeures. Elles glissent doucement sur ces tapis moelleux ; elles prennent place sur ces trônes relevés ; elles se reposent sur ces sofas redorés ; elles sourient à leur beauté dans ces glaces de Venise qui les reflétaient si blanches et si belles ; elles dansent en chœur sous ces voûtes charmantes, où tout leur rappelle leurs beaux amours d'autrefois. Belle et grande tâche, en vérité, que s'est imposée ce chef de dynastie ! Sauver les ruines, sauver les gloires, sauver les souvenirs de son pays ; aspirer plutôt au titre de conservateur qu'au titre de créateur ; peu fonder, mais tout sauver ; être plus fier de tirer un palais de sa ruine que de l'élever tout neuf, et de mourir en le laissant imparfait ; mettre à profit, pour les rendre à tout leur éclat primitif, tout le luxe, toutes les entreprises, toutes les folies, toutes les dépenses royales de trois siècles ; arriver ainsi au plus admirable résultat qui ait jamais couronné l'œuvre des plus grands architectes, c'est-à-dire achever tous les monuments commencés ; le même jour, rendre à la Colonne son Empereur, Louis XIV à Versailles, François Ier à Fontainebleau, Mademoiselle au château d'Eu, le roi aux Tuileries ; et le lendemain, aspirer, pour tout repos, à la gloire d'achever le Louvre ; et tous ces efforts incroyables, toutes ces entreprises menées de front, tout cela au milieu des partis qui s'entre-choquent, dans l'émeute, dans la guerre civile, dans les désordres, sous le poignard de l'assassin, voilà ce qui s'appelle vouloir et pouvoir !

Hâtez-vous d'admirer. Parcourir ce palais de Fontainebleau est tout un voyage. « Mais, direz-vous, laissez-moi reconnaître ces chiffres entrelacés, Henri II, Diane de Valentinois ; laissez-moi étudier les emblèmes de cette cheminée du plus bel ordre ionique, entremêlée de guirlandes, de festons, d'emblèmes, galantes inventions de Philibert Delorme et de Guillaume Rondelet ; » il faut marcher, il faut poursuivre votre route sans vous arrêter à chaque vision. Dans la galerie de François Ier, tout comme dans la galerie de Henri II, vous retrouverez le même Primatice, non-seulement le grand peintre, mais encore le grand sculpteur. Dans la décoration, il ne faut pas que la peinture soit abandonnée à elle-même ; si on veut qu'elle produise tous ses effets, il est nécessaire qu'elle soit accompagnée de la sculpture. C'est la sculpture qui donne le relief, c'est-à-dire le mouvement et la vie, aux chefs-d'œuvre des peintres. Elle encadre, elle accompagne à merveille la couleur ; elle en augmente la force et la grâce. De cette union intime de deux grands arts qui s'accordent à merveille l'un et l'autre, est résultée cette galerie, qui devait être la merveille du seizième siècle, dont elle résumait à merveille toutes les splendeurs.

Si vous êtes bien inspiré, vous ne quitterez pas Fontainebleau sans avoir parcouru la forêt, qui est une des plus belles et des plus pittoresques de la France.

Il faut voir la forêt de Fontainebleau, le matin de bonne heure, quand l'oiseau chante, quand le soleil brille, quand tous les points de vue s'étendent à l'infini devant vos regards charmés, quand toutes ces pierres amoncelées sous ces arbres séculaires prennent mille formes fantastiques et donnent à la forêt l'aspect de la plaine où les Titans se battirent contre le ciel. La forêt de Fontainebleau est pleine de mystère, de bruits, de détours, de lumière, d'obscurité : ce sont des cavernes profondes, ce sont de petits sentiers qui serpentent doucement dans l'ombre, sur les gazons fleuris ; ce sont des flots de sable qui s'échappent du rocher entr'ouvert, c'est une goutte de rosée qui tombe, en murmurant doucement, d'une inerte montagne ; ce sont mille formes bizarres, comme il devait y en avoir beaucoup sur la terre après le déluge, quand les eaux eurent défiguré à plaisir toutes les choses de la création ; à chaque pas que vous faites dans ces mystères, vous rencontrez quelques-unes de ces nouveautés, vieilles comme le monde, mais dont l'effet est tout-puissant. Les artistes, les poëtes, les romanciers, les amoureux, ces grands poëtes, ont fait, de tout temps, de la forêt de Fontainebleau le domaine de leurs rêves. Elle se compose de quarante mille arpents de vieux arbres ; elle est bornée à l'ouest par la Seine, au midi, par le canal de Briare ; elle n'a pas moins de vingt-huit lieues de pourtour.

Au milieu de cet admirable bouleversement de rochers, de gazons, de vieux chênes, dont plusieurs s'appelaient Saint-Louis, Charlemagne ou Clovis ; dans les fourrés épais, au fond de ces gorges profondes, au fond de ces cavernes, au sommet de ces palais aériens ; loin de la Seine qui brille au loin, ou sur ses bords ; à l'ombrage des pins ou des érables, des bouleaux ou des hêtres, des sapins ou des ormes ; sur la bruyère, parmi les roseaux, sur la mousse ou sur le sable ; au cri des corbeaux, aux chants joyeux de l'alouette, aux notes plaintives du rossignol ; que la couleuvre étale au soleil ses couleurs variées, où que le daim s'enfuie en bondissant après avoir jeté un coup d'œil animé et curieux, n'oubliez pas cependant de rechercher les sites favoris des princes et des poëtes, les rochers fameux, les repos de chasse, dont l'aspect rappelle de vieilles légendes. Il y a un certain art pour visiter Fontainebleau, au delà duquel tout est hasard et confusion. Allez donc pas à pas de la Table du Roi à la vallée de la Selle, du rocher de Saint-Germain à la mare aux Èves, du carrefour de Belle-Vue à la Gorge-du-Loup. Parmi toutes ces horreurs magnifiques, recouvertes de beaux ombrages, visitez Franchard, la plus bouleversée de toutes ces vallées pittoresques. A Franchard on vous racontera des légendes, on vous montrera les ruines d'un monastère ; vous aurez des histoires de cénobites ; puis, en côtoyant un petit lac sur lequel flotte un jeune chêne de vingt ans, renversé par le vent, vous irez admirer la *Roche-qui-pleure*.

La Roche-qui-pleure est une montagne couchée sans art entre plusieurs montagnes moins hautes; autour de cette roche, tout est désolation, silence, aridité; vous avez soif rien qu'à vous voir dans ces sables, sur ces rochers, sous ce grand soleil. Mais prêtez l'oreille; entendez-vous comme le bruit argentin d'une goutte d'eau qui tomberait du ciel dans une coquille de nacre? C'est étrange, cette perle qui se détache de cette immense roche, cette goutte d'eau pure qui sort en murmurant de cet immense granit! En tout temps, en toute saison, par les soleils les plus chauds, par les plus froids hivers, la même roche donne éternellement la même goutte d'eau pure et inaltérable, jamais plus, jamais moins. Il y a encore, parmi les endroits renommés, le mont d'*Henri IV*, le *Rocher d'Aran*, le *Mont-Aigu*, les *Ventes de la Reine*, les *Érables*, la *Table du Roi*, la *Table du Grand-Veneur*; le grand-veneur mène la chasse infernale aux aboiements de ses chiens d'outre-tombe; la *Grande Taille*, le *Village d'Aron*, les *Pressoirs du Roi*, le *Bouquet du Roi*, *Henri IV et Sully*, deux vieux chênes admirables entre tous les chênes, le *Rocher des Deux-Sœurs*. O juste ciel! que d'histoires terribles et touchantes, histoires de chasse et d'amour, de trahisons et de vengeances, cette vieille forêt a couvertes de son ombre! ombre séculaire, silencieuse, profonde, et dont pas d'autre bruit n'arrive que le bruit du cerf qui brame, de l'oiseau qui chante, du cor qui retentit dans les bois. Et pourtant, ce que je préfère encore pour la beauté du paysage, c'est le beau lieu dans lequel j'étais hier.

Eugène Lami.

Vue de la Lanterne de Diogène.
(S'éteint)

F. Roberts.

Un Été à Paris.

CHAPITRE XIII

UNE FÊTE A SAINT-CLOUD.

L E beau lieu, que je préfère même à l'entassement du palais de Fontainebleau, c'est le parc de Saint-Cloud, que dominent les hauteurs de Bellevue. Le voyage seul de Paris à Saint-Cloud est déjà une fête véritable. Saint-Cloud est aux portes de Paris; vous y pouvez aller en traversant le bois de Boulogne par des sentiers merveilleux. Pour bien faire, prenez la barrière de Versailles, gravissez la pente facile qui vous conduit au village de Passy, — Passy, une ville américaine, — l'hospitalier hameau que choisit notre Franklin dans le séjour qu'il fit à Paris au milieu de l'enthousiasme universel. C'était une chose étrange de voir cet homme, qui était l'ambassadeur d'une révolution, se promener sans épée, sans broderie, sans poudre, sans manchettes, dans la foule des courtisans du roi de France. Cet homme, c'était le bon sens lâché tout d'un coup au milieu de la poésie; c'était le bourgeois qui traitait d'égal à égal, — et pour leur bien, — avec tous les grands seigneurs de cette royauté vermoulue. Ah! s'ils avaient pu, les imprévoyants, écouter les conseils de l'imprimeur de New-York; — s'ils avaient su lire ce simple livre du *Bonhomme Richard*, la Révolution, qui s'avançait à pas de géant, ne les eût pas surpris dans tout le désordre et dans toute la misère de la ruine et de la banqueroute! Ce nouveau venu de l'Amérique eût enseigné aux amis du roi Louis XVI, aux flatteurs du roi Louis XV, ce grand mot qui comprend la vie des nations et des hommes, — la prévoyance. — Passy se souvient de Franklin; une belle rue de ce beau village qui domine la ville s'appelle la rue Franklin. On montre encore l'esplanade élevée, du haut de laquelle notre compatriote arracha la foudre au ciel, comme dit une ambitieuse épigraphe : *Eripuit cœlo fulmen!* Quant à avoir arraché le *sceptre aux tyrans*, *sceptrumque tyrannis*, le bon Franklin n'a pas eu tant d'ambition; et, si par *tyran* le vers latin voulait parler du bon roi Louis XVI, le vers latin donnait à Franklin une louange féroce qui eût fait horreur à ce bon esprit honnête et fin, également incapable d'une lâcheté et d'une cruauté. Passy se souvient du temps où il était le rendez-vous de tout le beau monde et du plus beau monde. Rien qu'à voir ces belles maisons, ces vastes jardins, toute cette décoration extérieure, il est facile de retrouver les vestiges de l'an 1730 et des années suivantes. Plus d'une petite maison, honnêtement habitée aujourd'hui, fut bâtie sur la lisière du bois par le roi Louis XV, pour quelque favorite à la mode. De Versailles il venait à travers champs, le bon sire; et une fois dans la petite maison discrète et galante, chez mademoiselle de Romans, par exemple, la mère de l'abbé de Bourbon, il oubliait les ennuis de cette royauté de France, si pesante quand elle est oisive et qu'elle se sent vaincue et dépassée par une force irrésistible. J'ai vu cette maison de mademoiselle de Romans : les arbres que le roi a plantés sont devenus magnifiques; la maison est de simple et élégante apparence; mais, rien n'est plus juste, cette maison, dont se contentait le roi de France, a été embellie, agrandie et dignement achevée par un bon bourgeois de Paris.

Dans la salle à manger, plus d'une fois Louis XV, poussé à bout par la vivacité des propos, fut obligé de frapper sur la table en disant : « *Le roi, Messieurs !* » Soudain chacun de rentrer dans l'attitude du respect. Une autre fois, dans un moment de bonne humeur, — et j'avoue que M. de Richelieu, à ce moment-là, eut plus d'esprit que Voltaire, — Louis XV donne un soufflet à M. de Richelieu assis à sa droite. Certes, la position était délicate. Que faire? que devenir? comment ne pas se fâcher tout rouge? et, d'autre part, comment garder cette injure sans se plaindre? M. de Richelieu, remis de son étonnement, rendit le soufflet à son voisin, en s'écriant : « *Le roi veut que ça passe!* » Le soufflet passa ; seulement je suis encore à comprendre comment s'est tiré d'affaire le gentilhomme assis à la gauche du roi.

Tout au bout de la grande rue de Passy, *la Muette* (une autre création du roi Louis XV, mais cette fois pour la maîtresse régnante, pour madame de Pompadour) étend son ombre presque séculaire ; c'est le plus beau lieu du monde. Le parc est dessiné avec un art merveilleux ; le jardin se confond avec le bois ; le château est bâti avec la verve ornementale des architectes d'autrefois. Dans cette maison a vécu longtemps, comme un grand seigneur qu'il était, au milieu des plus belles statues et des plus excellents chefs-d'œuvre de la peinture, le célèbre M. Érard. Il était un grand artiste et un habile connaisseur ; il a créé en France et dans toute l'Europe le piano, ce merveilleux instrument à qui nous devons tant de chefs-d'œuvre, et qui a servi si heureusement le génie de ce poëte nommé Frantz-Listz. Vous saluez *la Muette* en passant, et, toujours par le bois, vous regagnez le bord de l'eau. — Allez un peu au hasard, comme il faut aller pour tout voir ; regardez le mont Valérien ; — autrefois ce fut un Calvaire, aujourd'hui c'est une forteresse. Quelques morts d'élite enterrés là ont été obligés de retourner au cimetière du Père-Lachaise, comme tous les morts de cette génération. Là cependant reposait jusqu'à la fin du monde (elle le croyait, du moins) la femme la plus turbulente et la plus agitée de ce siècle, qui est cependant le siècle des femmes turbulentes, madame de Genlis. A-t-elle dépensé, celle-là, d'une façon misérable, sa beauté, son esprit, son intelligence, son style, son talent! A-t-elle été assez vagabonde, assez errante, assez battue par tous les coups de l'infortune! A-t-elle eu assez de liaisons dangereuses, et, parmi tant de choses folles, a-t-elle laissé un charmant petit chef-d'œuvre, *Mademoiselle de Clermont!* Elle est morte à temps, avant que M. le duc d'Orléans, dont elle avait été la gouvernante, fût monté sur le trône de France. Ce fut là encore un des bonheurs de S. M. le roi Louis-Philippe, d'être délivré des radotages de cette bonne femme, qui fussent devenus bien insupportables dans cette haute fortune.

Un beau pont en fil de fer, — léger et aérien, — traverse la Seine; une route facile va vous conduire à Saint-Cloud, Saint-Cloud tout paré, tout pavoisé, tout rempli d'harmonies errantes. Le village s'épanouit sur la bienveillante hauteur; la Seine orgueilleuse bondit tout au loin. Le parc est un chef-d'œuvre de l'art, secondé par toutes les élégances naturelles, le château, placé entre deux terrasses, entre deux avenues,

domine tout cet ensemble de prairies, de verdures, de gazons, de bassins. Juste ciel! ne vous semble-t-il pas que tout d'un coup la lune s'est voilée d'un nuage? Il fait nuit, le vent d'automne souffle dans les arbres, les feuilles jaunies sont poussées jusqu'au ciel, un bruit lamentable remplit la forêt attristée. — Sur la plate-forme désolée, à la clarté blafarde qui vient de ce ciel orageux, un homme se promène enveloppé dans un manteau noir; son pas est agité, son regard est plein de fièvre, son geste est plein de pitié; il attend, mais comme un homme qui voudrait que l'heure ne vînt pas si vite; il attend comme un homme qui a peur de son triomphe. Soudain, à une certaine heure de la nuit, s'entr'ouvre la porte de cette maison d'où la royauté déjà s'est exilée; de cette porte entr'ouverte sort une femme à la noble démarche; son visage est pâle, son front est pur; à sa démarche, à son courage, on reconnaît une reine! — c'est la reine! et l'homme qui l'attend, c'est Mirabeau! Le tribun se jette aux genoux de cette majesté vaincue; il n'ose pas toucher de ses mains, il n'ose pas toucher de ses lèvres cette main qui lui est tendue! Il demande grâce, il implore son pardon! C'est maintenant qu'il peut comprendre toute la violence des coups qu'il a portés à cette monarchie de tant de siècles! La reine relève Mirabeau, et sans faste, sans feinte, sans fierté, elle lui dit : « *Sauvez-nous!* » Alors, dans l'âme de ce fougueux démocrate qui avait brisé violemment tous les obstacles qui s'opposaient à sa grandeur, s'opère un de ces miracles qui eussent sauvé une partie moins désespérée; le gentilhomme se montra de nouveau sous le tribun, le marchand de drap fit place au comte de Mirabeau. Disparaissez de son âme et de ses reproches, mauvais jours de cette jeunesse turbulente! Le fort de Joux et le château de Vincennes, et toutes les lettres de cachet, et toutes les insultes, ne peuvent plus rien sur cette âme réconciliée; ces souvenirs lamentables s'effacent au premier regard de la reine de France : elle est reine, elle est femme, elle est mère, et elle supplie! Cette fois, Marie-Antoinette était triomphante, Mirabeau était vaincu. Le tribun quitta la terrasse de Saint-Cloud bien décidé à sauver le trône de Louis XVI..... Mais, hélas! il n'était plus temps; la Révolution était lancée, il fallait nécessairement qu'elle marchât et qu'elle entraînât avec elle la France entière dans cet abîme sans fond. Pour avoir voulu résister au torrent soulevé par sa parole, Mirabeau fut englouti dans ce flot de sang et de fange. — Faites donc des révolutions pour le compte de votre vengeance! la révolution passe et vous écrase, aussi fière que le premier Brutus envoyant son fils à la mort.

Une belle avenue de hêtres plantés par le propre fils de Louis XIV, cet indigne élève de Bossuet (un agneau qui sucerait le lait d'une lionne!) vous conduira dans un charmant village nommé Ville-d'Avray; Ville-d'Avray, c'est le village paisible livré à toute sa bonne nature; là, pas de rois, pas de princes, pas de grands seigneurs; tout simplement de riches banquiers et quelques sages artistes qui ne veulent pas perdre de vue leur ville bien-aimée. Un des plus populaires amuseurs de la France, esprit fin, observateur délié, capricieux, fantasque, inégal, l'homme qui, après M. Scribe, a le plus amusé son époque, s'est fait construire une pittoresque cabane sur l'avenue du chemin de fer; les voyageurs se montrent cette cabane en passant. Le roi Charles X aimait de préférence la chasse de Ville-d'Avray, et dans cette chasse il déployait toute sa magnificence royale. Madame la dauphine, sainte femme entre toutes les saintes, avait à Ville-d'Avray un domaine. On lui doit cette belle route qui entoure la contrée tout entière. — De l'autre côté du même coteau, le château de Belle-Vue dressait naguère sa terrasse charmante. Là vivaient, au milieu des villageois qui les bénissaient, Mesdames, sœurs du roi Louis XV, humbles vertus! Leurs chastes prières ont si longtemps arrêté les colères dont le ciel était plein! Le vallon de Fleury remplit de sa magnificence tout l'espace opposé. Mais quoi! il faudrait certes plus d'un jour pour compter ces doux aspects, et pour vous dire tous les beaux endroits de cette vaste forêt, et que de maisons charmantes la forêt abrite de son ombre. Figurez-vous un immense océan de verdure et de fleurs, mêlées de cris de joie et de douces chansons.

Le soir venu, le même labyrinthe champêtre vous ramène insensiblement à votre point de départ, — dans le parc de Saint-Cloud, — à la belle heure; — le soleil est moins brûlant. Les plus vieux arbres forment une longue allée principale, d'autres arbres centenaires remplissent l'espace. Le Parisien est

arrivé et s'est déjà répandu sous les charmilles; les cris n'ont jamais été plus bruyants, les bosquets jamais plus gardés; la route est remplie, le bateau à vapeur apporte à chaque heure sa belle et bonne cargaison de jeunes gens et de jeunes filles. Écoutez! c'est la musique qui commence! C'est le bal, et toujours le bal, qui donne le signal. Avant peu, et quand la nuit sera tout à fait tombée, mille clartés de toutes couleurs envahiront le parc de Saint-Cloud. L'oiseau, réveillé dans le feuillage, et croyant que c'est le jour, commencera son hymne du matin, bientôt interrompu par le son de la diane rappelant les dragons à la caserne voisine. Plus tard enfin, un brillant feu d'artifice éclatera dans les airs enflammés. Sans feu d'artifice, point de bonne fête pour Paris. Il est en pleine paix, il est occupé à faire sa fortune, il ne demande qu'à vivre et à mourir dans ce calme heureux, mais à mourir bien plus tard; et cependant la poudre à canon lui plaît toujours; il en aime le feu, il en aime le bruit, l'odeur et même la fumée; il regarde brûler la poudre, il la hume de tout son cœur; *il rêve le reste* en chantant les chansons de Béranger!

Hélas! dans ces mêmes lieux tout remplis du flot populaire, pas un de ces ingrats ne se rappelle le bon roi Charles et le petit enfant royal dont l'anniversaire remplissait le parc de Saint-Cloud de tant de joie; et cette longue allée dans laquelle se promenait d'un pas silencieux, le fusil sur l'épaule, la poésie au front et l'amour dans le cœur, un garde du corps qui s'appelait Alphonse de Lamartine : — le dernier Bourbon gardé par le dernier poëte de la France! — O vanité!

Eugène Lami.

Les Grandes Eaux à Versailles.

Imp. Itie à Paris.

R. Wallis.

CHAPITRE XIV

LES FÊTES DE JUILLET

Peuple ingrat! il oublie tout, excepté d'être exact aux fêtes qu'on lui donne. Depuis tantôt quatorze ans que le peuple a triomphé en juillet, chaque année lui a ramené ses trois jours d'oisiveté, de repos, d'illuminations, de luttes et de spectacles dans le vaste espace des Champs-Élysées. C'est une chose à voir, ce peuple abandonné à la joie! Le mât de cocagne appelle à son appât les plus terribles et les plus lestes ambitions; il s'agit d'aller chercher tout au bout d'une perche luisante les présents de la ville de Paris : une montre d'or, — un couvert d'argent, — un bracelet. — La perche est entourée de tous les ambitieux que renferment Paris et surtout les faubourgs. On se presse, on se pousse, on s'attaque; on crie, on regarde, on blâme, on approuve. La foule, le cou tendu, veut savoir quel sera le vainqueur de la joute. Des paris sont ouverts au pied même de l'arbre; des sociétés en commandite sont toutes formées. — « Si j'ai la montre, tu en auras ta part! — Si tu prends le couvert d'argent, nous le fondrons, et, qui mieux est, nous le boirons ensemble! c'est convenu. » — Aussi, à peine gagnée, la récompense nationale est-elle portée en grand triomphe chez l'orfévre

de la ville, un vrai ciseleur florentin des meilleurs siècles, — un grand artiste savant dans l'art des sculpteurs. — C'est de lui qu'on peut dire : *Materiam superebat opus*, la façon est encore plus excellente que la matière; en un mot, Froment-Meurice, l'admirable orfévre. — « J'ai gagné! j'ai gagné! s'écrient les joyeux bandits en rapportant l'apparence de montre ou l'écrin des couverts; j'ai gagné! achète ma montre! » — Et Froment-Meurice achète la montre, la même montre qui sert depuis quatorze ans, qui se vend et qui se gagne au moins deux fois chaque année, à la grande joie du peuple de Paris. Bon peuple! et, au fait, qu'il faut peu de chose pour l'amuser!

Une autre joie de ces trois jours, c'est la joute sur l'eau. Le Parisien aime son fleuve, il le sait par cœur; sa grande joie, c'est d'entretenir au bord de la Seine un petit canot peint en vert, qui va à la rame et à la voile, jusqu'à ce qu'un bon coup de vent fasse chavirer le navire et ceux qui le montent en véritables Jean Bart. D'ailleurs, la rivière est un beau théâtre, bien placé au milieu de la ville, entre deux quais magnifiques.—Les acteurs, à demi vêtus, sont heureux et fiers de tant de regards braqués sur leurs tours de force et d'adresse. Une justice à lui rendre, c'est que sur l'eau, le chapeau de cuir sur la tête et la rame à la main, le Parisien est le plus maladroit des mortels; c'est tant mieux, si la maladresse fait rire aux éclats. Pour moi, j'aime tout ce bruit, tout ce mouvement, toute cette foule,—ces exercices à coups de feu, — ces combats d'Arabes et de voltigeurs français sur les tréteaux,—ces chiens savants,—ces fœtus à deux têtes, — ces nains, ces géants, ces écuyers, cette femme qui joue avec un lion comme ferait la veuve d'Androclès. Mais aussi, après ces joies turbulentes, il est bien doux de retrouver un peu de calme, de repos, de silence! Lestement la foule s'est portée au Champ-de-Mars, à la barrière de Vincennes, pour assister à son double feu d'artifice; le dôme des Invalides resplendit au loin sous les derniers feux du jour. Laissons la foule, et restons seul à regarder, à écouter, à nous souvenir, à rêver.

Dans cette heureuse et calme méditation du soir, j'avais franchi tout l'espace habité qui sépare l'Arc-de-Triomphe de la place de la Bastille. Le lieu est désert, et il attend encore les maisons qui vont venir. Là s'élevait, autrefois, entouré de ses vastes jardins, le palais improvisé de ce révolutionnaire si rempli d'esprit, de malice et d'éloquence, qu'on nommait Beaumarchais. Quand il avait vu que chacun travaillait de son esprit et de ses mains à la démolir de fond en comble, cette vieille société française qui est devenue pour nous moins qu'un rêve, il s'était mis à l'attaquer, non pas par l'esprit, comme Voltaire, mais bien par le sarcasme, par l'ironie, par la licence, appelant à l'aide de son Figaro, révolté lui aussi, des femmes à demi nues, des enfants plus que précoces, et des scènes de boudoir qui se passent sous de grands marronniers en fleurs. Il avait donc assisté, toujours en ricanant, à cette ruine de toutes choses. Puis enfin, un beau jour que le peuple triomphant emporta dans sa veste trouée cette vieille Bastille vermoulue et lézardée de toutes parts, le père incestueux et adultérin de Figaro s'arrangea, sur l'emplacement de la Bastille, des jardins anglais, des kiosques, des grottes, des chaumières, des cascades murmurantes, un hôtel tout doré, une seconde Bastille dans laquelle il s'enferma avec les vieux restes de son esprit, — artillerie détraquée et enclouée de toutes parts. En général, je ne sais rien de plus respectable que la vieillesse des grands hommes. La gloire, à son couchant, se colore d'un admirable reflet qui la rend plus sereine et plus imposante. Les cheveux blancs ombragent à merveille le noble front que n'ont pu creuser tout à fait soixante ans de courage, de vertus et de génie ; mais un vieux faiseur de quolibets, même les plus cruels ; un vieux comédien qui a joué même le plus grand rôle ; un pamphlétaire de génie ; un orateur de la borne qui n'a plus le souffle ; un révolutionnaire à la suite, tout haletant, tout blessé, tout plissé, qui vient se placer effrontément sur les ruines de la Bastille, et qui, dans ses débris tout suintants du sang et des larmes des misérables, s'arrange une jolie petite retraite pour mieux mourir, en vérité, cela vous cause bien de la pitié. Autant vaudrait assister à la lente agonie de quelque vieille fille de joie qui se serait enveloppée dans un devant d'autel, pour s'en servir comme d'un linceul.

Heureusement la maison du sieur Caron de Beaumarchais a disparu de cette place. Ces frivoles jardins tout plantés des vieilles roses inodores arrachées au cinquième acte du *Mariage de Figaro,* se sont entr'ouverts pour laisser passer les eaux bourbeuses d'un horrible canal qui aboutit à une voirie. Sur ce canal sont transportées, la nuit, toutes les immondices parisiennes : il serait impossible de trouver un emblème plus juste de ce faux esprit de la fin du siècle passé, tout chargé de peste, de famine, d'émeutes, de conspirations, et qui aboutissait non pas à un égout, mais à un échafaud.

Cependant l'emplacement de cette ville funèbre, habitée par tant de misérables, n'a pas été absorbé tout entier; un petit morceau en est resté inoccupé, afin qu'un jour sans doute, en parlant de la Bastille, l'enfant du faubourg puisse frapper du pied et dire : *Elle était là.* Quand le peuple de 89 eut renversé d'un coup d'épaule, en se jouant, ces murailles minées par les larmes des misérables, le peuple, content de sa journée, rentra dans sa maison en chantant, et le lendemain il fut bien étonné lorsqu'il entendit la grande voix de Mirabeau lui raconter avec toutes sortes d'admirations et d'éloges qu'il avait fait un chef-d'œuvre la veille. C'est que le peuple, dans son bon sens, savait très-bien qu'il n'avait pas renversé la Bastille; il l'avait trouvée toute renversée, il n'avait eu qu'à en disperser çà et là les pierres inutiles, — le peuple ne sait pas faire les révolutions, Dieu merci! il est bon tout au plus pour les achever, et alors il n'y va pas de main morte, — et alors en un clin d'œil il n'y eut plus de la Bastille que l'emplacement; tout le reste s'était envolé comme une poussière que le vent emporte quand l'orage va venir.

Par cette belle clarté que jetait la lune cette nuit-là, j'eus la curiosité bien naturelle de pénétrer dans l'enceinte de planches qui entourait encore ce préau de la Bastille évanouie. Justement la porte, qui ne ferme plus guère, était entr'ouverte; je pénétrai sans peine dans cette enceinte morne et vide, et je pus voir, tout à loisir, la base immense de la colonne de Juillet, le soupirail béant de ses fondations hardiment jetées pour soutenir le poids de ce bronze, les caveaux funèbres tout remplis des héros morts dans les Trois Journées. Au sommet de la colonne brillait le coq gaulois aux griffes désarmées, aux ailes maladroitement étendues. Pauvre animal, vigilant dans la basse-cour, mal à l'aise aussitôt qu'il est au dehors de ses domaines. On a voulu lui faire jouer un rôle héroïque pour lequel il n'est pas fait; on l'a tiré de son sérail jaseur pour le placer à la tête des bataillons armés.

Dans cette enceinte silencieuse s'élevait autrefois une cabane en planches; la cabane a disparu le jour même où fut inauguré le monument de Juillet. De l'homme qui l'habitait on n'avait plus entendu parler depuis ce jour.

Cependant le réséda du petit jardin jetait ses plus douces odeurs. Dans le lointain, des saules non pleureurs balançaient leur feuillage argenté au souffle léger de la brise. On n'aurait jamais pensé qu'à cette place s'était élevée cette prison de fer sans entrailles et sans soleil, dont le roi Louis XI était si fier,—
— la Bastille !

J'étais à considérer, dans l'ombre, je ne sais quelle force immense, lorsque je m'aperçus que je n'étais pas seul. Un homme était là, un vieillard, mélancoliquement assis au pied de cette ombre gigantesque. Il paraissait plongé dans une douleur profonde; et, en effet, je n'ai jamais vu de personne plus affligée. « Monsieur, me dit-il après les premiers compliments, vous voyez devant vous un pauvre homme que la dernière révolution a chassé sans pitié de son domaine. On dit, Monsieur, que notre société croulante ne tient plus aujourd'hui qu'à un fil, la propriété; et moi, cependant, le propriétaire légitime et incontestable de cette maison, de ce jardin, de cet éléphant autrefois si fier, aujourd'hui humilié et anéanti comme son maître, on m'exile; on n'attend pas que je sois mort, on me dit : Va-t'en ! on brise le colosse dont j'ai été le fidèle gardien nuit et jour; je n'y survivrai pas, Monsieur ! » Disant ces mots, de grosses larmes roulaient dans ses yeux. Rien n'est touchant comme un vieux homme qui pleure, et je pris en pitié celui-là.

Quand il eut essuyé ses grosses larmes du revers de sa main : « Je veux, me dit-il, que vous sachiez mon histoire, afin qu'un jour vous puissiez la raconter. Je ne suis pas, tant s'en faut, un des vainqueurs de la Bastille. Le jour où la Bastille fut prise, je passais, sans songer à mal. A peine eus-je le temps de tourner la tête, le monument était en poudre, et le peuple était parti emportant pour trophée quelques malheureux arrachés à ces ténèbres profondes.

« Il était nuit, la lune éclairait ce tertre fraîchement remué, à peu près comme elle l'éclaire aujourd'hui. Il était bien tard pour retourner ce soir-là dans ma pauvre maison. Je m'arrangeai de mon mieux pour dormir sur l'emplacement de quelque cachot ruiné, et jamais, j'imagine, dans un de ces cachots la nuit n'avait été si belle. Tout chantait autour de moi, les étoiles curieuses s'étaient groupées dans le ciel; on eût dit qu'elles s'étaient donné rendez-vous là-haut pour voir enfin ce qui se passait ici-bas. Du sein de ces profondeurs entr'ouvertes s'exhalaient, pour ne plus revenir, tant de gémissements, tant de ténèbres, tant de sanglots, tant de blasphèmes, tant de misères, que cette enceinte avait contenus! Le calme rayon de la lune glissait lentement à travers toutes ces fentes bienfaisantes, comme fait l'espérance quand elle entre dans le cœur de l'homme. C'était beau et poétique cela; il y avait comme une prière reconnaissante, comme un *Te Deum* murmuré tout bas, quelque chose de pieux et de sacré qui glissait à travers ces pierres renversées.

« A minuit, l'heure des fantômes, je vis toute cette solitude s'animer; les héros sans nombre de ce drame funèbre s'agitaient devant moi dans toutes sortes d'attitudes. Le docteur révolté priait son Dieu à sa manière, se frappant la poitrine en silence. L'orateur parlait tout haut de liberté et de tyrannie. Le poëte appelait les peuples aux armes. J'entendais retentir de la façon la plus lugubre les plus doux noms de notre histoire; c'était un frôlement singulier de chaînes de fer et de robes de velours, un pêle-mêle étrange de cordons bleus et d'épées, et de plumes fraîchement taillées. Au sommet des tours qui n'étaient pas encore tombées tout entières, se promenaient, les bras croisés, tant de belles femmes et tant de galants chevaliers, que la vieillesse, précoce dans ces murs, est venue prendre comme ils n'avaient que vingt ans, et sans qu'ils aient pu se servir de ces années dorées que rien ne remplace. Sur la plate-forme se promenait, la main sur son sabre, un autre fantôme, le gouverneur ; il était le premier prisonnier de ce monde de captifs.

« Monsieur, cette nuit-là il y avait encore la chambre de la question, et vous auriez pu voir, à travers l'ardent soupirail, les bourreaux qui faisaient rougir leurs instruments à la fournaise. Quelle nuit ! quelle nuit, mon Dieu ! que cette première nuit de la Bastille dévoilée ! quels chants funèbres ! quels cris de joie ! quel ineffable *Te Deum !* quel exécrable *De Profondis !*

« Le lendemain, quand je sortis de ce rêve à demi éveillé, je crus que le peuple allait revenir pour s'installer dans sa conquête ; mais le peuple ne revint pas, il avait tant à faire, tant à voir, tant à briser ! Si bien que je restai le maître absolu de la Bastille démolie. Là, je m'installai de mon mieux : j'élevai de mes mains cette petite cabane, et ce fut la première fois que la pierre des cachots servit à construire un si doux asile. Il y avait de petites fleurs jaunes qui avaient eu le courage de pousser sur le revers de ces affreuses murailles ; j'en recueillis la semence, et si vous saviez comme elles avaient profité ! Les oiseaux de quelques prisonniers, moins malheureux que les autres, ne voulant pas de cette liberté que le peuple leur avait rendue comme s'ils eussent été des prisonniers d'État, je les recueillis, et je leur donnai une place dans mon parterre. Je respectai même les araignées éblouies qui couraient dans ces débris, cherchant un lieu pour placer leur toile, car elles étaient à coup sûr les petites-filles de l'araignée de Pélisson, écrasée par un geôlier féroce. De toute cette misère j'avais fait ma richesse, de tout ce néant j'avais fait mon abri, de cette poussière un jardin, de cette prison d'État un royaume dont j'étais le maître absolu.

« Un jour, après bien des orages et des tempêtes, la nation me confia la garde de cet immense éléphant de plâtre destiné à rappeler l'œuvre du 14 juillet 1789. J'adoptai ce colosse que le peuple me confiait, et le colosse, de son côté, me reconnut pour son cornac. J'avais entendu dire que dans l'Inde, l'éléphant pliait le genou pour laisser son maître monter plus facilement sur sa croupe. Mon éléphant n'était pas moins docile; seulement, même couché, il eût été impossible d'atteindre à cette tour qu'il porte si légèrement sur son dos. Alors que fit-il? Il me tendit sa grosse patte de derrière, et, par cette patte creusée, je pénétrai jusque dans le cœur de l'animal. A dater de ce jour, je fus vraiment le maître d'un palais véritable : ma salle de bal était creusée dans l'estomac de la bête, mon cabinet de travail prenait jour par l'œil gauche. Quand j'étais monté sur ma tour, je planais sur la ville parisienne, et j'entendais de là toutes sortes de bruits étranges ; je voyais de loin de grandes armées qui partaient pour la conquête, d'autres armées qui revenaient boiteuses, mais chargées de gloire. Dans cette mêlée, j'ai découvert plus d'une fois un petit homme revêtu de la casaque du soldat, qui, d'un seul mouvement de son épée, d'un seul regard de ses yeux, faisait bondir ces armées, et ces armées allaient là-bas dans l'Europe, rebondir à la place que le maître leur avait désignée. Toute l'histoire contemporaine a ainsi passé devant moi, sans que j'en pusse bien comprendre le sens caché ; car à cette place toutes les puissances s'arrêtaient; on eût dit que la Bastille était encore debout, tant les maîtres de cette France agitée avaient peur de se perdre dans ces parages. Là s'arrêtaient les conquérants et leurs armées, le rois et les peuples, comme si un cordon sanitaire eût été tiré entre le monde et mon domaine. Le cheval de Napoléon Bonaparte frémissait d'épouvante quand il foulait le sol de ce volcan mal éteint; le roi Louis XVIII lui-même détournait la tête; Charles X devenait pâle d'effroi; moi seul j'étais calme dans ce royaume de la mort, et je me disais souvent, à l'aspect de tant de révolutions dont le bruit venait à peine jusqu'à mon oreille, que bien des révolutions passeraient encore avant que la patrie française songeât à m'inquiéter dans le nid que je m'étais construit. Vain espoir! insensé que j'étais! car tout à coup, un beau jour d'été, comme j'étais bien tranquille chez moi, assis à la porte de ma cabane, j'entendis retentir un de ces grands bruits auxquels, depuis quarante ans, s'est habituée mon oreille; je montai au sommet de ma tour en disant : Ce n'est rien, c'est une révolution qui passe! C'était en effet une révolution; elle s'était accomplie aussi vite que la prise même de la Bastille. Je vis de loin comme un cortége funèbre qui entraînait un vieillard, une femme, un enfant..... exilés qu'attendait le vaisseau de Cherbourg! »

Alors le vieillard me raconta sa nouvelle misère, — comment il avait compté, mais en vain, que la Révolution de Juillet n'achèverait pas de sitôt le monument commencé; comment l'éléphant de la Bastille, ce chef-d'œuvre dont il était le gardien, avait été entouré soudain de ricanements et de mépris; comment, enfin, cette colonne de Juillet s'était élevée en un clin d'œil comme si elle fût sortie de terre, emportée là-haut sur l'aile sonore de ses coqs gaulois.

Ville étrange! une heure suffit pour renverser de fond en comble toute la Bastille... un éléphant va durer cent ans... En vingt-quatre heures ils chassent Dieu de son temple; ils ont fait une émeute quand on a démoli, sur le Pont-Neuf, cette lourde *Samaritaine* devant laquelle s'inclinent encore, par habitude, les vieux bourgeois de Paris.

CHAPITRE XV

LA VALLÉE DE MONTMORENCI

La campagne parisienne est si complète, qu'on a fini par y découvrir même des eaux minérales. A l'heure qu'il est, Baden-Baden, Weis-Baden, Ems, aux sources salutaires, Vichy, Aix en Savoie, Spa, le délassement de la Belgique, Plombières, et les bains de Lucques, si charmants, et tous ces beaux rendez-vous de fête et de joie que renferment les Pyrénées, ont été remplacés par les eaux du lac d'Enghien. Le Parisien, de sa nature, est un être qui ne veut plus quitter les murailles qu'il habite ; il s'entoure de chemins de fer tout exprès, non pas pour aller chercher les autres nations, mais bien pour que tous les peuples de l'Europe le viennent chercher dans leurs plus beaux habits de fête. Le Parisien, sans être sorti de Paris, sait par cœur le monde entier ; même sans qu'il soit besoin que vous l'interrogiez, il vous dira ce qui se passe à Londres, ce qui se fait à New-York, quelle a été la dernière promenade de la reine d'Angleterre, quelle brillante revue a passée S. M. l'empereur de Russie, quelle nouvelle réforme méditent, dans leur sagesse, LL. MM. le roi de Prusse et l'empereur d'Autriche. Le Parisien voit tout d'un coup d'œil; il est partout, il sait tout; il ne sait que cela, mais il le sait bien. Pourquoi donc voulez-vous qu'il se dérange désormais? Aussi ne veut-il plus se déranger, même pour aller chercher la santé tout au loin; la santé est à ses portes, trois heures de voyage lui suffisent pour l'atteindre. Le lac d'Enghien remplace, pour l'homme de Paris, les antiques et blanches merveilles de la Suisse. A Enghien se rencontrent, à un degré suffisant pour ces êtres de tant d'esprit, les émotions du voyage, le repos de la campagne, les fleurs de la prairie, le voisinage des montagnes, — le lac, le lac surtout, qui éclaire de son miroir d'argent le calme et frais paysage. Cet étroit espace suffit et au delà à reposer ces hommes heureux de leurs plus longs travaux, à les guérir de leurs passions les plus vives, à leur faire retrouver toute la force et tout l'esprit qu'ils ont dépensés dans l'hiver. Grâce à cette douce vallée d'une facile poésie, les Alpes même n'ont plus rien qui les attire, le voyage autour du monde leur paraît une folie; et, au fait, à quoi bon aller si loin pour trouver les douces joies et les charmantes libertés de la campagne, quand on les tient sous la main, quand on peut s'y transporter en quelques heures; quand surtout ces pauvres femmes délicates et frêles peuvent trouver sur le bord de ce lac, doucement agité, le repos qui leur manque? Pour ma part, je n'ai pas la force de les blâmer. J'ai voulu voir et j'ai vu cette vallée charmante, dont la poésie raconte tant de merveilles qui ne sont pas au-dessus de la réalité. Figurez-vous un parc immense tout rempli de villages et de hameaux, de jardins et de forêts; sol fertile, eaux limpides, riche culture, rien n'y manque, pas même les ruines et les vieux châteaux.—Là vivait, là régnait, du temps de Louis le Gros, ce terrible Bouchard de Montmorenci, qui fut si difficile à dompter.

On raconte de ce bandit, qui est le chef d'une des plus illustres maisons de la France, bien des histoires pleines de terreur. Mais aujourd'hui, de ces hommes de fer rien ne reste, sinon quelques ruines de leur château et le souvenir de leur gloire. En France, la gloire est la seule chose impérissable; les tours féodales ont été démolies, les églises gothiques ont été abattues, les propriétés princières ont été vendues à l'encan... pas un des grands noms de la France n'a été oublié. Et voilà pourquoi elle est restée si grande entre les nations du monde.

Entre tous ces Montmorenci qui ont fourni tant de connétables à la France, le peuple se souvient de ce courageux Anne de Montmorenci, qui fut le bras droit de François Ier et son plus vaillant gentilhomme. L'histoire se rappelle ce malheureux Henri de Montmorenci, exécuté à Paris par le cardinal de Richelieu, qui vengeait ainsi, sur la tête du premier baron chrétien, les injures supportées par les rois féodaux. A cette heure, le beau village qui porte ce nom de Montmorenci est un des nombreux rendez-vous que se donnent les Parisiens pendant l'été; le village est plein de joie, la forêt est pleine de cris joyeux. Le premier qui l'a indiquée au Parisien, cette forêt de son adoption, c'est J.-J. Rousseau lui-même. Avant lui, peu de voyageurs s'étaient hasardés dans cette forêt enfermée dans deux montagnes; mais quand il y eut porté sa pauvreté éloquente, son inspiration généreuse, sa rêverie pleine d'enthousiasme et d'amour, ce fut bientôt à qui viendrait visiter ces beaux lieux célébrés par l'auteur de l'*Émile*. Mais aussi, dans cette modeste maison que l'on visite encore avec un pieux respect, J.-J. Rousseau a trouvé ses seuls jours de repos, de solitude et presque d'espérance; là, il oubliait ces luttes ardentes, ces passions souvent cruelles, et enfin, faut-il le dire? les délires de son orgueil. Après lui, la petite maison fut habitée par un génie plus facile et plus facilement heureux, Grétry, l'auteur naïf de tant de mélodies charmantes, l'aimable compositeur des chefs-d'œuvre les plus populaires de la musique française.

Cet hiver encore, tout Paris frémissait rien qu'à entendre ce chant devenu national : *O Richard, ô mon roi!* Chère petite maison, illustrée par ces deux génies! Elle pourrait répéter, au besoin, les plus heureux refrains du *Devin du village* et l'admirable trio de *Zémire et Azor!* Le Parisien ne manque jamais de commencer sa course dans la forêt de Montmorenci

par visiter la maison de Jean-Jacques. Là, il retrouve la table de hêtre sur laquelle écrivait l'auteur de l'*Héloïse,* la cage dans laquelle chantait son oiseau favori, et même le bois de lit témoin de tant de fréquentes insomnies. Pauvre Rousseau! et comme les agitations de sa vie dégoûteraient les gens sages de la célébrité la mieux acquise! Mais l'homme qui se cache véritablement, où se cache-t-il?

Non loin de Montmorenci, quand vous avez traversé un petit bois de chêne, et descendu tout au fond du vallon, vous

vous trouvez à Saint-Gratien, Saint-Gratien qui fut la retraite du plus calme et du plus sincère des héros, de M. le maréchal de Catinat. Celui-là fut l'honneur des armées de S. M. le roi Louis XIV. C'était le plus sérieux et le plus aimable esprit du grand siècle. Jamais l'abnégation d'un homme ne fut poussée plus loin; sa modestie seule égalait son courage. Après avoir gagné tant de batailles, il quitta la cour pour se retirer dans cette belle maison, dans laquelle, de temps à autre, le respect et les louanges des hommes venaient chercher le maréchal tombé dans la disgrâce du roi.

Les ombrages de Saint-Gratien ont conservé je ne sais quelle grandeur imposante, d'un effet irrésistible. En vain la maison a été démolie, en vain le parc a été divisé entre les bourgeois de la ville; je ne sais pourquoi on fait silence quand on passe sous ces arbres, comme si l'illustre capitaine allait venir.

Eaubonne, tout au rebours, est un aimable et gai village d'une apparence un peu profane, et qui, au besoin, rappellerait sans peine les folies, les élégances et les amours du siècle passé. Là vivait, là régnait, moins par l'esprit que par la grâce, moins par la beauté et la jeunesse du visage que par la bonté et l'excellence du cœur, cette tant aimée et tant charmante madame d'Houdetot, pour qui, j'ai presque dit par qui, fut écrite l'*Héloïse*, et qui devait inspirer à Jean-Jacques ses pages les plus brûlantes. Dans le monde des beaux-esprits, on l'appelait la *Sévigné de Sannois;* et, en effet, elle en avait le charmant abandon, la causerie piquante, l'ingénieux esprit. Malheureusement, quand J.-J. Rousseau se mit à l'aimer, madame d'Houdetot avait agréé Saint-Lambert, ce poëte ingénieux dont les vers se lisent encore, même par ceux qui ne lisent plus de vers.

Du village de Sannois au village d'Épinay il n'y a pas loin; mais quelle distance infinie sépare madame d'Houdetot de madame d'Épinay! Celle-ci, même sans trop s'en rapporter aux *Confessions*, était une franche coquette. A-t-elle été assez cruelle pour ce malheureux Jean-Jacques! l'a-t-elle mis assez violemment à la porte de sa maison, par ce rude hiver! Ces femmes et ces hommes du dix-huitième siècle avaient bien peu de cœur! Ils s'amusaient de ce grand génie comme d'un jouet frivole; ils le traitaient comme un des magots de leur cheminée. Madame d'Épinay l'appelait son ours; mais quand l'ours ne fut plus à la mode, elle ne lui permit pas d'attendre, sous le toit qu'elle lui avait prêté, que le mois de mai eût reparu, non pas même les premières fleurs d'avril; il fallut partir, partir à l'instant même par ce froid nuage de décembre, à travers la neige qui couvrait les chemins, pauvre, malade, déjà vieux, et traînant avec lui quelques vieux meubles qui se brisaient en chemin. Mais, cependant, laissez Jean-Jacques s'installer dans son nouvel asile; laissez revenir le printemps, le soleil, le chant de l'oiseau, toutes les harmonies divines de la campagne, et vous verrez reparaître le grand génie. Vous reconnaîtrez cet homme inspiré aux vives inspirations de son éloquence. Grâce à ces frais paysages qui lui ont donné tant de joies honnêtes et tant de délires sans dangers, J.-J. Rousseau est partout dans cette vallée qu'il a parcourue dans tous les sens. Vous le retrouvez aux pieds des vieux arbres, près de la source qui murmure sa chanson plaintive, sur les bords du lac, le soir, quand la lune se lève dans le ciel doucement éclairé. Le laboureur sait son nom, car il a parlé du laboureur dans l'*Émile;* les femmes le saluent du regard, il sait si bien parler d'amour! Les jeunes gens savent par cœur l'*Héloïse;* les vieillards aiment à s'en souvenir comme on se souvient des passions de sa jeunesse. Personne qui passe sans un certain serrement de cœur dans cette *allée des soupirs* qui conduit à Épinay. Mais qui donc trouvera jamais dans cette allée, qu'il a tracée lui-même, ces nobles et sympathiques élans du génie et du cœur? Tout le reste de cette contrée charmante n'est pas moins fertile en souvenirs.

Pauvre Rousseau! il a été bien longtemps l'amour et l'idole du Parisien! Ses livres étaient la lecture favorite de tous les jeunes gens, de toutes les petites filles; ils se brûlaient eux-mêmes au feu de cette passion brûlante ; ils se rendaient chaque année en pèlerinage dans cette vallée illustrée par ce merveilleux génie. Il me semble que cette adoration pour Jean-Jacques s'est un peu affaiblie dans cette France oublieuse. Soit que J.-J. Rousseau ait formé dans ce siècle de terribles disciples (M. de Lamennais et George Sand), soit que la curiosité matérielle des événements dont le roman dispose l'ait emporté sur l'éclat et la vivacité du style, toujours est-il que l'auteur de l'*Émile* et de l'*Héloïse* me paraît tombé dans une profonde disgrâce. — Il n'y a plus que nous autres, les étrangers, les hommes non blasés sur l'émotion poétique, qui soyons restés fidèles à ce rare et poétique bel esprit. Plus que tout autre lieu du monde, la vallée de Montmorenci nous rappelle J.-J. Rousseau : là il a vécu, sinon heureux, du moins libre, du moins le maître d'obéir à l'inspiration et au génie. L'Ermitage de Montmorenci nous rappelle les heureux transports dont ces beaux lieux furent témoins. Cette fois, le poëte, enthousiaste du silence et de la solitude, quittait la ville bruyante pour n'y plus revenir. La simple maison était à peine réparée, le printemps était loin encore ; mais l'impatience du sauvage était si grande, sa joie était si vive, qu'à toute force il voulut partir. Il m'en souvient, à moi-même, comme s'il était question du printemps d'hier ! La terre commençait à végéter, on voyait des violettes et des primevères, les bourgeons des arbres se montraient en rougissant. Dans le bois qui touche la maison, entendez-vous chanter le rossignol ? Oh ! quelle joie pour ce héros populaire des beaux salons de Paris, quel bonheur pour cet enfant gâté de la renommée, de se trouver enfin seul et libre dans cet air pur, dans cet espace, dans ce bois naissant ! Aussi veut-il tout voir de ses yeux, tout toucher de ses mains, — tout regarder, — tout entendre, — les bruits de la terre et les bruits du ciel, et toutes les mélodies errantes du matin et du soir. Pas un sentier, pas un taillis, pas un bosquet, pas un réduit qu'il ne parcoure avec toutes sortes de transports. Ce lieu, solitaire plutôt que sauvage, le transportait en idée au bout du monde ; il avait de ces beautés touchantes qu'on ne trouve guère auprès des villes, et jamais, en s'y trouvant transporté, on n'eût pu se croire à quatre lieues de Paris.

Ainsi il s'abandonne tant qu'il peut à son délire champêtre ; la forêt de Montmorenci devient son cabinet de travail. Il rêvait, il méditait, il écrivait, il regardait passer les nuages dans le ciel ! Il s'occupait, dans cette paix profonde, des moyens de donner la paix perpétuelle aux hommes de bonne volonté : *Pax hominibus bonæ voluntatis !* Là surtout il oubliait la nature fardée, arrangée, torturée, préparée à l'avance, comme on l'entendait à cette époque de tous les artifices qui s'étaient introduits même dans les fleurs que semait le bon Dieu de sa main libérale. Dans la vieille forêt, point de jets d'eau, de bosquets, de parterres, de statues ; comme aussi point de brochures, de clavecins, de trios, de nœuds de sots, bons mots, de fades minauderies, de petits conteurs et de grands soupers ; et point d'ambre, et point de falbalas, et point de gorges nues ; et derrière soi point de laquais pour vous servir, d'un air goguenard, des vins frelatés. Non, certes ; mais, en revanche, une grande indépendance, un asile agréable et solitaire, des buissons d'aubépine, des halliers chargés de fruits ; des prés, des blés, des hameaux, des refrains rustiques, des ombrages charmants, et le gazouillement des ruisseaux. Là aussi il se rappelait les quelques beaux jours de sa jeunesse, les premiers battements de son cœur, les heureux accidents de sa vie : le dîner du château de Toune ; mademoiselle Galley et sa compagne, quand elles passent l'eau en riant de leurs dents blanches ; et la scène de l'arbre chargé de cerises : « Que mes lèvres ne sont-elles des cerises ! » et mademoiselle de Breil, madame Basile, si charmante, dont le souvenir éclaire encore toute la ville de Turin ; et madame de Larnage ; et vous-même aussi, piquante Zulietta, la Vénitienne ! Ivresse passée, souvenirs des beaux jours, lointaines mélodies, rêveries flottantes, enthousiasme passager des premiers printemps évanouis tout au loin !

Mais, à ces esprits d'élite, l'amour n'est jamais impossible; ils ont à leurs ordres toutes sortes de chastes et nouvelles passions; l'idéal leur suffit, l'idéal qui chante et qui rêve, et qui colore tous les rêves. Va donc pour le pays des chimères! Laissons Rousseau s'entourer tout à l'aise des créatures les plus parfaites, célestes par leurs vertus, des anges par leur beauté. Homme heureux enfin, le voilà qui plane dans l'empyrée au milieu des êtres charmants de sa création. Il y passe les heures, il y passe les jours, il y donne toute sa vie; à peine s'il prend le temps de manger, pour retourner à la forêt enchantée et toute remplie de ces angéliques amours!

Et comme, en fin de compte, on n'est un poëte qu'à la condition de donner à ses rêves la forme et la vie, il arriva que de tous ces beaux rêves du printemps, de toute cette fantaisie poétique des délires du monde idéal, le poëte finit par rencontrer dans son cœur, enflammé de tous les enthousiasmes honnêtes, ses deux héroïnes de l'*Héloïse*, les deux amies qu'il devait orner de toutes les grâces de leur sexe;—beautés rieuses, douces figures animées d'une tendre et inépuisable bienveillance; — deux frais contrastes; — l'une brune, et l'autre blonde; l'une sage, et l'autre faible, hélas! mais d'une faiblesse digne de pitié et de respect; deux modèles charmants dont il était épris le premier! — Puis, une fois créés et mis au monde, ces enfants de sa passion, il les porta dans le plus bel endroit qu'il sut découvrir dans tout l'univers, sur les bords de ce lac autour duquel son cœur errait toujours, Vevey, au paysage magnifique, aux brûlants souvenirs!—Mais, juste ciel! ô malheur! tout ce rêve d'amour va devenir de la réalité; tout ce bonheur idéal, la passion brûlante, les larmes amères, les insomnies, les brisements du cœur, le vont remplacer! O madame d'Houdetot, que faisiez-vous là quand vous eûtes l'idée de passer par le chemin du moulin de Clairvaux pour arriver à l'Ermitage? Elle riait! elle avait mis le pied dans la mare jusqu'à la cheville, et il fallut que le philosophe fît sécher à son feu ce pied mignon! —

Pauvre Jean-Jacques! Certes le Louvre est une belle œuvre parmi les œuvres des hommes; elle brille d'un éclat nouveau chaque jour! Le Louvre, c'est l'admiration de Paris et du monde. Et pourtant, telle est votre toute-puissance, poésie, imagination, que deux lignes d'un grand écrivain vont donner même la célébrité du Louvre au plus humble arbrisseau, au sentier le plus inconnu de la forêt de Montmorenci.

Eugène Lami.

St. Germain.
(vue prise du Pavillon de Henry IV)

H. Scaines.

Un Été à Paris.

CHAPITRE XVI

LES FLEURS

Au mois de juin, tout d'un coup, vous pouvez assister à la fête des fleurs. Elles ont leur jour de gloire et de triomphe, leurs couronnes et leurs médailles d'or, tout aussi bien que la poésie et les beaux-arts. Le château des Tuileries n'est pas trop splendide pour abriter ces athlètes frêles et charmants de la flore parisienne, le palais du Luxembourg n'est pas trop magnifique pour les dignement abriter. Laissez-moi donc vous conduire dans ce beau lieu, où les plus savants horticulteurs et les plus habiles jardiniers de Paris réunissent toutes les richesses de leurs serres, de leurs jardins, de leurs vergers, afin de composer avec les quatre saisons de l'année, amoncelées à la même place, la plus fraîche, la plus charmante et la plus fugitive des expositions.

A vrai dire, c'est là un merveilleux tour de force. Vous vous étonnez beaucoup, sans doute, quand vous voyez arriver au Louvre la Cassandre de M. Pradier, le Caïn de M. Étex, montagnes de marbre ou de bronze ; mais combien cela est plus étonnant, sans nul doute, de voir accourir au Luxembourg les roses et les chênes, l'œillet et le camélia, celui-là l'honneur des jardins, celui-ci la gloire et l'orgueil des loges de l'Opéra, qu'il change en autant de parterres entremêlés de fleurs vivantes! Oui, cela est étrange : voir accouplés sans violence, mais au contraire de la façon la plus charmante, le blé et le raisin, la pomme d'hiver et la pêche, la rose des quatre saisons et le magnolia grandiflora si frileux. Ceci était jadis la tâche des paysagistes, l'œuvre de Cabat ou de Jules Dupré ; ils restaient les maîtres souverains et légitimes de la forêt verdoyante, du calme verger ; maintenant voici qu'à leur tour les jardiniers, les laboureurs, se mettent à l'œuvre ; le paysagiste est dépassé par une puissance supérieure à la sienne. C'est, à proprement dire, la réalisation du mot de Jean Bart à Louis XIV : — *Ce qu'il a dit, je le ferai.*

Cependant hâtons-nous, si nous voulons les voir dans leur éclat, ces délicates peintures que le pinceau des hommes n'a pas touchées ; hâtons-nous, si nous voulons les admirer dans toute leur grâce et leur jeunesse printanière, ces doux chefs-d'œuvre si finement sculptés par une main divine ; profitons comme il convient de cet éclat d'un jour, de cette grâce qui dure une heure à peine, de ces merveilles éphémères, enfants chéris de l'air, du soleil, de la rosée bienfaisante, de la sève qui circule dans les vieux arbres ; vie éternelle qui dure un jour, jeunesse sans cesse renaissante ; chefs-d'œuvre frêles et éternels qui passent pour revenir. Déjà même il en est plus d'une, de ces belles plantes exilées, qui regrette tout bas le sol natal, plus d'une qui cherche en vain le lac limpide qui servait de miroir à sa beauté. L'ennui les prend dans ce palais du Luxembourg, brillante prison. Dans ces galeries silencieuses et sombres, les belles fleurs manquent d'air, de soleil et d'espace ; elles appellent en vain le chant de l'oiseau, le murmure limpide du ruisseau, la rosée du matin et la rosée du soir, le soleil du midi, la douce clarté de la lune, et la poussière fécondante de ces beaux astres de la nuit qui voltigent dans le ciel. Il n'y a pas jusqu'au papillon qui ne manque à la rose, le phalène doré qui ne manque au lis; l'abeille, aux genêts en fleurs; le lapin de La Fontaine, au serpolet; le ver luisant, au brin d'herbe. En même temps, la violette se plaint d'avoir été violemment dépouillée de la feuille qui la cache, le lierre demande où il faut grimper; le brin de mousse cherche un vieux banc de pierre pour le couvrir de son tapis moelleux; le nénufar troublé regrette le petit ruisseau sur lequel il jetait ses fleurs; la charmille attristée n'entend plus le chant du rossignol. Le désordre est complet, la douleur est universelle. Et cependant ces malheureuses plantes exilées souffrent patiemment toutes ces tortures, elles s'efforcent d'être belles et de le paraître, elles ne veulent pas donner un démenti à leur noble origine; elles ont toute la grâce, mais aussi tout le courage des fleurs; même l'une d'elles, et la plus belle, est morte à peine entrée dans ce palais, et vous pouvez voir encore le cadavre languissant de sa beauté virginale; elle est morte doucement, comme meurent les fleurs et les jeunes filles, s'enveloppant de sa feuille jaunie, comme d'un chaste linceul. Donc, encore une fois, hâtons-nous, ne prolongeons pas plus qu'il ne convient ces souffrances, ne laissons pas ainsi les filles des Hébreux altérées et mourantes sur les bords de l'Euphrate :

Illic stetimus et flevimus, quum recordaremur Sion.

Toutefois, et en laissant à part une philanthropie bien naturelle pour ces frêles créatures si charmantes, c'est là un spectacle plein d'intérêt, et nous ne savons pas un instant plus rempli de plaisirs de tout genre, que cette heure passée au milieu de ces fleurs fraîchement épanouies, de ces fruits cueillis de la veille; de toutes parts, ce sont des raretés et des magnificences incroyables. D'abord se montre à vous, dans toutes ses variétés, dans toutes ses couleurs, dans tout son éclat incalculable, la famille des dahlias, née d'hier, et déjà presque aussi nombreuse que la famille de Montmorenci, depuis le jour où son vieil arbre généalogique fut planté dans la terre sainte des croisades. Qui voudrait les compter et les mettre en ordre, ces membres colorés de la même famille, celui-là, s'appelât-il Linnée, il y perdrait son sang-froid, sa science et son latin. Aujourd'hui il n'est pas de jardinier bien posé, il n'est pas un jardin de bonne maison qui ne possède sa collection de dahlias très-complète ; on se les donne, on se les prête les uns aux autres, on les accouple entre eux, on obtient des enfants légitimes, on ne dédaigne pas les bâtards, les adultérins sont recherchés ; la famille des dahlias, sous le rapport de l'inceste, a laissé bien loin la race de Thyeste et d'Atrée. La belle plante! svelte, élancée sur sa tige, d'une forme élégante, d'une variété infinie, facile à vivre, et ne demandant que les soins les plus vulgaires ; dès aujourd'hui la plus simple, et tout à la fois la plus éclatante décoration des jardins.

Occupons-nous cependant de cette admirable collection des fleurs utiles. *Utile* et *fleur*, deux mots qui jurent, — deux promesses menteuses... deux promesses accomplies ; jolies fleurs qui guérissent, plantes élégantes qui sauvent. Chose étrange, ces mêmes plantes médicinales qui nous paraissent si horribles à voir, suspendues qu'elles sont, comme autant de guirlandes fanées après une orgie, à la porte des apothicaires ou des herboristes, quand vous venez à les contempler sur leurs tiges flottantes, vous êtes heureux et tout étonnés de leur trouver l'apparence d'une fleur, d'un doux arbuste, de ce quelque chose de suave, enfin, que nul ne peut définir. Sont-ce bien là, en effet, les mêmes herbes, horribles à voir, poudreuses, nauséabondes, dont nous sommes poursuivis par la pharmacie domestique ? Hélas ! oui, cette petite fleur bleue si jolie, cette fleur penchée si coquette, cette douce verdure qu'on dirait étendue là pour servir à quelque méditation poétique, tous ces frais trésors seront la proie de l'herboriste, du faiseur de tisane ;

elles subiront la teinte jaunâtre du bois de réglisse ; elles rempliront de leurs sucs fades et insipides la tasse de l'hôpital ; elles nous feront détourner la tête dans nos jours de maladie. Laissez-nous donc les regarder avec amour, avec bonheur, pendant que nous sommes en bonne santé, nous et les plantes. Laissez-nous les cueillir quand elles sont en fleur, laissez-nous respirer ces légers parfums sans autre arrière-pensée que de flatter agréablement le plus frêle et le plus fugitif de nos cinq sens. C'est bien le cas de nous écrier, ou jamais : *Oh! médecine, éloigne-toi!* Et véritablement, à propos de ces plantes si élégantes, quand je vois arriver un herboriste, il me semble voir quelque belle et jeune fille, élégante et svelte, au bras d'un fossoyeur.

Malheureusement le latin barbare des jardiniers de Paris et de l'Angleterre gâte quelque peu — du moins pour moi — la grâce, l'éclat et le parfum des plus belles fleurs.

Figurez-vous qu'aujourd'hui, dans cette France si fière de sa science ramassée partout, pour parler latin, il n'est pas nécessaire d'être l'orateur chrétien dans sa chaire, l'orateur politique à la tribune ; le magistrat s'en dispense tout comme le soldat, le philosophe aussi bien que l'artiste, le prosateur aussi bien que le poëte : le dédain est général, l'exemption est la même pour tous ; mais de cette science oubliée, le jardinier seul n'est pas exempté. La bêche ne préserve pas du latin ; au contraire, il faut absolument que ces pères grossiers des plus belles fleurs parlent entre eux l'idiome le plus barbare, s'ils veulent se comprendre les uns les autres. Tous les noms de la langue vulgaire, et même les noms adoptés par les poëtes, sont proscrits impitoyablement des plus riches parterres ; si bien que vous, arrivant tout animé à l'avance, pour assister à cette fête embaumée de la flore parisienne, et vous croyant assez avancé pour comprendre le patois de nos Linnées modernes, vous qui lisez à livre ouvert Horace et Tacite, vous ne savez cependant auquel entendre de tous ces noms barbares qui n'appartiennent à aucune langue. Vous vous demandez, épouvanté, quel est donc cet argot inconnu, et dans quel pays d'Iroquois vous êtes tombé tout à coup. La fleur la plus aimée et la plus commune, celle que vous voyez tous les matins dans votre jardin, que vous offrez tous les matins à la femme que vous aimez, celle que vous plantez sur la tombe de votre mère afin qu'elle ait près d'elle un souvenir filial, ces douces compagnes de nos jeunes années, douces fleurs, que nous avons imprudemment gaspillées comme s'il ne se fût agi que de nos beaux jours, eh bien! grâce à cette latinité barbare, nous ne savons plus leur nom, nous cherchons, mais en vain, à les reconnaître, nous n'osons pas leur dire que nous les avons rencontrées quelque part sous nos pas, quand nous avions seize ans. Allez donc vous reconnaître dans ces mots-là : *liatris squamosa, lobelia tupa, salvia chamædryfolia, eucomis punctata, fuchsia coccinea, pentstemon gentianoides, tropælum pentaphyllum !* Certes, il faut que celui qui a créé cette science et qui en a créé la langue en même temps, le grand Linnée, comme on l'appelle, ait été, en effet, un homme d'un grand génie, pour que la langue qu'il a créée se conservât ainsi au milieu de tant de bouleversements qui ont fait disparaître bien plus que des langues! Toujours est-il que ce latin des jardiniers de Paris, le latin non pas de cuisine, mais de jardin, dont on ne peut saisir les analogies, est une des langues les plus incroyables que les hommes aient parlées.

Que j'aime bien mieux la nomenclature des rosiers! Je ne sais pourquoi, mais il me semble que dans le règne végétal, le rosier est la seule fleur qui ait échappé aux nomenclatures latines. On lui a fait cette grâce de l'abandonner à toutes les intelligences vulgaires; pendant que nos latinistes de serre chaude se mettent à la torture pour forger des barbarismes, l'amateur de roses, plus indulgent, plus sensé, donne à ses belles fleurs des noms aimés : les noms des héros, des grands artistes; le nom des belles dames, le nom de sa jeune femme ou de sa fille aînée, ou de son enfant à la mamelle; quelquefois même le nom de ses opinions politiques. Ainsi vous avez la *rose Henri V* et la *rose Ferdinand*, l'une près de l'autre, et sans redouter un duel à coups d'épine; vous avez la *rose Louis XII* et la *rose Louis XV;* la *rose Élisabeth, Colbert, Émilie Lesourd;* la *rose Rosine* et la *rose Fanchon,* et la *rose Célimène; ma tante Aurore* et *Silène* ont chacun leur rose à part. A la bonne heure, voilà ce que j'appelle des nomenclatures; voilà de quoi les reconnaître une fois qu'on vous les a nommées! Le *général Marceau,* le *maréchal de Villars,* ont aussi leur rose. Hélas! il y a aussi la *rose Charles X,* de ce roi détrôné, de ce gentilhomme si affable et si bon; voilà tout ce qui nous reste de ce roi de France, moins que rien, une rose!

Il est bien fâcheux que nous soyons si complétement ignorant de toutes ces merveilles; il est fâcheux surtout que nous n'ayons pas le temps d'apprendre cette science nouvelle, qui doit rendre si heureux les honnêtes gens qui la cultivent. Voici, par exemple, un habile horticulteur, qui expose soixante-deux variétés de plantes, depuis le *fuchsia macrostemma* jusqu'au *rudbeckia hirta.* — O les belles tulipes! ô les ravissantes couleurs! ô les précieux calices d'une forme divine! Le grand maître de cette armée variée que le printemps vainqueur amène à sa suite pour remercier le soleil, est un habile jardinier nommé Tripet-Leblanc. Mais quoi, la tulipe passe si vite! Les honneurs de l'exposition ne sont pas faits pour elle. Au mois de juillet, la plus belle tulipe n'est plus qu'un vil oignon triste à voir. Voilà pourquoi, sa tulipe éclose, M. Tripet-Leblanc porte toutes ses forces sur la plus simple et la plus honnête des fleurs, la *marguerite,* qui ne s'attendait point à tant d'honneur. Et si vous saviez comme elles se sont montrées reconnaissantes de toutes les peines que l'habile jardinier s'est données! Ces fleurs, si modestes dans leur attitude et dans leur parure naturelle, elles ont relevé la tête, elles se sont parées des couleurs les plus variées. Ce sont des bergères qui sont devenues des reines, par la seule puissance de leur beauté et de leur éclat natif. Viennent ensuite les *pensées*, nombreuse famille, auxquelles l'art et le soin ont su donner des dimensions incroyables. Jamais la modeste fleur n'a pu rêver un plus beau manteau de velours et d'hermine. On s'arrête, on regarde, on se demande si c'est bien là la fleur d'autrefois? C'est elle-même, parée, agrandie, embellie. Mais quelle odeur suave vient frapper votre odorat charmé? quelles senteurs inattendues? quelles formes inconnues? Nous voilà en présence de tous les produits du midi et du soleil. Le café, la canne à sucre, la vanille, le thé, l'opium; les plus beaux orangers chadecs à feuilles crispées, à fleurs de myrte, à fleurs couronnées; on les obtient sans trop de peine, dans les serres chaudes des jardins de Paris. Tout d'un coup, un vif parfum de jasmin arrive jusqu'à votre âme; n'avez-vous donc pas aperçu, chargés de leurs blanches fleurs, ces jasmins des Açores, ces myrtes odorants, ces arbousiers à fleur rouge? En fait d'arbres et de plantes rares, saluez le *magnolia grandiflora à longues feuilles*, le *magnolia anglais*, le myrte, et le *nerium à feuilles panachées*, le *géranium régine*, l'*héliotrope péruvien* et le *cactus*, les *bananiers nains* de la Chine, et les *bananiers nouveaux* de la Havane, et le *cèdre doré* de M. Soulange-Bodin, et ses cyprès, et ses variétés de pins, et ses beaux chênes de sept espèces; en un mot, toutes les curiosités de ces beaux jardins de Fromont, si longtemps méconnus, et qui sont devenus aujourd'hui une grande et belle entreprise! Mais, en vérité, nous ne savons que choisir dans cette corbeille opulente. L'un a cultivé des arbres rapportés de tous les mondes connus; l'autre, moins ambitieux, a cultivé de l'*orge d'Imalaya*, et de la *moutarde de Chine*. Celui-ci, forçant toutes les lois de la nature, nous apporte en triomphe un *magnolia hartwica*. L'histoire de cette belle plante est digne d'être racontée. Elle est le produit d'un magnolia grandiflora et d'un magnolia fuscata. Elle a fleuri pour la première fois sur le pied même; elle n'avait alors que trente pouces de hauteur. Ses fleurs étaient petites, blanches comme celles du lis, et elles avaient conservé la suave odeur du magnolia fuscata, leur digne père.

En fait de beaux arbres, vous avez le sapin argenté, l'olivier de Crimée, le peuplier de Virginie.

Mais ce n'est pas tout. Pomone, cette fois, le dispute à Flore. Après les fleurs, viennent les fruits, c'est trop juste. C'est à en avoir l'eau à la bouche rien qu'à vous les nommer : la *reinette du Canada*, la *cresane*, le *Saint-Germain*, le *beurré gris et doré*, le *bon chrétien d'Espagne*, le *messire Jean*, le *doyenné d'automne et d'hiver*. Et les beaux fruits que j'oublie, ingrat que je suis ! *la cerise de Prusse*, la *poire du tonneau*, la *reinette de Hollande*; — et les pêches veloutées, suaves, brillantes, — plus belles cent fois que les pommes d'or du jardin d'Hespérus ! la *pêche grosse-mignonne, Golconde, Madeleine de Courson, Malte, Bellebeaume*, nouvelles débarquées du village de Montreuil, toutes rougissantes et toutes chargées de ce fin duvet qui amortit leurs belles couleurs.

Mais comment ne rien oublier? Tous les fruits de la création étaient réunis à toutes les fleurs ! Les pommes de calville, toutes les pommes de tous les pommiers, étaient pêle-mêle avec les fleurs de tous les rosiers; ce n'étaient que poires et jonquilles, roses et fraisiers, l'abricot mêlé à la belle-de-nuit, les immenses melons à demi cachés sous les fleurs du cactus. Les raisins, étaient-ils assez rares, assez riches, assez nombreux ! Et les plantes toutes parées, même les plus vulgaires, qui tenaient dignement leur place dans ce potager entouré de si riches plates-bandes, dans ce verger en plein vent, mêlé aux plus riches produits de la serre chaude et de la serre tempérée. Par exemple, quel plus intéressant pêle-mêle : l'*ail d'Orient*, l'*échalote de Gersey*, l'*oignon corne de bœuf*, la *carotte violette-sauvage*, le *navet jaune de Naples*, la *patate aux trois couleurs*, la *chicorée sauvage*, cette horrible drogue avec laquelle se fabrique un horrible café; le *chou-rave*, le *chou sauvage*, le *palmier frisé*, le *concombre de Russie*, la *courge d'Italie*, le *melon de Malte à chair rouge ou blanche*, le *cédrat blanc d'Espagne*, le *haricot noir de Belgique*, tous les trésors des jardins potagers pêle-mêle avec les *balsamines*, les *œillets de la Chine et de l'Inde*, les *dahlias* et les *reines-marguerites*. Sans compter que l'*orge à deux rangs trifurqués ;* le *seigle de la Saint-Jean*, l'*indigo*, le *moka de Hongrie*, le *chanvre du Piémont*, jouent leurs rôles dans ce drame champêtre, un drame plein de variété, d'élégance, d'intérêt. C'est là, sans contredit, une des grandes joies de l'été à Paris, un des plus aimables délassements de ces beaux jours. Plus d'une femme de vingt ans, rieuse, évaporée, trop jolie pour être sérieuse souvent, fait cependant sa grande affaire de cette exposition annuelle des plus beaux fruits et des plus belles fleurs. Plus d'une fois, à voir ces jeunes femmes attentives, curieuses, vous êtes étonnés de les entendre donner à toutes ces plantes le nom auquel ces plantes répondent; elles les arrangent par familles, elles les reconnaissent à un signalement certain, elles les saluent avec transport comme autant de sœurs heureusement retrouvées. — Ces jeunes femmes de Paris, elles ont si bien l'art de faire d'une chose importante un plaisir passager, d'une passion futile une occupation sérieuse! Voyez cette femme qui passe enveloppée dans son manteau, elle s'en va à la Chambre des Députés pour assister, à demi penchée et souriante, à des questions de paix ou de guerre. Elle n'écoute pas; elle regarde, elle veut être vue; elle a promis à l'orateur de lui faire une petite moue à son plus éloquent passage, et certes elle n'y manque guère! — Huit jours après, la même femme espiègle et folle, qui riait tant de la question des sucres ou du droit de visite, vous allez la retrouver se promenant d'un pas grave et solennel dans l'exposition d'horticulture. Silence! elle médite, elle compare, elle juge! Laissez-la parler, elle va étonner dans leur science les plus intrépides nomenclateurs.

Mais que disons-nous? Depuis tantôt deux jours, l'armée des œillets est sous les armes ; ils ont revêtu leurs robes les plus empourprées, ils se sont décorés de leurs collerettes les plus brillantes : c'est l'heure où la fleur s'élance jeune, svelte et droite sur sa tige. A cette heure, rien n'est beau à voir comme ces mille enfants de la grande famille des œillets, tous variés de forme, de couleur, de grâce et d'éclat. Enfants gâtés de la flore française, ils étalent au vent du midi leurs riches manteaux de pourpre. L'abeille bourdonnante, les voyant si beaux, ose à peine les toucher de son aiguillon emmiellé; le frais matin jette dans leur calice une goutte de sa douce rosée. — Le soleil les salue de son rayon indulgent, le vent du soir les balance et les endort, non pas sans avoir refermé avec soin le précieux calice. Le regard ébloui ne sait à laquelle entendre de ces douces fleurs aux mille couleurs odorantes.

Voici l'armée évaporée des œillets rouges, d'un beau rouge éclatant et fier! Voici les flamands empourprés, les sablés aux couleurs changeantes, les bichons bordés de bleu et de rose, les ardoisés au limpide gris de perle nuancé de rouge, — les chamois tout chamarrés, véritablement chambellans de l'empire de Flore, — les œillets jaunes, et enfin la *fantaisie*, l'œillet capricieux qui appartient à chacun et à tous, capricieux, coquet, fantasque; l'œillet, — plante-genêt qui porte toutes sortes de bigarrures sur son casque de bataille. Sont-ils assez beaux, assez vifs, assez heureux de vivre de leur vie d'un jour? Et pour se retrouver dans cette floraison, le savant jardinier leur a donné tout simplement les plus grands et les plus charmants noms de la France moderne. Là, nous avons salué S. M. le roi Louis-Philippe et S. A. R. le prince de Joinville, — et M. le duc d'Aumale, crânement posé tout au sommet de sa tige; et madame la duchesse de Nemours, si brillante; et le comte de Paris, ce bel enfant! Là, vous avez vu M. Guizot à côté de madame Thiers, — mademoiselle Bertin non loin de M. Hugo, — M. Ingres et M. Alphonse Karr. Qui encore? Madame la princesse de Czartoryska, — mademoiselle Mars et mademoiselle Georges, avec ce nom-là, *Melpomène*.

Après Christophe Colomb, qui donne le nom de sa reine à tout un monde; après l'astronome qui fait prendre le nom de sa jeune femme à une étoile du ciel; après le voyageur enthousiaste qui, du haut de la terrasse de Saint-Germain — quand le soir va venir — contemple ce gouffre immense que l'on nomme Paris; — oui certes, et même après le poëte qui impose le nom de sa maîtresse à tout un siècle, je ne sais pas d'homme plus heureux que le jardinier, qui peut baptiser ainsi à son gré toutes les fleurs de son jardin.

Eugène Lami.

Un Concert de Famille

Alfred T'Headt.

Un Été à Paris

CHAPITRE XVII

LES VIRTUOSES PARISIENS

La grande joie, la grande occupation de l'été, à Paris, c'est la musique. Tant que dure l'hiver, le Parisien fait de la musique pour être applaudi, pour être admiré; l'été venu, le Parisien fait de la musique pour soi-même et non pas pour les autres. Trouvez-vous quelque plaisir à les entendre chanter ou jouer de leurs instruments favoris, à la bonne heure, ils vous permettent de les applaudir; mais vous êtes tout à fait le maître, si la musique ne vous plaît pas, d'aller vous promener dans le jardin. Il faut convenir aussi que ce grand art de la musique est admirablement cultivé dans cette ville, dont les progrès sont si rapides dans tous les arts. Fontenelle, qui avait tant d'esprit et qui trouvait si juste, disait de son temps : *Sonate, que me veux-tu ?* Si Fontenelle lui-même vivait aujourd'hui, il prêterait une oreille attentive et charmée aux savantes mélodies de quelques heureux salons que tout Paris renomme à bon droit. La musique n'est plus, comme du temps de Clémenti et du clavecin, une occupation *tapotante* de petite fille à marier; c'est un art difficile, complet, sérieusement cultivé, même par les jeunes pensionnaires, qui sont formées de bonne heure par des maîtres habiles. Ainsi, on ne fait plus de ce grand art de la musique un passe-temps frivole, on l'a pris tout à fait au sérieux. Je sais telle maison parisienne cachée entre le silence de la cour et l'ombre du jardin, dans laquelle, pour peu que vous aimiez les chefs-d'œuvre, vous entendrez, à coup sûr, la plus belle musique et la plus savante. Là règnent en maîtres souverains, en maîtres vénérés et admirés, Weber et Mozart, Gluck et Beethoven; — tous les génies, tous les chefs-d'œuvre; les plus belles voix et les plus fraîches tiennent à honneur de chanter ces mélodies passionnées et calmes. Ce que le maître a composé, on le chante comme il l'a composé, rien de plus, rien de moins. Quelles belles soirées se passent ainsi avec le *Freischütz*, avec le *Don Juan*, avec l'*Adélaïde!* Ou bien, c'est un nouveau venu qui demande aide et protection; c'est Schubert, par exemple, dont l'idéale rêverie fait tomber toutes les âmes dans mille songes heureux. A toutes ces grandes idées, les plus excellents interprètes ne manquent pas; ces hardis chanteurs sont encouragés dans cette noble tâche par les plus habiles musiciens de ce temps-ci : Meyerbeer, pour peu qu'il soit content de ces belles voix, va conduire l'orchestre; Rossini, s'il se sent bien compris et bien rendu, va tenir le piano. Que de fois j'ai vu Halévy tourner la page à la dame qui chantait! Car tous les musiciens de l'Europe s'honorent de cette fraternité musicale qui les unit aux virtuoses des salons. Ils sont si heureux et si fiers de se voir ainsi compris, ainsi chantés! En même temps, les meilleurs artistes demandent leur part dans cette popularité tant rêvée. Madame Damoreau, par exemple, n'est jamais plus charmante, jamais plus fauvette et plus rossignol que dans les réunions intimes où elle peut déployer tout à l'aise les rares séductions de cet art inimitable. — Ce pauvre Nourrit, mort si vite ! chantait-il avec assez de cœur les mélodies de Schubert, qu'il a enseignées à la France, et l'air de M. de Chateaubriand, l'air breton : *Combien j'ai douce souvenance!* L'été passé, dans un château de la Normandie, un soir, par la pluie, une jeune femme, d'un beau et sévère visage, se lève tout d'un coup, sans en être priée; elle se met au piano, et elle chante d'une voix admirable je ne sais quel petit drame écrit en quelques notes plaintives... — Elle nous arrache des larmes à tous; et quand nous demandons le nom de cette femme si simple, si touchante, si vraie, que nous prenions pour la châtelaine de quelque château voisin, on nous répond que c'est madame Nathan-Treilhet, la plus belle voix de l'Opéra de Paris. — Ou bien, dans le plus grand monde, une femme se met au piano, et elle s'inspire des plus beaux airs de Bellini, ce jeune maître mort si vite. La voix de cette femme est inspirée, vibrante, énergique : qui est-elle? Elle s'appelle la comtesse de Monténégro; elle était, il n'y pas longtemps, une grande dame en Espagne, elle frappe à cette heure à la porte du Théâtre-Italien! Et ce rare talent, cette inspiration infatigable, cette femme de tant d'art, et de goût, et de passion, qui chante tant qu'on veut lorsqu'elle se sent aimée et écoutée? c'est madame de Sparre, la reine des salons remplis de mélodies. Ou bien même, cette femme alerte et mignonne, à l'œil noir, intelligent et plein de feu, vif esprit, musicienne accomplie, qui chante d'une voix si habile et si légère en regardant à chaque mesure cet homme qui chante avec elle; certes, il serait impossible de trouver deux voix qui fussent plus d'accord. Ces deux habiles et mélodieux chanteurs s'accordent à merveille; ils abordent les œuvres les plus difficiles; autant elle est vive, alerte, gaie, facile, autant il est vif, léger, bouffon, amusant, charmant; la meilleure musique de l'Italie, tous ses vieux maîtres, n'ont pas de secrets pour ces deux bons compagnons des faciles mélodies. Qui est-il? et qui est-elle? C'est le plus savant chimiste de ce temps-ci, c'est le plus laborieux savant qui soit en France ; il a fait des livres qui ont été des lois ; il a découvert plus de crimes à lui seul que tous les criminalistes réunis. Cet homme qui chante avec tant de verve l'esprit du Figaro de Rossini, c'est le même qui a retrouvé d'une façon si complète, dans les entrailles de la victime de madame Lafarge, les traces du poison qui s'y cachait... Vous vous rappelez cette scène lugubre, quand, sur le visage austère et convaincu de cet homme épouvanté lui-même de ce qu'il allait dire, la criminelle put lire sa sentence..... et les juges leur arrêt tout dicté !

La musique ! elle est le grand plaisir de cette ville, la grande occupation des salons, qui ont banni la politique et qui ont renoncé, par ennui, à faire de la littérature. Interrogez vos souvenirs, et vous verrez que ce grand art de la musique est exercé par les hommes et par les femmes les mieux posés dans le monde. Le prince de la Moscowa faisait chanter ce printemps, par les plus belles voix du faubourg Saint-Germain, les chefs-d'œuvre de Hændel et de Palestrina. Jamais l'ancienne abbaye de Longchamp, au temps de sa splendeur, n'avait retenti de voix plus suaves et de plus saintes mélodies. L'intelligence de ces heureux artistes est poussée plus loin qu'on ne saurait dire ; ils apportent à l'exécution de ces belles œuvres tout l'art, toute la science, tout le génie poétique des temps primitifs, quand le maître guidait lui-même, dans les chants divins de l'harmonie, ses jeunes enfants de chœur. Heureux qui peut prendre sa part de ces joies recherchées des meilleurs salons de Paris ! heureux qui est admis dans ces réunions d'artistes si bien disposées à l'enthousiasme ! Pour ma part, en ceci comme en tout le reste, je n'ai pas à me plaindre de l'hospitalité parisienne : on aime l'étranger, à Paris, on le recherche, on le protége. Le suffrage venu de loin, le souvenir que le voyageur remporte dans sa patrie, ne sont pas sans quelque prix aux yeux mêmes des plus belles personnes et des plus beaux esprits. Pour peu que vous arriviez avec quelque bienveillance et quelque sympathie, vous serez le bienvenu à coup sûr. La position d'un voyageur qui sait se faire agréer de ces Athéniens de la France, est, certes, une position digne d'envie : toute maison vous est ouverte, toute main vous est tendue ; vous franchissez facilement les premiers et difficiles préliminaires de l'amitié. On vous tient compte de l'absence passée et du départ prochain ; vous êtes dans toutes les confidences, vous êtes de toutes les parties ; dans toutes les fêtes, vous avez votre part, et votre bonne part ; pour vous, et pour vous seul, pas d'exigences, pas de despotisme. Vous venez tous les jours dans une maison : « Bon ! disent-ils, l'*Anglais* s'ennuie, et il vient nous demander un peu d'amitié et de causerie. » — Vous restez tout un grand mois sans revenir : « C'est que ce pauvre *Anglais* est si fort occupé à tout voir, à tout deviner, à tout comprendre ! » — Vous êtes tout de suite dans l'intimité de ces hommes et de ces femmes. Les femmes ne se méfient pas de vous, — un être de passage ! Les hommes n'ont pas contre vous la moindre jalousie ; car, au fait, ne devez-vous pas partir demain, au plus tard ? Ainsi, vous allez, vous venez, vous revenez, vous restez, vous sortez, vous disparaissez, vous êtes tout à fait votre maître souverain. Bonne et belle vie ! Mais que cela est triste de savoir que ces Parisiens de Paris auront oublié si vite cet ami qu'ils aimaient tant !

Toujours est-il que moi, indigne, j'ai eu ma part dans toutes ces joies, dans toutes ces fêtes, dans tous ces concerts. Entre autres fêtes, laissez-moi vous raconter l'admirable parodie que de simples amateurs se sont permise de toute la hâblerie des libretti italiens ; je ne sais pas de plaisanterie de meilleur goût, d'ironie moins cruelle, de raillerie plus innocente. Venez avec moi cette fois encore, et soyez sûrs que vous serez les bien conduits.

Nous sommes dans un admirable et splendide salon, doré du haut en bas, par quelque fermier-général du dernier siècle. Ce salon est resplendissant de lumières et de peintures. Par les fenêtres entr'ouvertes vous pouvez entrevoir les épais marronniers du jardin. Dans cette riche enceinte s'est élevé, comme par enchantement, et pour une heure, un beau petit théâtre où rien ne manque : l'orchestre, le rideau, le trou du souffleur. A neuf heures, la salle se remplit de la plus belle foule et la plus charmante. Quel beau parterre! Mademoiselle Mars, qui a vu à ses pieds *un parterre de rois*, n'en a jamais vu de pareil. Figurez-vous les plus beaux visages, les plus blanches épaules, le diamant qui brille, la fleur qui s'épanouit, le ruban, la dentelle, les blondes et les brunes chevelures! Jamais parterre n'a été plus paré et plus étincelant de grâce, d'esprit, de sourires, et plus animé, et plus heureux. On attendait, tout en causant. La causerie était vive, animée, curieuse. Dix heures sonnaient, lorsque, derrière la toile du petit théâtre, nous avons entendu frapper les trois coups.

Quel silence! tout se tait, même le frémissement vaporeux des éventails. Assis à son piano, un homme, à l'air inspiré et modeste, commence je ne sais quelle élégie tendre et amoureuse qui faisait rêver déjà. Le rideau se lève, et, voyez la surprise! d'horribles Turcs de mardi gras, turban fané, veste à paillettes et des pantalons, arrivent en chantant : *Cerchiamo! cerchiamo!* un italien de leur composition. Toujours est-il qu'ils cherchent on ne sait quoi. En vain vous leur demandez : « Qu'y a-t-il? que cherchez-vous? faites-le afficher dans les rues, abonnez-vous aux Petites-Affiches! » Ils répondent toujours : *Cerchiamo! cerchiamo!* Ils sont grands comme père et mère; leur turban touche aux frises du théâtre, et ils s'en vont répétant : « *Cerchiamo! cerchiamo!* » Arrive alors don Ferocino. En voilà un qui est bâti, qui est sur ses pieds, qui a du velours et des ceintures d'or, et qui chante! C'est la plus belle voix qui se fasse entendre : une basse pleine, sonore, vibrante et juste! la voix de Lablache, mais de Lablache qui en serait encore à son premier rôle et à sa première tabatière; disons plus, Lablache animé et svelte. Au reste, c'est la même belle voix que vous avez entendue dans les plus heureux salons parisiens, chez madame Orfila, par exemple, les jours où chante madame de Sparre ! — Après Ferocino, arrive un bravo pelerino qui chantato : « Je suis un pelerino de la Légion-d'Honneur. Poverino pelerino ! Jamais on n'en trouva un piou malheureux, piou, piou, piou, piou malheureux ! » Et il se désole, l'infortuné, comme feu Rubini ! « Silencio ! dit Ferocino ; j'entends, dans la forêt, le gondolier qui chante la barcarole ! — Dans la forêt ? dit le chevalier pelerino de la Légion-d'Honneur. — Dans la forêt ! répond Ferocino. » Et en effet la barcarole commence : *Zephyr souffla gentile !* C'est quelque chose de frais et de lointain, cette ballade qui rappelle la barcarole d'*Otello* : *Zephyr souffla gentile !* On écoute et l'on rêve. En vain le musicien, qui est des plus habiles, a-t-il voulu toujours nous tenir dans la parodie, souvent la parodie lui échappe, et il redevient tout à fait le rêveur et le poëte que nous savons tous. La barcarole une fois chantée, arrive Clorinda, dans une robe gris de perle. Et celle-là aussi, comme elle chante ! Mais cependant c'est elle, on la reconnaît ! Voici bien ce grand œil noir auquel rien ne résiste ! et la voix souple, légère, si légère qu'elle emporte avec elle les mélodies les plus suaves ! A ce moment plus que jamais la parodie s'arrête. C'est un grand artiste qui chante la musique d'un grand musicien ! On ne rit plus, on écoute. Mais bientôt revient le chœur des Turcs ; ces messieurs portent des bannières, et ils chantent le bonheur de Clorinda. Notez bien que Clorinda n'est pas heureuse le moins du monde. Le chœur chante : *Viva Clorinda !* Clorinda vient de reconnaître Rolando à son immense croix d'honneur.

Mais don Ferocino, voyant que le pelerino n'est pas un pelerino, le menace du poing et du regard, *si volo dechirar !* Le pèlerin, de son côté, répète : *Si volo dechirar ! si volo dechirar !* Plus ils chantent, et plus leur voix devient tendre, plus leur geste devient amical. A force de répéter : *Si volo dechirar !* nos deux rivaux tombent dans les bras celui-ci de celui-là, si bien que la chose ne peut plus s'arranger.

Ici s'arrête le premier acte. Des serviteurs empressés, qui ne sont pas des Turcs, apportent aux nobles dames des glaces, des sorbets plus qu'orientaux. On bat des mains. On dit déjà que la musique de don Ferocino est toute grâce, tout esprit, vive et nette, et pleine d'idées ! Puis tout d'un coup les femmes les plus jeunes, debout et se tournant vers la porte, se mettent à murmurer : « C'est lui ! c'est Rossini ! je le reconnais ! je l'ai vu il y a dix ans ; j'étais encore à la pension ! C'est bien lui ! c'est son petit œil fin, son sourire goguenard. Il n'a pas l'air d'être content que l'on rie de si bon cœur de la musique italienne. Que disait-on qu'il était malade ? mais il est gras et bien portant ! » Ainsi parlaient-elles ; et chacun de suivre du regard ce geste animé et attentif ; chacun de dire : « Rossini ! montrez-moi Rossini... » Justement ce n'était pas Rossini. C'était un monsieur qui riait franchement de ces heureuses folies, et qui trouvait qu'il y avait en toute cette admirable parodie, beaucoup d'art, beaucoup de goût, de gentillesse et d'esprit.

A vos places ! la toile se lève pour la seconde fois ; on cherche d'un regard avide don Ferocino. On admire deux pompiers ! deux vrais pompiers, ou peu s'en faut : l'un d'eux est comme qui dirait le feuilleton de la troupe. Il a tout vu, il sait tout, il sait même l'italien, et qu'*échignant* veut dire échiner, ce qui est le commencement de la langue du critique : « Tiens, dit-il, que fais-tu là ? — J'attends *l'incendie de Babylone !* ajoute le pompier innocent ; pourquoi donc que Babylone n'est pas brûlée ? — Parce que ça déplaît aux Babyloniens et à monsieur le préfet de police. Ça ne brûlera pas, mais ça chauffe. Les as-tu entendus applaudir ? » Et voilà nos deux casques qui discutent sur les mérites de l'opéra représenté. « Est-ce un drame ? est-ce une comédie ? — Ça ressemble à tout, dit le critique. — Ça vaut mieux que de ne ressembler à rien, » repart l'autre pompier. Ils seraient encore à écrire leur petit feuilleton, et nous à les entendre (heureux pompiers !), quand on crie : *Place au théâtre !* Alors le théâtre, qui représentait deux pompiers, ne représente plus qu'un sombre cachot dans lequel Clorinda est étendue sur la paille. Malheureuse Clorinda ! elle est folle. Mais rassurez-vous, elle n'est folle que d'un côté, du côté où elle est défrisée. *Defrisata, ata, ata, tata!* dit le chœur.

Dans sa folie, Clorinda entend chanter le rossignol, et alors elle chante un duo avec le rossignol. Le rossignol, rude jouteur, se défend à gorge déployée. Il roucoule, il monte, il éclate, il triomphe... Triomphe d'un instant ! Clorinda le presse, elle le pousse dans ses retranchements, elle gazouille, elle roucoule, elle est au ciel ! Le pauvre rossignol doit être tombé mort au pied de sa charmille. Clorinda triomphe ! Au même instant toute cette forêt de rosiers qui flottait dans la salle tombe aux pieds de la princesse ; c'est une pluie, c'est une avalanche. En vain elle demande grâce et pitié ! point de grâce, point de pitié ! Toutes les fleurs de ce beau salon tombent sur la tête de Clorinda. Ceci fait, le drame recommence. Don Ferocino et le chevalier Orlando se sont battus en duel : Ferocino a été traversé d'un coup d'épée ! Ce brave Ferocino, qui chantait si bien !

Ma foi tant pis ! Ferocino est mort, vive Orlando ! Clorinda chante avec Orlando leur délivrance commune. *Elle relève ses cheveux et elle revient à la raison*, dit le livret. Moment heureux ! O douleur ! Ferocino a été mal tué, il revient plein de rage. Fureur ! mort ! malédiction ! A ce point qu'il marie Clorinda avec son rival Orlando, qui devient son meilleur ami ! — *Chœur et roucoulement final !*

On a demandé l'auteur ! l'auteur ! Don Ferocino, la belle voix vibrante, est revenu, saluant avec modestie. L'auteur, a-t-il dit, est le signor de Feltrini, le drame est un drame inédit du Dante, les décorations d'il signor Croutini, les rafraîchissements de la *donna Bianca*. Après quoi, on appelle les acteurs ! les auteurs ! Ils reviennent tous, même les chœurs. On jette des vers sur le théâtre, et, qui plus est, on lit ces vers. Ne partez pas, belle Clorinda, n'allez pas en Amérique, ou, si vous allez dans ces pays lointains, revenez vite quand vous aurez appris aux rossignols du pays comment on chante. Ainsi chantaient ces vers. Le parterre a répété en chœur ce refrain des regrets et des adieux. Belle soirée pour madame Damoreau, ovation intime d'un public d'élite, des plus belles personnes de la ville; grands seigneurs, poëtes, savants, grandes dames, ils étaient là tous pour tout applaudir! Et de fait, il me semble que cette soirée unique a le droit de tenir sa place dans cette histoire du théâtre. Ce soir-là, quelques amis de la bonne musique, dans une parodie pleine de grâce, d'esprit et d'urbanité, ont démontré mieux qu'on n'eût pu le dire, comment les grands musiciens ne manquent pas à la France, non plus que les belles voix, non plus que l'art et le talent. Ils ont prouvé que ce grand art de jouer la comédie, dont on fait tant de bruit et qui est devenu hors de prix de nos jours, était, à tout prendre, le plus facile des arts, à la portée du premier homme bien élevé qui voudra se donner la peine de marcher comme on marche, de parler comme on parle. Aux douces joies de cette heureuse soirée rien n'a manqué : ni le musicien, d'une habileté et d'une imagination incontestables; ni la basse, qui est admirable; ni le ténor, plein de gaieté; ni la prima donna, à laquelle, pour la perfection du chant et du goût, vous ne pouvez rien comparer; ni les chœurs, qui ont été d'une vivacité, d'une bonne grâce et d'une énergie incomparables. Ajoutez à ce rare ensemble la louange unanime, l'admiration bien sentie, l'urbanité d'une réunion choisie, élégante, bienveillante surtout, et vous comprendrez comment, cette fois enfin, nous avons compris toute la joie que peuvent donner les joies du théâtre quand elles sont complètes, quand rien ne vous gêne, quand rien ne vous manque, quand vous pouvez vous dire : « Si cette fois je ne suis pas un homme heureux, c'est moi qui ai tort! »

Certes, pour arriver à de pareils résultats, pour s'emparer ainsi de tous les pianos et de toutes les âmes, pour soutenir cette lutte généreuse avec les plus habiles chanteurs et les musiciens les mieux inspirés, il faut ne manquer ni de talent ni de génie ; mais aussi ni l'esprit ni le génie ne leur manquent. Quel artiste, quel poëte fut jamais plus sérieux et plus rempli de la grandeur de sa mission que l'auteur de cet admirable opéra de la *Esmeralda?* Il a écrit sa musique avec la verve de M. Hugo lui-même, lorsqu'il écrivait sa *Notre-Dame.* Et quelle chose admirable, l'air du dernier acte :

> Combien j'aime
> Hors moi-même,
> Tout ici !

Depuis ce jour où l'auteur illustre de la *Esmeralda* domptait ainsi les préventions que soulève toujours contre lui le nouveau venu, et, disons-le, la nouvelle venue dans cette carrière difficile de la musique dramatique, l'auteur de la *Esmeralda* est resté fidèle à cet art qui lui a donné tant de beaux jours de repos et d'espérance. Même, pour que son œuvre fût complète, le musicien est devenu un poëte ; sa double rêverie s'est confondue dans un double travail ; et ainsi se sont accomplies l'une par l'autre ces ballades d'une poésie si calme, d'une inspiration touchante et si vraie. Cette fois, l'intime union du poëte et du musicien — union féconde en chefs-d'œuvre — ne pouvait pas être plus intime. La double idée sortait de la même tête, après avoir passé par le même cœur. Les vers et le chant racontaient les mêmes joies, se berçaient des mêmes espérances, s'enivraient des mêmes douleurs.

Cette année, la musique de salon a fait une grande perte, elle a perdu l'auteur de tant de mélodies populaires qui se chantent partout en Europe : M. Monpou, qui chantait si bien la ballade de M. Alfred de Musset : *Connaissez-vous dans Barcelone ;* et toute cette amoureuse histoire de sérénade espagnole, teint bruni, pâleur d'automne, jeune marquise à la noire mantille, basquine de satin qui craque lorsque la jeune dame se penche à son balcon pour encourager d'un regard son amoureux qui se bat pour elle ! Cette marquise d'Amaeghi a été longtemps la fièvre de Paris. Quand Monpou est mort, la fièvre de Paris, c'était *le Fou de Tolède*, un Espagnol de M. Hugo, celui-là, digne de l'Espagnole de M. de Musset. Ainsi chaque mois de l'année parisienne amène avec lui son roman qui réussit, son vaudeville que l'on applaudit, sa romance que l'on chante : douze vaudevilles, douze romances, autant de romans, et Paris est content. Il y a telle romance, la romance de *la Folle*, par exemple, qu'on a vu porter sur les pianos pendant toute une année; c'est même la seule romance qui ait trouvé grâce devant S. M. le roi Louis-Philippe, qui est un amateur à la taille de l'empereur Napoléon. De tous les airs connus, l'Empereur n'aimait et ne supportait que la *Monaco;* avec un de ces airs bien acceptés, la fortune d'un homme est faite à Paris; *la Folle,* par exemple, qui a couru le monde ainsi. *Je vais revoir ma Normandie,* par un poëte et un musicien normands, est devenu la chanson nationale de la province de Normandie; je l'ai retrouvé dans tous les bateaux à vapeur, sur le bord des grands chemins, à la porte des auberges, partout, et le Normand ne s'en lasse pas, non plus que le voyageur. Et les romances de mademoiselle Pujet que j'oublie! celle-là est-elle assez ingénieuse, assez féconde! a-t-elle rempli le monde entier de ses mélodies nettement accentuées! C'est tout à fait un bel esprit en musique; ce sont de vrais drames qu'elle écrit et qu'elle compose; et, pour se reposer de ses drames, elle compose de temps à autre quelque belle et vive comédie. Les femmes du monde et les plus habiles chanteurs, même de l'Opéra, se plaisent à répéter les compositions de mademoiselle Pujet. Ces lignes que j'écris là à sa louange, je les écris au bruit de la musique militaire, qui répète ses plus beaux airs. N'est-ce pas étrange, cela, une armée qui va se battre pendant que les musiques jouent au loin les mélodies sorties de la tête d'une jeune femme? A coup sûr, voilà ce qui s'appelle réussir!

Vous comprenez donc tout l'intérêt que peut présenter un salon parisien ainsi occupé à cette décevante passion : là sont produites au grand jour toutes les compositions de la France, de l'Italie, de l'Allemagne ; là viennent se faire entendre les plus rares talents de l'Europe; là tout d'un coup vous voyez entrer les célèbres cosmopolites de l'art musical : Ernst, dont le violon est si rempli de doux accords; Panofka, qui ne se fait entendre qu'aux esprits d'élite; Hauman l'inspiré ; et les grands pianistes dont Paris est le rendez-vous solennel : Doelher, charmant et poétique génie; Thalberg, le rêve en personne; Hallé, qui comprend jusqu'au fond de l'âme le génie de Beethoven; Listz enfin, le foudroyant, Listz l'irrésistible, qui brûle, qui écrase, qui vous rapporte tout d'un coup les mélodies çà et là ramassées dans le monde. C'est une joie de les entendre, c'est un plaisir de les voir, animés comme à une bataille! Chaque année ils veulent savoir où en est Paris, et ce qu'il fait, et ce qu'il pense; chaque année vous les voyez ainsi accourir pour solliciter, mieux que ses suffrages, pour solliciter l'amitié de ces artistes du grand monde, leurs dignes frères, juges impartiaux et bienveillants, qui acceptent pour eux-mêmes tous les dangers de la lutte, toutes les douleurs de la défaite, cédant à qui de droit le triomphe, la popularité, la gloire! Heureusement qu'en tout ceci, triomphe ou défaite, le plaisir est pour tous.

Le jour dont je parle, toute la famille était réunie dans le petit salon de musique; il n'y avait là que quelques amis intimes, de ces amis qui viennent à toutes les heures, devant lesquels on pense tout haut, on chante tout bas. La jeune fille de la maison, qui est une véritable artiste, venait de jouer avec le plus noble instinct l'ouverture du *Freischütz*, cette composition formidable à laquelle on ne peut rien comparer; sa sœur, qui est encore une enfant, mais une enfant bien inspirée, avait chanté l'*Adélaïde* de Beethoven, la complainte la plus touchante et la plus amoureuse qui soit jamais sortie du cœur d'un amoureux et d'un poëte. On eût dit que pour mieux entendre ces divins accords, toute voix faisait silence au dehors. Pour nous, nous étions tout entier à cette contemplation intime des vieux chefs-d'œuvre soutenus par de jeunes voix. Nous nous disions, à coup sûr, que la destinée était belle et sainte, du poëte dont les générations nouvelles s'en vont disant les vers et les amours, du musicien qui peut encore entendre, au fond de sa tombe, les douces mélodies de sa vingtième année. A ces conditions-là, un homme ne peut pas mourir : il s'arrête dans la mort, mais l'idée qui le poussait marche toujours ; son chant expire sur sa lèvre refroidie, mais ce chant interrompu est repris en sous-œuvre par quelque jeune et noble chanteur. Ce respect pour les chefs-d'œuvre de la musique d'autrefois, la France l'a poussé très-loin : pas de musique si vieille et si fort oubliée, que les Français n'aient remise en honneur. Ils ont retrouvé à peu près tous les musiciens du seizième siècle : ils ont fouillé dans le répertoire de toutes les chapelles ; ils ont redemandé à l'orgue des cathédrales ses chants interrompus. Ils avaient un grand musicien, nommé Baillot, qui jouait à ravir un air italien, *la Romanesca*, retrouvée par un heureux hasard sous les voûtes splendides des palais génois. C'est une mélodie d'un effet irrésistible ; rien qu'à l'entendre frémir sous l'archet, il vous semble que toute cette belle société italienne du seizième siècle, ces jeunes gens que célèbre l'Arioste, ces amis des Médicis, ces compagnons des Doria, vont apparaître de nouveau dans ces galeries magnifiques, toutes remplies des chefs-d'œuvre des peintres et des sculpteurs. A coup sûr, quand le jeune Paolo vous prenait par la main pour danser avec vous, douce et fière Francesca, l'orchestre, suspendu à son balcon de marbre, ne jouait pas un air plus tendre, plus mélancolique et plus doux. Rien ne vaut, pour le souvenir, quelqu'une de ces mélodies errantes que les siècles ont murmurées aux jours de leur jeunesse, à la clarté de leurs étoiles, à la lumière étincelante de leur soleil.

Comme aussi le grand art des virtuoses français, c'est de donner une expression vraiment poétique à leurs plus naïves chansons d'autrefois. Tous les airs que chantait leur nourrice à leur berceau, les rondes joyeuses de la campagne, les complaintes terribles où il est parlé des revenants et des fantômes, ces gens d'esprit en ont fait autant de duos, de nocturnes, d'élégies sérieuses. D'une bourrée d'Auvergne ils ont composé une romance pleine d'art et de goût; du *Clair de la lune, mon ami Pierrot*, ils ont tiré le plus charmant des quatuors. Rossini lui-même, ce rare génie qui prend toutes les nuances, n'a-t-il pas écrit son beau finale du *Comte Ory* sur le motif populaire : *Le comte Ory disait pour s'égayer ?* A son exemple, Meyerbeer a composé *les Huguenots* sur un psaume de l'Église réformée ; voilà ce qui s'appelle mettre à profit les moindres parcelles du génie d'un peuple. Et notez bien que cette belle passion pour la musique a passé bien vite des salons de Paris dans les rues mêmes et dans les carrefours. En été, pour peu que la nuit soit belle, pour peu que la place publique ait fait silence, soudain vous entendez retentir toutes sortes de belles voix qui chantent d'ingénieuses mélodies. A les entendre, on se croirait dans quelque ville de l'Allemagne. C'est vraiment de la noble musique ; ce sont de vrais chanteurs ; le peuple les suit au pas, attiré et comme fasciné par ces mélodies inattendues. D'où viennent-ils ? Ils viennent de l'école d'un nommé Wilhem, un brave homme d'un facile génie, bon au pauvre, dévoué à son art, l'ami de Béranger le poëte, dont il a mis en musique les plus charmantes chansons. Ce Wilhem se voyant oisif, et que le théâtre lui était fermé aussi bien que la chapelle, s'était promis à lui-même qu'un jour il ferait mentir la réputation antimusicale du bon peuple de France. Il voulait, disait-il, dompter, sous la mesure inflexible, ces voix criardes, ces oreilles rebelles, et remplacer par une harmonie simple et grave, la chanson obscène du cabaret. Il voulait que désormais, quand le temple aurait besoin de mille chanteurs, mille chanteurs répondissent à la fois : *Nous voici !* Il voulait que le jour où il serait besoin que l'hymne national retentît par les villes, ces jeunes voix ardentes fissent de l'hymne national un chant de gloire et non pas un cri de mort. « Ah! disait-il, les cannibales ont souillé *la Marseillaise,* ils l'ont infectée de leur haleine impure, ils en ont fait une complainte d'échafaud! Mais figurez-vous cet hymne saint, chanté en chœur par de jeunes soldats qui s'en vont à la frontière! La vertu, la probité, l'enthousiasme innocent, voilà ce qu'il faut aux grands musiciens pour opérer des prodiges! » Ainsi il parlait, cet honnête Wilhem; il avait en lui-même tous les honnêtes instincts du poëte. Il est mort après avoir accompli une grande œuvre, une tâche difficile : il a prouvé au peuple de France qu'il était tout disposé à l'inspiration musicale. Il a introduit la musique dans les écoles des petites filles, il en a fait l'étude la plus charmante des jeunes ouvriers; et il a fait cela à lui tout seul, par la seule force de sa volonté. Toutes ces belles voix formées par ses soins ont accompagné en chantant le cercueil de Wilhem!

Ces femmes de Paris, si vous saviez quelles charmantes prévenances elles savent trouver dans leur cœur lorsqu'elles se mettent à en chercher! A propos de ce grand art, qu'elles cultivent avec tant d'amour, écoutez une charmante surprise. A l'instant même où, tout entier à la musique, je laissais aller mon esprit à mille rêveries flottantes, soudain je suis frappé par un petit air bien simple et bien doux, avec lequel ont été élevés tous les enfants américains de cette génération, — un air de notre ami et de notre maître, ce bon Schlesinger, que New-York tout entier a pleuré! En effet, le peu que nous savons, nous autres Américains, dans la double science des voix et des instruments, nous le devons à Schlesinger : il a mis en musique nos premiers vers à nos premières amours; il a été l'âme et le guide de nos premiers concerts. Mais cependant vous pouvez juger de mon étonnement et de ma joie lorsque, dans ce beau salon parisien, par ces belles voix françaises, j'ai entendu chanter l'air favori que notre maître avait composé tout exprès pour ma petite sœur Nelly :

The shades of night were falling fast,
As trough an Alpine village passed

A youth, who bore, 'mid snow and ice,
A banner with the strange device
Excelsior!

Voulez-vous savoir, cependant, l'histoire de ce digne Schlesinger, que nos virtuoses de Paris me rappelaient avec tant de bonne grâce et d'empressement? C'est une histoire qui fait honneur à l'esprit et au cœur de mes frères les Américains, et voilà pourquoi cela me plaît si fort de la raconter.

Ce digne artiste Schlesinger était musicien de son état, son instrument était le piano ; il suivait d'un pas assez ferme les traces puissantes de Listz, de Thalberg et de madame Pleyel, ce grand artiste, l'honneur de son art. Schlesinger avait été longtemps à se décider avant de partir pour l'Amérique ; on lui avait dit que le positif de la vie était seul compté dans ce royaume du commerce. Il n'était, en effet, ni laboureur, ni artisan, ni marchand, ni prêtre, ni médecin, ni jurisconsulte ; il n'emportait avec lui ni précieuses marchandises, ni aucun moyen de servir les besoins ou l'ambition des hommes ; et cependant il partit. Vous pensez si cette traversée lui parut longue et pénible. Il arriva enfin à sa destination ; il entra tout tremblant dans ce pays sérieux, où une génération tout entière est occupée à faire sa fortune. Mademoiselle Fanny Elssler n'avait pas encore démontré, par une démonstration sans réplique, que les Américains pouvaient pousser l'admiration jusqu'à la folie, elle n'avait pas encore attelé à son char nos plus graves et nos plus empesés magistrats. Qui disait l'Amérique, disait une terre de misère et de faim pour les artistes ; les plus grands noms de l'art, Michel-Ange et Titien, Hummel, Weber, Mozart, Haydn, étaient et sont encore des noms à peu près inconnus dans ce vaste et riche coin du monde, qui ne se reposera pas de sitôt dans les beaux-arts. Schlesinger, cependant, à peine arrivé à New-York, à peine eut-il posé ses doigts nerveux sur un piano, comprit qu'il allait être populaire. Il avait à un haut degré le talent de l'improvisation, et ce soir-là on lui donna pour thème un des beaux airs de *Lutsow*. « Est-ce le Rhin? Non, c'est la *Chasse de Lutsow;* » et telles étaient sa facilité et sa grâce, que toutes ces âmes américaines se sentirent pénétrées d'une admiration soudaine. Il y joua ensuite l'air national américain, *le Jankeed dooble*, et chacun de battre des mains. Mais, hélas! ce premier hiver fut plein d'inquiétudes et de misères; et, vous le savez, quand l'argent s'arrête à New-York, tout s'arrête; surtout il faut renoncer aux beaux-arts. Le malheureux Schlesinger eut à peine trois élèves; il se consola de sa misère avec Sébastien Bach et Maria de Weber. Au mois d'avril il donna son premier concert public, où il vint peu de monde; six mois après il en donna un second : le public fut rare encore; mais à l'instant où l'artiste se mettait au piano, il reçut la nouvelle que son maître chéri et respecté, Ferdinand Ries, venait de mourir. Aussitôt voilà qu'il change son programme et qu'il se met à jouer une marche funèbre de Beethoven, comme la seule oraison funèbre qui fût digne de Ries.

L'hiver suivant, des artistes nomades, des violons voyageurs, des contre-basses vagabondes, des joueurs de gobelets, des sauteurs de corde, des danseurs, toute la misérable engeance des bohémiens en plein vent occupait l'attention de New-York; on courait au-devant de ces messieurs avec autant d'empressement que s'il se fût agi d'aller applaudir mademoiselle Elssler. Pauvre Schlesinger! malgré tout son talent, il eût été bientôt oublié tout à fait, si la *Concordia* ne l'eût pas nommé son chef d'orchestre. Schlesinger s'acquitta de cette tâche avec une noble ardeur : les concerts de la *Concordia* furent suivis avec un empressement unanime. A l'un des derniers concerts, le chef d'orchestre se fit entendre, il arriva les yeux mouillés de larmes, et, sans rien dire, il joua sur son piano la ballade de Uhland, dont voici le refrain : *Ma petite fille est dans la bière;* et, en effet, il avait perdu tout à l'heure son jeune enfant.

Cet homme était né malheureux; il n'espérait rien, pas même

la gloire. Il est mort entouré de quelques amis qu'il s'était faits par son caractère autant que par son talent; il est mort ne regrettant qu'une chose, les dernières prières de ses amis de France, dans l'antique église de Saint-Germain-l'Auxerrois, noble église longtemps outragée, sauvée aujourd'hui de sa ruine; noble église qui rappelait au pauvre artiste la patrie et des jours meilleurs! Là il avait reçu les eaux du baptême, là il avait conduit sa jeune femme à l'autel, là il avait entendu sur l'orgue puissant les plus mélodieux accords de Sébastien Bach et de Palestrina. Saint-Germain! disait-il, Saint-Germain! C'était son dernier, son seul rêve. Il entendait, de si loin, — les chants de l'orgue inspiré. Il lui semblait que cette fois du moins les amis de son enfance ne manqueraient pas à ce dernier rendez-vous. Hélas! il fut enterré dans le cimetière de New-York. Mais les amis qui accompagnent, mais les regrets qui honorent les vivants et les morts, mais l'oraison funèbre, cette dernière aumône des honnêtes gens et des chrétiens, n'ont pas manqué au pauvre artiste. Une jeune et blanche fille de l'Amérique, aux yeux bleus, chaste et naïf poëte, improvisa sur la tombe de son maître cette élégie pleine de cœur et de tristesse :

> Frère, tu n'es plus avec nous,
> Mais dans ce pays bien au delà de la tombe,
> Ton âme qui voltige nous attend;
> Tu souris au chant de la bande aimée;
> Hélas! elle obéissait naguère à ton geste impérieux,
> Et maintenant elle pleure son maître.
>
> Frère, le soleil descend du ciel,
> Au ciel monte notre mélodie :
> La cadence mourante de notre chant
> Est mêlée à la lumière mourante.
> O frère! par ce rayon qui s'évanouit,
> Par ce triste chant d'adieu,
> Nous nous souviendrons de toi.
>
> Le sculpteur dans sa pierre obéissante,
> Le peintre dans les couleurs de sa palette,
> Le poëte dans ses vers,

S'érigent à eux-mêmes un monument ;
Mais de toi, de tant de passions soulevées,
Rien ne reste. La musique de ton âme
S'est évanouie tout entière dans les airs.

Triste destinée d'un homme d'un rare talent qui a voulu affronter des mœurs inconnues, et traîner sa muse épouvantée au milieu d'une ville tout occupée des ambitions et des travaux de l'heure présente. Être musicien à New-York, juste ciel ! Chercher des mélodies dans le bruit, dans le tumulte, dans la marche précipitée et furibonde de ces hommes qui courent incessamment après la fortune, mais c'était porter au génie de notre nation un défi impossible ! — Le malheureux artiste a succombé à la peine ; il est mort faute d'un rayon de soleil et d'un peu d'espérance ; il est mort, n'emportant pour tout bien que cette douce et plaintive élégie, doucement murmurée par une fraîche voix de seize ans.

Certes, il est impossible d'exprimer d'une façon plus noble et plus touchante des sentiments meilleurs. Ces beaux vers, je les ai entendu réciter à la noble fille qui les avait écrits d'une main reconnaissante. Plus tard, je les ai lus sur la tombe du malheureux exilé, — tombe entourée de regrets et d'honneurs, — à laquelle rien n'a manqué, — sinon d'être placée sous les voûtes de l'antique basilique de Saint-Germain-l'Auxerrois.

Eugène Lami

Émeute rue Saint-Jean
(Fêtes de Juillet)

Imp. Pl. à Paris

J.T. Willmore, A.R.A.

CHAPITRE XVIII

LE CHATEAU D'EU

Au milieu de votre admiration la plus vraie et de vos joies les plus vives, vous aurez beau faire, croyez-moi, il vous sera impossible d'oublier la patrie absente ; elle vous apparaît souvent comme une espérance, plus d'une fois comme un remords ; un rien vous la rappelle : le chant d'un oiseau que vous aurez entendu dans le jardin de la maison paternelle, l'odeur suave ou sauvage d'une fleur, un arbre du pays natal, — *arbre de mon pays !* le pas d'une fille qui danse, le voile d'une femme qui passe, un regard, un son de voix, moins que rien, et tout d'un coup voici que vous revoyez tous les naïfs transports de votre jeunesse, tous les accidents heureux de vos vingt ans, tout l'amour charmant et maternel dont vous entouraient les beaux rivages de là-bas. Soudain, au milieu de la fête la plus brillante, la tristesse vous vient au cœur, vos yeux se remplissent de larmes mal contenues; vous vous dites à vous-même : « Que fais-je ici, moi étranger à ces mœurs, à ces hommes, à ces usages, à ces fêtes, à ces plaisirs? Que fais-je ici, plongé que je suis dans l'oisiveté parisienne, moi dont la vie devrait être, à cette heure, si remplie d'activité, de zèle, d'ambition, de travail? Avec le remords arrivent les regrets de l'absence, votre mère qui vous appelle, votre père que vous n'avez pas vu depuis longtemps, votre aïeul que vous ne retrouverez pas peut-être, votre sœur.... Ce qui m'a rappelé ma sœur, c'est l'histoire de notre musicien Schlesinger, c'est la musique de ce malheureux artiste, mort si vite, oublié si tôt! Certes, ses mélodies étaient simples, mais elles étaient charmantes. Aux esprits indifférents, cette musique paraît à peine comme un écho lointain des mélodies de Schubert; mais pour celui qui l'a entendue étant jeune, celui-là, rien qu'à retrouver quelques-unes de ces notes plaintives, revoit d'un coup d'œil toute sa vie de l'enfance. Sur cet air que personne n'écoute, nous, jeunes gens, nous avons écrit nos premiers vers d'amour, nous avons dansé notre première contredanse, aux accompagnements légers de cette facile et abondante musique. O bonheur! ma première valse, quand je tenais dans mes mains frémissantes la taille élancée de miss Fanny, cette valse était écrite par le musicien de nos beaux jours. Vous comprenez donc bien vite comment, dans cette dernière soirée si bien remplie, je retrouvai en moi-même le violent désir de revoir notre chère Amérique — et de ne plus te quitter, toi, le monde, qui es pour moi le vrai monde. Ainsi, la visite que j'avais faite comme une simple visite du soir, fut réellement la dernière. Une seconde fois je pris congé de ces amis que Paris m'avait prêtés, car en fait d'amitié

Paris ne donne pas, il prête. Adieu donc encore une fois, ma mission est finie ; j'ai vu Paris comme il fallait le voir, sous son double aspect, l'hiver et l'été. J'ai vu la grande cité sous ses attraits si divers, dans ses parures si différentes, en robe de velours et en robe de bal, dans la fête et dans les églises, à l'Opéra et sur les boulevards ; je l'ai vue même à l'Académie Française, dans tous les lieux, en un mot, où il aime à se réunir, ce beau Paris, cher aux artistes, cher aux femmes, cher aux poëtes.

Encore une fois, adieu. Je renonce à la comprendre mieux que je ne l'ai comprise, je renonce à l'expliquer, à la décrire, cette ville capitale de l'étonnement et des merveilles. Tente qui l'osera cette œuvre impossible ; autant vaudrait essayer de reproduire l'image de cet animal fabuleux qui change à chaque instant de forme et de couleurs. Ville étrange, qui a besoin chaque matin, pour se distraire, d'une révolution nouvelle ; foule incroyable, qui use encore plus de passions que d'habits neufs, et qui ne s'amuse jamais plus que lorsqu'elle est sur le bord de l'abîme ; turbulents esprits, sérieux génies, folle raison, un pêle-mêle de vérités et de paradoxes, le bien et le mal, le vice et la vertu, la croyance et le doute, la prière et le blasphème, confondus dans le même tourbillon. D'un pareil abîme et de ces nuages épais, essayez donc de vous tirer, malheureux voyageurs !

Essayez de comprendre cette étrange réalité du monde parisien : on ne sait pas où il commence, on ne sait pas où donc il finit. Est-il croyant, est-il voltairien ? Préfère-t-il à Diderot M. de Lamartine, à l'Encyclopédie l'Évangile ? Vice ou vertu, de quel côté penche la ville ? Est-il vrai qu'elle renferme toutes les fanges qu'on raconte, et que chaque matin et soir, du milieu de ces blasphèmes et de ces immondices, Paris donne cet affreux démenti à la providence de Dieu ? Ces histoires de cachots dans lesquels pénètre à peine un rayon de soleil, d'âmes corrompues qui ont renoncé même à la pitié, même à l'espérance, de cadavres vivants chargés de fers et d'infamie, y croyez-vous? y pouvez-vous croire jamais? Pour ma part, je puis dire que ce n'est pas là, grand Dieu, la ville que j'ai vue. La ville que j'ai vue, dans les fêtes de l'hiver, dans les douces joies de l'été, elle était riche et parée, et brillante; elle vivait par l'esprit; elle avait même, quand il en fallait avoir, de l'enthousiasme et du cœur. Si vous saviez qu'elle est brillante, active, jeune, bien vêtue! comme elle se plaît à la contemplation des belles choses! que de louanges pour les grands artistes! que d'encouragements pour les poëtes! Oh! je l'ai vue nonchalamment assise au coin du feu, les pieds sur le tapis d'Aubusson, et je l'ai vue aussi, courant à s'enivrer parmi les fleurs des jardins, à travers les frais sentiers de la campagne; alors je me suis dit :—Voilà la ville athénienne, la ville des beaux poëmes, des vives causeries, des passions élégantes, de l'éloquence et des beaux-arts. Où donc plus d'urbanité et de grâce hospitalière se sont jamais rencontrées? Vous arrivez, les mains vous sont tendues, les portes vous sont ouvertes; bientôt la maison n'a plus de secrets pour vous; vous êtes l'âme, vous êtes le confident, vous êtes le compagnon, surtout vous êtes le bienvenu. Monsieur ne vous cache rien, pas même les petits crimes du mari hors de chez lui; madame vous dit tout, et même ses bonnes actions; car ces Parisiennes, — elles ont même le temps d'être charitables; elles savent le chemin des plus pauvres maisons. Telle que vous rencontrerez toute parée, demandez-lui où elle va...... elle va sous quelque toit perdu où gémit une infortune. Telle autre, à votre arrivée, se hâte de cacher le livre qu'elle lit, et le cache en rougissant. Si vous pouviez, à la dérobée, interroger le livre mystérieux, vous verriez que la jeune femme lisait tout simplement dans la langue qu'il a parlée, — Virgile ou Tite-Live, — Dante ou Pétrarque, Byron ou Smolett, — Goethe ou Schiller!

Je quittai Paris dans les derniers jours du mois d'août; la ville était tout à fait déserte. Celui-là qui n'était pas à la campagne ou dans quelque village d'eaux minérales, quelque part enfin, celui-là n'osait plus se montrer; vous alliez pour le voir dans sa maison, la portière vous répondait d'un air goguenard : Monsieur est parti pour les Pyrénées ou pour les bains de mer! Comme, à tout prendre, j'avais quelque temps devant moi, je résolus de m'abandonner au fil de l'eau, et de voir, moi aussi, de quelle façon les Français se baignent dans la mer. Partons donc; la Seine est toute chargée de bateaux qui ne demandent pas mieux que de vous conduire. L'un de ces bateaux s'appelle les *Étoiles*, étoiles courageuses qui ont soutenu la concurrence même avec le chemin de fer. Non pas que le bateau marche aussi vite, mais ces bords de la Seine sont vraiment enchanteurs; l'eau vous porte mollement d'une rive à une autre rive; vous passez d'une ruine féodale à quelque petite maison toute blanche, à moitié perdue dans son feuillage lumineux. A votre gauche, à votre droite, vous entendez toutes sortes de petits cris joyeux, les faucheurs des champs de blé, et les faucheurs de la prairie. Le pommier normand plie, sans se rompre, sous le poids des fruits dont il est chargé. Autour de votre bateau, l'onde brisée s'enfuit au loin sur les cailloux du rivage; des villes entières passent sous vos yeux, entourées de verdure et de fleurs; les ponts dansent, suspendus au-dessus de vos têtes; dans ces fertiles et abondantes campagnes, en vain vous chercheriez à reconnaître les champs de bataille d'autrefois. Le sol a dévoré tous ces morts. La charrue a délivré la terre du tronçon des épées; les pierres tumulaires sont tombées en poussière sous les pieds du cheval de labour. Le sol normand n'est plus que verdure, abondance, fertilité, et pourtant, dans ces nobles sillons des armées se sont rencontrées : Normands, Bretons, Angevins, Bourguignons, Français, Anglais, Saxons, des hommes venus de l'Irlande, d'autres venus de la Flandre. Que de sang répandu! Cependant la dernière moisson était bien belle, la plaine était verdoyante, le fleuve était triomphant, et vous ne sauriez croire tout l'éclat brillant de ces étoiles, de ce soleil.

Quand l'esprit et l'imagination sont occupés à ce point que vous oubliez toute chose, quand même l'avenir et le passé se perdent à vos yeux dans je ne sais quel lointain rempli d'espérances, vous pouvez vous dire à vous-même que votre esprit est occupé de grandes choses ou de grands rêves. Ainsi, songeant, la plus longue route vous paraît bientôt achevée, vous arrivez et vous dites : *Déjà!* Vous cherchez à ressaisir toutes les images évanouies, les terres, les paysages, les hameaux, les villes, les manufactures, les éblouissantes apparitions de la montagne et de la plaine, de l'eau, de la terre et du ciel. Vains efforts! le flot vous prend et vous pousse, le rivage vous appelle et vous attire; vous entendez malgré vous la voix qui vous crie : Marche, marche! Allons donc, point d'hésitations, point de retards; il faut obéir; marche toujours, tout droit devant toi, et tout là-bas jusqu'à ce voile de ténèbres épaisses que l'Hamlet de Shakspere n'ose pas lever de sa main tremblante. D'autres plus éloquents vous diront toutes les beautés de ce voyage de Paris à Rouen par le bateau à vapeur; ils vous raconteront tout au long cette bruyante patrie de tant d'art, de poésie et de science; pour ma part, je vous ai dit que je renonçais à décrire; une fois parti, il faut que j'arrive. Autant j'étais à l'aise dans les salons de la grande cité, autant je me sens malheureux sur le pont brûlant du bateau à vapeur.

A la fin, cependant, voyez-vous cette flèche élancée dans les airs? voyez-vous, fièrement assise sur son rivage, la vieille capitale normande, qui a réuni dans sa double enceinte l'Angleterre et la France, Richard Cœur-de-Lion et Philippe-Auguste, le roi Louis XIV et Guillaume le Conquérant? Industrieuse patrie de Pierre Corneille; l'illustre poëte semble veiller du haut de son piédestal aux destinées de ce peuple de marchands et de laboureurs qui l'entoure de tant de louanges, d'admiration et de respects.

De Rouen aux bains de Dieppe il n'y a pas loin. Dieppe, c'est la cité nonchalante qui dort pendant dix mois de l'année, pour se réveiller active et dévouée, à la voix des baigneurs. Dieppe aussi, comme toutes les villes de la Normandie, elle a eu ses jours de batailles et de rudes labeurs; elle a fourni à l'histoire sa bonne part de soldats et de navigateurs illustres. Le Nouveau-Monde, quand l'Europe s'y est précipitée, aurait pu vous dire de grandes nouvelles de ces courageux matelots; mais Dieppe, aujourd'hui, se repose dans le calme *far niente* d'une ville heureuse où les oisifs de la France et de l'Angleterre viennent passer tous les ans quelques beaux jours.

Il n'y a pas encore vingt ans, Dieppe était la ville bien-aimée d'une princesse que la France avait adoptée comme sa fille, madame la duchesse de Berri. Sur les bords de cette mer complaisante, madame la duchesse de Berri venait tous les ans, entraînant à sa suite toute la jeunesse et toutes les élégances de cette cour dont elle était la jeune et bienveillante souveraine. Elle était bonne, elle était heureuse, elle savait qu'on l'aimait. Sa moindre parole avait de la grâce; rien qu'à l'attendre, la ville de Dieppe battait des mains. Mais, hélas! avec la fortune de cette noble princesse, la ville de Dieppe a perdu une partie de sa propre fortune. On dirait qu'en partant madame la duchesse de Berri a emporté avec elle tout ce qui faisait le charme et l'éclat de ces réunions brillantes. Il faut plaindre les villes dont la fortune dépend des caprices d'une femme, des hasards d'une révolution.

Pourtant, quand j'arrivai à Dieppe, la ville était agitée comme si madame la duchesse de Berri eût dû venir : c'était le tumulte d'une fête, l'enthousiasme du triomphe. Toutes les maisons étaient remplies, et ce fut à grand'peine que je trouvai un mauvais gîte dans cette ville, qui n'est, à tout prendre, qu'une vaste hôtellerie ouverte à tous.

Mais quoi! savez-vous bien quelle personne auguste était attendue dans ces parages? La reine d'Angleterre elle-même, oui, la reine elle-même, cette jeune femme qui porte si légèrement sur sa tête bouclée le poids de trois couronnes, jeune et gracieuse majesté, l'amour de tant de millions d'hommes, la perle brillante d'une royauté si puissante, la reine et la fête de la mer. Dans un beau moment d'enthousiasme, la reine Victoria avait voulu savoir comment donc était fait le royaume de France, et tout d'un coup elle avait profité de cette paix profonde des eaux et des peuples, de la terre et du ciel, pour franchir cet étroit espace par lequel ont passé tant de rois d'Angleterre, tant de ducs de Normandie, Guillaume le Conquérant et ses fils, et les Plantagenet, et Henri Ier, Henri II, Richard Cœur-de-Lion, sans compter les Anglais de Crécy et d'Azincourt. Voyage heureux, celui-là! voyage tout pacifique de la jeune femme qui s'en vient visiter le vieil ami de son père. Aussi les vents étaient propices, les flots étaient calmes, l'Océan contenait ses colères et même ses caprices. Allons donc, puisque aussi bien le hasard nous sert au delà de nos souhaits, allons jusqu'au château d'Eu, sur ces bords où la reine d'Angleterre est attendue. De Dieppe au château d'Eu la route est charmante, la campagne normande étale des deux côtés du chemin ses plus riches produits. Le château d'Eu est un des plus célèbres de la Normandie; sa position est admirable, ses jardins sont magnifiques; le vieux parc planté par la fille de Henri le Grand est tout rempli d'arbres séculaires; la mer, miroir d'argent, reflète dans son flot poétique le vieux château à l'aspect sévère. Dans le château, à peine êtes-vous entré, que soudain apparaissent à vous, comme autant de fantômes, tous les anciens seigneurs de ces demeures. Ils y sont tous, et non-seulement les maîtres de ces lieux, mais encore les hôtes d'une heure, ceux qui n'ont fait que passer et dormir sous ces lambris sérieux. A ce compte, on y voit Jeanne d'Arc, la chaste, l'admirable et sainte héroïne du Moyen-Age; à ce compte, on y verra la reine Victoria. Jeanne d'Arc et la reine des Anglais sous le même toit, juste ciel! Quel progrès ont fait les deux peuples des deux côtés de l'Océan! Mais les plus sérieux et les plus terribles souvenirs du château d'Eu appartiennent, qui le croirait? à la famille des Guises, ces factieux de génie et de courage, et à M. de Lauzun, ce beau gentilhomme qui a tant abusé des bontés de la grande Mademoiselle. Il faut lire les mémoires de cette malheureuse princesse si aimante et si dévouée, pour savoir combien elle a aimé M. de Lauzun et tout ce qu'elle a souffert. L'amour avait inspiré à cette noble personne, la plus grande dame de la cour de France — après la reine — car elle-même avait pensé être reine de France, une idée charmante. Lauzun, qui ne le savait que trop bien, lui demandait un jour qui donc elle aimait? alors elle souffla sur la glace, et sur la tiède vapeur de son souffle, elle écrivit d'un doigt amoureux le nom de Lauzun. — Sombres murs, que de récits de sang et d'amour, de dévouements et de perfidies! que d'héroïsmes, que de soldats, que de rois et de reines, que de jeunes gens et d'amours!

Aujourd'hui, le château d'Eu est devenu comme une succursale de la maison de Neuilly. Les Guises eux-mêmes, qui semblent encore obéir au Balafré, ne sont plus là que comme une décoration pour les murailles. La maison est remplie de jeunes princes, et de blonds enfants, et de jeunes femmes, car chaque jour en amène une nouvelle à cette cour populaire; hier encore, madame la princesse de Joinville; demain peut-être, madame la duchesse d'Aumale, et avant peu, madame de Montpensier; Montpensier! le nom favori de ces royales demeures. Le jour dont je parle, le château d'Eu était en fête. La reine attendue pouvait venir, tout était prêt pour la recevoir. Le canon était placé sur ces hauteurs; d'immenses navires apportaient les plus beaux soldats de l'armée française. Dans la nuit, le prince de Joinville était parti avec ses pilotes pour escorter de plus loin le yacht royal. Nous tous cependant, les voyageurs, les curieux, les enthousiastes, les amateurs des beaux spectacles, nous étions debout sur le rivage, cherchant à découvrir tout au loin le vaisseau qui devait venir.

L'attention n'était pas si grande du côté de la mer, que nous n'ayons pas voulu voir le pont difficile du haut duquel, il n'y avait pas trois jours, la monarchie de Juillet avait pensé s'abîmer dans les flots. Ils étaient tous dans la même voiture : le roi, la reine, madame la duchesse d'Orléans, M. le comte de Paris, les autres enfants; tout à coup le pont se brise, les premiers chevaux se précipitent. Figurez-vous toute cette monarchie suspendue sur l'abîme et sauvée comme par miracle! Le roi, toujours maître de lui et de l'heure présente, roi toujours, saisit, dans les bras mêmes de sa mère éplorée, le jeune comte de Paris, le fils de son fils, le roi de la France à venir; en même temps il jetait cet enfant dans le tablier d'une femme de la campagne; mais cette bonne femme qui tenait dans son tablier toute une monarchie, s'est-elle bien doutée du fardeau qu'elle a porté un instant?

Tout à coup le canon gronde, les musiques font retentir leurs fanfares, le rivage pousse des cris de joie. — On chante et l'on joue l'air national de l'Angleterre — *God save the Queen!* bien étonné de retentir sur ces rivages. C'est elle, c'est la reine! Voyez-vous dans le lointain grandir peu à peu ce point noir? C'est elle, c'est la reine que l'Angleterre confie à la France. Je l'ai vue autant qu'on la pouvait voir, cette femme que l'on prendrait de loin pour un charmant enfant. Le roi des Français est venu au-devant de la reine avec l'empressement d'un jeune homme qui attend sa fiancée; il l'a tenue dans ses bras comme s'il eût retrouvé sa fille; la reine l'a reçue avec une émotion toute maternelle. Madame la duchesse d'Orléans, imposant un instant silence à cette austère douleur qui ne l'a pas quittée depuis cette longue année de deuil, a salué la reine Victoria comme une sœur. L'entrée de la jeune reine au château d'Eu était un vrai triomphe. Le peuple, accouru sur ces rivages, savait tant de gré à cette jeune et gracieuse souveraine, de sa confiance et de la joie qu'elle donnait à son hôte royal!

Pendant tout le séjour de la reine sur ces rivages, moi qui voulais la bien voir, je l'ai vue tous les jours.

En effet, cette cour brillante dans laquelle on ne comptait pas moins de trois reines, chacun pouvait s'en approcher et contempler tout à l'aise ces majestés réunies. La forêt qui entoure le château d'Eu est vaste et magnifique ; on la peut parcourir dans toutes sortes d'appareils ; son ombre est favorable à toutes les magnificences. Sur une des lisières de la forêt, s'élève le mont d'Orléans. Ce mont se termine par une vaste plaine entourée d'arbres séculaires. Dans cette plaine avait été dressée une tente magnifique, et de chaque côté vous pouviez voir accourir à cheval, en voiture, tous les hôtes du château d'Eu : la reine Victoria à côté du roi des Français, et la reine des Français, et la reine Louise de Belgique, et madame la duchesse d'Orléans, et la princesse de Saxe-Cobourg, et la nouvelle princesse madame de Joinville, la grâce d'une Française, le regard d'une Espagnole, sérieuse et élégante beauté ; on n'aurait pas pu mieux choisir pour trouver un contraste à la grâce blonde et juvénile de madame la duchesse de Nemours. Se tenaient aux portières les princes de la maison de France et le prince Albert. Venaient ensuite M. Guizot, ce rare esprit qui a jeté une si grande clarté dans l'histoire d'Angleterre ; le lord Aberdeen et les ambassadeurs, et les officiers de Sa Majesté Britannique ; puis au milieu de cet immense concours, quelques artistes parisiens, M. Alaux, M. Morel-Fatio, M. Siméon-Fort, M. Eugène Isabey, le peintre de marine par excellence ; et surtout M. Eugène Lamy, notre collaborateur, ou pour mieux dire notre maître dans toutes ces excursions parisiennes, car c'est là une des habitudes du roi des Français, de faire écrire l'histoire de son temps par les peintres et par les sculpteurs, plutôt que par les historiens et par les poëtes. Il aime les belles pages historiques que charge l'artiste de ses couleurs les plus brillantes. Comme l'embellissement le plus sérieux de son château d'Eu, le roi veut que les peintres lui représentent toutes les magnificences de cette visite royale. Il a consacré à ces peintures, dont la reine d'Angleterre sera l'héroïne auguste, le plus beau des salons du château d'Eu, qui portera le nom de la reine Victoria. Déjà même les artistes sont à l'œuvre, et, soyez-en sûr, ils ne se feront pas attendre, tant leur conviennent l'héroïne, le lieu de la scène, la magnificence des cieux, de la mer et du ciel.

A coup sûr, la beauté de ces frais paysages, ce vieux roi blanchi par les travaux plus que par les années, ces trois reines, ces jeunes femmes si jeunes et si belles, cette duchesse d'Orléans à la figure imposante, sincère et profonde douleur, ce comte de Paris qui donne la main à sa mère, ce peuple qui crie : Vivat! et à vos pieds, tout au loin, là-bas sous le ciel, ce vaste panorama qui prolonge, sous un limpide rayon de soleil, ses magnificences sans fin, ce sera là le sujet d'un vaste et admirable tableau. — Le soir venu, la galerie des Guises s'illumine d'une façon magnifique ; déjà elle est remplie par les invités à la fête du soir et par quelques étrangers qui entrent sans être invités, tant est grande l'hospitalité de cette maison royale! Quand le roi et la reine sont entrés, le concert commence ; un concert tout composé de chefs-d'œuvre, les plus savantes mélodies, les plus admirables compositions des plus grands maîtres, car on sait que la reine d'Angleterre est animée, pour la musique, de la passion la plus vive et la mieux sentie. Ainsi l'on a joué ce soir-là l'admirable ouverture d'*Iphigénie en Aulide*, cette belle œuvre du vieux Gluck ; — l'ouverture de *la Flûte enchantée*, de Mozart ; — un air du *Siége de Corinthe*, et ce beau chœur d'*Iphigénie*, dont l'application était facile : *Que de grâce, que de majesté!* — et ce chœur d'*Armide* : *Jamais dans ces beaux lieux*. Voilà ce qui s'appelle de la musique et du génie! Comme aussi ces habiles artistes ont exécuté l'admirable *symphonie en la* de Beethoven, un chef-d'œuvre que la reine d'Angleterre sait par cœur. Malheureusement ils n'ont joué que l'andante et le menuet, et alors la reine a froncé quelque peu le sourcil. Il y a des chefs-d'œuvre, disait-elle, auxquels on ne devrait rien retrancher. — En revanche, on lui a donné dans son entier l'ouverture de *Zanetta*, de M. Auber.

Toute cette visite de la reine, je puis le dire, a été pleine d'élégance, de courtoisie.—La ville de Paris tout entière, voyant que la reine Victoria était à ses portes, se préparait à la bien recevoir.

L'Opéra lui eût offert *Robert le Diable*, son chef-d'œuvre. L'Hôtel-de-Ville, ce palais digne du plus grand monarque de ce monde, le bourgeois de Paris, voulait convier S. M. la reine à l'une de ces fêtes qui ressemblent à des fables. Déjà les galeries du Louvre ouvraient leurs portes à la visite de Sa Majesté. Le palais de Versailles, heureux et fier de voir enfin une reine d'Angleterre régnante et obéie, après avoir abrité Henriette d'Angleterre, la reine vaincue et dépouillée, ouvrait toutes ses portes pour faire comprendre à Victoria quelles étaient ces deux Majestés Louis XIV et le grand siècle. — En même temps Fontainebleau eût enseigné à la royale voyageuse l'art, le goût et les magnificences du siècle de François Ier. Ainsi la fête était partout, l'empressement était général, la joie était unanime. Ces Français, quand ils le veulent, sont encore, à tout prendre, les gentilshommes les mieux élevés de l'univers; leur bienveillance est naturelle; quand ils crient : vivat! c'est que ce cri-là est parti de leur cœur : il faut croire à leur enthousiasme, c'est un enthousiasme de bon aloi; à leur admiration, c'est une admiration vive et bien sentie; leur hospitalité est généreuse, brillante, passionnée; et certes une jeune reine courtoise, polie, bienveillante, devait attendre de la ville policée la meilleure et la plus loyale réception. Surtout le roi des Français, qui s'entend à faire les honneurs de ce beau royaume, au milieu de toutes les magnificences dont la ville est remplie, eût choisi, pour les présenter à la reine comme le plus bel ornement de son règne et de son siècle, les hommes d'État, les orateurs, les poëtes, les savants, les artistes, tous les grands noms, tous les noms glorieux de la France; les uns et les autres il les eût tous présentés à Sa Majesté Britannique avec l'orgueil légitime d'un roi qui sait très-bien où est la force et la grandeur de son royaume... La reine en a décidé autrement; elle avait voulu faire tout simplement une visite au roi son voisin et son allié. Ce voyage à Paris lui paraissait un trop grand voyage, elle avait peur de faire en Angleterre trop de jaloux; elle est restée au château d'Eu, attendue chaque jour par une fête nouvelle. On lui a même donné la comédie, des petites pièces toutes parisiennes, et surtout M. Arnal, un de ces comédiens heureux qui n'ont qu'à se montrer pour provoquer le rire et la folle joie. Certes, c'est une amusante chose, le vaudeville joué par M. Arnal; mais à coup sûr, si la reine d'Angleterre eût été à Versailles, le vaudeville n'aurait pas osé se montrer dans ces lieux magnifiques tout remplis de l'esprit et de l'éclat de la poésie française; on eût donné à la reine Victoria un spectacle digne du palais de Versailles, le *Misanthrope*, de Molière, le *Britannicus*, de Racine, ou qui mieux est, le *Cinna*, du grand Corneille; car cet heureux pays de France ne compte que par chefs-d'œuvre : des chefs-d'œuvre pour le palais du roi, des bouffonneries pour les petits appartements.

Enfin, après quatre jours de cette hospitalité royale et paternelle, la reine a pris congé de son hôte, et le départ n'a pas été moins magnifique que l'arrivée. Dès le matin, la cour du château d'Eu était remplie de soldats sous les armes. L'attente était générale. Bientôt les portes du palais s'ouvrent et le roi paraît, donnant le bras à la reine; Victoria dit adieu à la foule qui la salue. Je ne saurais vous dire le nombre des chevaux, la richesse des voitures, les livrées des valets, toute cette foule brillante qui ramenait à son vaisseau la jeune reine. La barque était toute pavoisée et toute brillante, et conduite par vingt-quatre rameurs. Les musiques jouaient des fanfares, l'artillerie tonnait, le soleil levant inondait le ciel, et son rayon d'or se brisait sur le navire de la reine, qui brillait au loin. Huit beaux navires, également à la voile, dociles à la vapeur, composaient l'escorte royale : *le Pluton, le Tartare, le Cyclope, le Napoléon, le Prométhée, la Reine-Amélie*, et un nombre infini de bateaux, de barques légères, toutes chargées d'adieux, de salutations et de vivat. Le roi et la reine et toute la famille royale ont conduit S. M. Victoria jusqu'à son beau navire : *Victoria and Albert*. On s'est dit adieu, un tendre et paternel adieu du côté du roi, un filial adieu du côté de la reine. Les deux reines se sont embrassées; et puis vous eussiez vu disparaître dans le lointain le *Victoria and Albert*. Le roi, cependant, voulait voir encore une fois sa jeune alliée, et il suivait dans son canot le yacht royal; la reine s'est arrêtée un instant, et, d'un geste charmant, elle a dit au roi des Français encore une fois adieu !

Les lecteurs qui ont pu me suivre dans le récit de ce double voyage à Paris, savent très-bien que je ne suis pas un courtisan. Nous autres enfants de l'Amérique, nous ne sommes guère habitués à composer le dithyrambe; au contraire, comme des esprits positifs que nous sommes, la satire est notre grande joie, et nous avons fait de l'ironie une dixième muse. Toutefois, il m'est impossible de ne pas me féliciter du hasard heureux qui a couronné d'un pareil succès cette histoire de *l'Été à Paris*; brillante histoire, du moins pour moi, spectateur ému et intéressé de tant de charmants détails de cette société parisienne qui n'a pas son égale sous le soleil; société élégante et polie, bienveillante et calme, qui ne demande à chacun que ce qu'il peut donner, et qui s'en contente; mélange heureux d'artistes et de grands seigneurs dans lequel domine la bourgeoisie, c'est-à-dire le bon sens; peuple éprouvé par bien des révolutions, il a fini par les supporter de la meilleure grâce du monde et sans que l'on en sache rien au dehors; des hommes qui entendent aussi bien les affaires que les plaisirs; de grands citoyens qui portent aussi bien la faveur du peuple que sa disgrâce; qui savent renoncer à la popularité quand il est besoin d'être impopulaire et de défendre la liberté contre ses propres excès; un monde de railleurs et de sceptiques qui vont sérieusement à l'église pour entendre des discours chrétiens et pour les juger sous le double point de vue de la littérature et de l'éloquence; ville enchantée; elle a besoin d'avoir chaque jour une fête nouvelle, et elle improvise cette fête avec une verve qui tient du génie; ville formidable! En moins de deux années, elle s'est entourée de bastions, de forteresses, de fossés et de mu--

railles à défier l'Europe entière; mais déjà l'on se promène sur ces remparts, déjà l'on danse sur ces murailles, déjà l'on cultive des fleurs au fond de ces fossés. Pour ma part, moi qui l'ai vue sous son double aspect, durant les frimas de l'hiver et dans toutes les joies de l'été, dépensant au coin de son feu son esprit et sa fine causerie, ou bien confiant aux vieux chênes de la forêt sa poésie et son éloquence; moi qui l'ai vue dans sa robe de bal, la tête chargée de fleurs, les épaules couvertes de diamants et dans l'ample robe de mousseline, la tête couverte d'un chapeau de paille qui la préservait du hâle et du soleil; moi qui sais tout ce qu'elle dépense d'esprit, d'invention, de génie, de sagesse et de folie, de vérités et de paradoxes, l'hiver aussi bien que l'été, l'été aussi bien que l'hiver, je suis encore à me demander laquelle de ces deux villes il faut le plus aimer. Faites comme moi, que ma conclusion soit la vôtre : si vous voulez bien connaître toutes ces élégances, étudiez Paris durant l'hiver; si vous voulez pénétrer dans quelques-uns des mystères de sa bonne grâce et de son esprit, étudiez-le durant l'été, étudiez-le sans cesse, afin qu'après l'avoir bien étudié, vous le regrettiez toujours.

Eh! je vous prie, quelle étude plus charmante, quel plus vaste sujet s'offrit jamais, je ne dis pas aux méditations des philosophes, mais tout simplement à l'étude d'un galant homme? La belle et bonne ville par excellence, la ville des amitiés faciles, des colères innocentes, des bondissements soudains, des grâces, des câlineries, des coquetteries infinies! Elle a tant d'art à la fois, et tant de naturel! Son élégance est si peu cherchée! Elle avoue si franchement ses ridicules! Elle se fait à elle-même une si rude justice toutes les fois qu'elle se trouve en présence d'un mauvais penchant! — Folle dans la prospérité, sérieuse et calme dans les mauvais jours; maniant avec une habileté sans égale l'épigramme, qu'elle jette à pleines mains sur le reste du monde; se réservant pour elle-même les épigrammes les plus sanglantes, demandez plutôt à Molière, — Molière, esprit tout parisien, génie parisien, moraliste de la grande ville, dont il est l'enfant populaire et bien-aimé. Surtout pour celui qui a cherché Paris hors des murs, — le Paris des beaux mois de l'été, celui-là seul peut savoir combien c'est là une ville d'une aménité parfaite. Dans ces belles vallées, sur ces montagnes doucement éclairées, sous ces vieux ombrages entourés de tant de respects, de tant d'amour, Paris projette toute sa grâce, tout son art de plaire et de n'y pas penser. Les plus simples maisons ont je ne sais quelle coquetterie irrésistible. Un demi-arpent suffit à ces habiles pour s'y disposer tout un parc; labyrinthe, quinconce, jardin anglais, bassin où frétille le poisson, orangerie, serre chaude, serre tempérée, la cascade qui jase, une statue antique, le Faune ou l'Apollon, rien n'y manque; — tantôt la maison se présente sous l'apparence d'une ferme rustique; tantôt il s'agit d'un chalet suisse rapporté tout battant neuf, du lac de Thoune ou de l'Oberland; mais, chalet ou chaumière, l'intérieur de la douce maison est d'une recherche sans égale; recherche d'une grande simplicité, il est vrai, mais des meubles d'un choix excellent, des porcelaines brillantes, des livres de la bonne époque poétique, un piano qui remplit le jardin de ses mélodies puissantes, une douce et timide clarté; la propreté exquise, des fleurs partout, quelque belle aquarelle commencée, et, le soir venu, notre causerie de chaque soir qui recommence, accentuée, piquante, imprévue. — Telle est la fête de la belle saison. Rien n'est joli à voir comme une Parisienne dans son jardin, cherchant l'ombre; tout lui plaît, tout l'amuse; elle reconnaît chaque oiseau à sa chanson, chaque fleur à son parfum. Sa robe blanche, son frais chapeau, son pied enfermé dans le satin, sa taille fine et svelte, sa main parfois dégantée, — rare bonheur! — ce beau regard blond ou noir, calme et pur comme le ciel du mois de juin, tout cela est d'une harmonie presque divine; et l'on se demande, — juste ciel! — ce qu'il faut croire : si la cage est faite pour l'oiseau, si l'oiseau est fait pour la cage. Ils sont faits l'un pour l'autre. — Otez la jeune femme de ces beaux ombrages, l'arbre languit, la fleur se fane, l'oiseau est sans vie, le petit ruisseau jaseur se perd, non pas sans se plaindre, tout au fond de l'abîme qui l'attire. — Comme aussi arrachez la jeune femme à ce nid de verdure, où va-t-elle? elle va, Dieu le sait! — Dans la poussière des grands chemins, dans le désert des grandes villes, dans l'oisiveté du village, elle perd ses jours de printemps, de liberté, de calme sommeil. Et quand enfin revient l'hiver, amenant avec lui son cortége de fêtes, de spectacles, de folies, de bras nus, d'épaules nues, de fatigues cruelles; — le Théâtre-Italien et ses mélodies enivrantes, l'Opéra et ses extases; les soirées sans fin; les concerts, les longs repas, durant lesquels les convives s'abandonnent avec joie aux honnêtes plaisirs du grand art agrandi, enseigné, sauvé par l'illustre Carême, — alors la pauvre femme, qui ne s'est pas reposée, comme c'était son devoir, dans les joies de la campagne, prise ainsi au dépourvu et sans défense par les labeurs de l'hiver, succombe bientôt à la peine; elle tombe dans toutes sortes de langueurs; voici déjà qu'elle cherche en vain dans son miroir cette frêle beauté brisée si vite! Malheureuse enfant! vous avez méprisé le printemps, le printemps a chargé l'hiver de ses vengeances! Le beau récit que j'aurais dû faire avec plus d'abandon et plus d'enthousiasme, s'arrête naturellement au château d'Eu. Au château d'Eu, je fis, moi aussi, mes adieux à ce *plaisant pays de France*, comme disait Marie Stuart. En effet, après ce dernier bonheur de mon voyage, que pouvais-je espérer? J'avais visité toutes les demeures royales : Versailles, Saint-Cloud, Fontainebleau, Neuilly; j'avais assisté à toutes les joies, à toutes les fêtes du mois d'avril, du mois de mai. Pour dernière aventure, après être arrivé le jour même où le chemin de fer entreprenait son premier voyage, je partais juste assez à temps pour saluer de l'âme et du regard la plus grande dame de l'univers. Fête complète... Mais, hélas! quelle est la fête complète en ce monde, quel est le brillant paysage, quel est le coin de terre, quel est le flot de la mer qui n'ait pas son histoire de misère et de deuil? — Dans le flot même sur lequel j'ai passé pour revenir dans ma maison de New-York, s'était perdue, il n'y avait pas huit jours, une frêle barque; dans cette barque, la fille du grand poëte, le premier-né des enfants de M. Victor Hugo, — elle n'avait pas vingt ans! — venait de mourir engloutie par les flots. Plus que jamais la mer était calme, le soleil brillant, la terre épanouie, le soleil radieux.

Comme j'étais à songer à ces misères qui frappent les têtes les plus hautes—la misère de M. de Châteaubriand, qui a perdu sa fille; M. de Lamartine, qui pleure son unique enfant; enfin M. Victor Hugo, inconsolable à son tour, — je sentis une main qui me frappait sur l'épaule, la main d'un Yankée de mes amis— bon homme, mais peu disposé à s'attendrir pour des malheurs qui ne le touchent pas directement. — A quoi pensez-vous? me dit-il ; moi je pensais que peut-être j'ai eu tort de ne pas vendre mes cotons au taux du dernier cours. — Et moi, lui dis-je, je pensais que la mer est brillante et perfide; que l'océan a parfois des trahisons bien étranges; je pensais que dans huit jours ce sera fête —une fête immense, dans le parc de Saint-Cloud. — Je pensais aux paysages, aux jardins, aux magnificences du château de Meudon!

TABLE DES MATIÈRES.

	Pages.
Préface.	v
Chapitre Iᵉʳ. — Le Vieux Paris	1
Chap. II. — L'Almanach Royal	21
Chap. III. — Le Paris Noir et le Paris Blanc	47
Chap. IV. — Le Dix-huitième Siècle	87
Chap. V. — L'An Deux mil quatre cent quarante	107
Chap. VI. — Les Courses de Chantilly	121
Chap. VII. — La Course au Clocher	131
Chap. VIII. — Le Cirque des Champs-Élysées	137
Chap. IX. — Les Galeries du Louvre	143
Chap. X. — La Conversation Parisienne	163
Chap. XI. — Versailles	175
Chap. XII. — Fontainebleau	189
Chap. XIII. — Une Fête à Saint-Cloud	201
Chap. XIV. — Les Fêtes de Juillet	209
Chap. XV. — La Vallée de Montmorency	219
Chap. XVI. — Les Fleurs	229
Chap. XVII. — Les Virtuoses Parisiens	241
Chap. XVIII. — Le Château d'Eu	261

www.ingramcontent.com/pod-product-compliance
Lightning Source LLC
Chambersburg PA
CBHW071602170426
43196CB00033B/1587